IHES BETEA

Bitartean ibillico dira becatutic becatura amilduaz; oraiñ pensamentu batean, gueroseago itz loyak gozotoro aditzean: oraiñ escuca, edo queñada batean, guero musu edo laztanetan: oraiñ ipui ciquiñac contatzen, guero dantzan, edo dantza ondoan
alberdanian.

J.B. AGIRRE

1. argitaraldia: 2006ko abenduan.
11. argitaraldia: 2011ko azaroan.

Eusko Jaurlaritzako Kultura Sailaren laguntza izan du liburu honek.

Istillaga, 2, behea C. 20304 Irun
Tf.: 943 63 28 14 Fax: 943 63 80 55
alberdania@alberdania.net
www.alberdania.net

Banatzailea: BITARTE, Berriainz polig., B kalea. 31195 Berriozar

ISBN: 978-84-96643-38-3
Legezko Gordailua: S.S. 1427/11

ANJEL LERTXUNDI

IHES BETEA

E L E B E R R I A

A L B E R D A N I A

Ihes betea zilegi balitz
urra ahal baledi katea

XABIER LETE

Erraz da, adiskideak, nire orduko egoeraz trufatzea. Gaur zaharra naiz, eskarmentatua. Denak gara horrelakoak hemen, baina denok gogora dezakegu gazte edo ero gineneko momentu bat.

JOSEPH ROTH, *Hiltzaile baten aitormena*

LEHENDABIZIKO PARTEA

1

ONDO GOGOAN DUT, gaur balitz bezain berri, hamasei urte bete nituen eguna: gure tropak Renanian sartu dira eta Alemaniaren etsaiek ez dute erreakzionatzeko astirik izan; Hitlerren ahots bipilak adoretu egin gaitu Goetheplatzen jarri dituzten bozgorailuetatik:

Gaur hurbilago daude bakea, justizia eta askatasuna!

Gozoa da arratsaldea, gereziondoak loretan daude; zozabarren saldoek plazako zeru hodeirik gabea edertzen dute beren akrobazia alaiekin, Messerschmitt hegazkinen gisara.

Urteak ere saldoka pasatu dira judua nintzela jakin ez eta juduak gorroto nituenetik.

Hitlerren harenga bukatu zenean, txalo egin genuen gogotik, ez nuke jakingo esaten zenbat denboraz. Halako batean, plazan bildutako gazteak, eta ez hain gazteak, hiriko kaleetan barreiatzen hasi ginen, zozabarrak zeruan bezala, orain kantuan, orain kontsigna aberkoiak oihukatuz. Hiri guztia zalaparta hutsa zen.

Etxe sendo eder bat seinalatu zuen gutariko batek. Pertsianak itxita zeuden. Harriak eta zernahi botatzen hasi ginen. Eta oihuka, ardaila batean.

Alferrik ari gaituk, entzun nuen esaten nire gibelean. Hor ez duk aspaldi inor bizi.

Katedral aurreko arkupetara joan, banderak bildu eta billar-aretoan sartu ginen. Esku-soinu bat entzuten zen *fox-trot* bat jotzen.

Ea, uztak musika degeneratu hori eta jo ezak *Sieg Heil!* Benetako musika entzun nahi diagu!, *Kaskagorri* deitzen genion Marck izeneko mutil batek.

Gehiegi eskatzen ari haiz belarri-gor horri, nik.

Soinujoleak kemen osoz ekin zion guk agindutako piezari, *Sieg Heil! Sieg Heil!* hasi ginen lagunok, eta, kanta bukatutakoan, nik garagardoak atera nizkien lagunei eta baita soinujoleari ere nire urtebetetzea ospatzeko. Pitxerra esku batean, zigarroa bestean, Frantziaren harrokeria kritikatzen hasi ginen berotasun handiz. Zigarroen kea, zirimolaka, billar-mahaiaren gaineko argiaren inguruan. Keaz gain legeak errespetatzen ez zituzten juduen lotsagabekeria ere atera zen ez dakit noren ahotik. Neurri gogorragoak hartu behar zirela besoko horia eramaten ez zutenen kontra. Eta kontatu zuen goiz hartan bertan bereizgarria ez zeraman judu bat bota zutela ostikoka tranbiatik.

Hermannek, ohi zuen legez, bere labana ireki zuen eta *odola* zioen xaflaren ahoari hats egin eta galtzetan igurtzi zuen distira ateratzeko, gero *ohorea* zioen beste aldeari hats egin, eta galtzetan igurtzi zuen hura ere. Hiruzpalau aldiz egin zuen gauza bera. Orain *odola*ri hats, orain *ohore*ari. Eta hartan ari zela, zapatari kopetatsu baten berri ematen hasi zitzaigun, eta haren dendaren helbidea ere esan zigun. Oso aldarte onean ari zen.

Hauetako egunen batean eskarmenturen bat eman beharko zioagu zapatari alu horri, erantsi zuen. Labanaren alde biak berriro garbitu zituen, oraingoan jertsearen mahukaren kontra.

Nik ere ezagutzen nuen Hermannek aipatutako judua. Inoiz joana nintzen haren lantegitxora etxekoren baten oinetako-zoruak errepasa zitzan. Adeitsu hartu ninduen beti. Hala ere, Hermannek zapatariaren kontra esandakoak gizendu nituen:

Hildako soldaduak biluztu eta haien arropak eta botak salduz aberastu omen zuan Gerra Handiaren sasoian!, eta zapatariari egotzi nion hainbatengatik esaten zen gerra-pasadizoa.

Zikin madarikatua!, erantsi zion taldeko beste batek nik esandakoari.

Baina ondo bizkorra hala ere!, esan zuen Hermannek, eta ikusirik bereganatua zuela denon arreta, jarraitu zuen: Gure kontura aberastu, hori egiten ditek urde-lerde horiek. Zer uste duzue direla itxura apal faltsuko beren zapata-dendak, eta okindegiak, eta burdindegiak? Beren lapurreten estalkiak, horixe besterik ez.

Han geundenak bat etorri ginen hitzokin. Hermannek labana itxi zuen eta patrikan gorde zuen azkenik. Orduantxe erabaki nuen labana bat erosi behar nuela Amona Erikak gau hartan nire urtebetetzeagatik emango zidan diruaz. Etxekoak haserretuko zitzaizkidan labana ikusitakoan, baina niri bost axola zidan horrek.

Soinujoleak *Nik banuen kamarada bat* piezari ekin zion. Kantuan lagundu genion, eztarriak urratu beharrez. Beste garagardo bana jokatu genuen billarrean eta neska kontuekin hasi ginen algara batean. Hermannek titi handiak gustatzen zitzaizkiola esan zuen.

Mozkortu ondoren titi artean lo egiteko?, galdetu zion lagunetako batek.

Egur eske habil, ala?, erantzun zion Hermannek, baina ez gogorregi, esate hutsagatik baizik. Oraindik ez zegoen mozkortzen hasia. Askoz ere garagardo gehiago behar zuen guztiz petraltzeko.

Sabaitik zintzilik zegoen ordulari handi biribilari begiratu nion. Afaltzera joateko ordua. Nire txandaren zain egon nintzen, billarrean jokatzeko. Aise egin nituen lehen bi karanbolak. Hirugarren joaldian kale egin nuen, bolak ez zuen-eta nik nahi nuen beste indarrik hartu bandaren kontra jotzean, eta bide erdian gelditu zen. Sos batzuk utzi nituen nire porrotaren ordainetan.

Lastima, esan nien lagunei, baina banoak, honezkero etxean zain izango ditiat-eta.

Hoa, hoa, zaharrak berotu eta ahia hoztu baino lehen, bota zuen Hermannek.

Hura esatean egin zuen irri makurragatik, usaindu nuen esaldiak gaiztakeriaren bat ezkutatzen zuela, baina ez nuen harrapatu. Gainerako lagunak barre zantzoka hasi ziren, gordin-gordin. Ezentzunarena egin eta bostekoa eman nien denei. Lagunak, haien burrundara eta esku-soinuaren musika atzean utzi eta kalera irten nintzen.

Geunden sasoirako, giroa ohi baino epelagoa zen. Burua arin samar sentitzen nuen. Eztarria, berriz, lakar, zigarroen eta billar-aretoko kearen eraginez. Karkaxa bildu eta jaurti egin nuen, marranta kentze aldera. Kaleak hutsik zeuden eta etxera eraman ninduen tranbia ere, antzera.

Esandako ordurako iritsi nintzen. Ama sukaldean ari zen, aurreko mantal zuri bat jantzita, arrautzak jotzen. Zigarro-gustua nuen ahoan. Musu ematera hurbildu ez hurbildu egon eta gero, atetik agurtu nuen.

Amona Erikarenean izan naiz, amak. Dirutxo hau eman dit zuretzat.

Hurbildu egin behar izan nuen. Marko batzuk jarri zizkidan eskuan. Nik, diruari begiratu gabe, eskua itxi nuen.

Ez da afaltzera etorriko?, galdetu nion sukaldeko ateraino itzulirik.

Ezin du. Elizako bilera bat du parrokian. Badakizu eltzeko domeketako diruen arduradun egin dutela aurten.

Ez nekien edo ez nuen, behintzat, gogoan. Eta gogoan izanda ere: zaila zen amonaren saltsa guztiez akordatzea. Ez zen, ez, geldirik egoteko jaioa. Alargundu zenetik, eta baziren hamar bat urte aitona hil zela, ez zuen, berak halaxe zioen behintzat, aspertzeko astirik izaten.

Amak labea seinalatu zuen eta esan zidan afaria ez zegoela artean prest.

Lagunek billar-aretoan segituko zutela otu zitzaidan. Neure burua madarikatu nuen puntualegia izateagatik.

Zer eginik banuen, ordea, eta logelako bidea hartu nuen. Pasaeran, Annette ikusi nuen jangelan. Mahaia prestatzen ari zen afarirako eta gurasoen arreoko zilarreriaren piezei banan-banan distira ateratzen, eskuan zuen piezari hats egin ondoren zapi batez igurzten zuela. Ez zen ohartu ni han nintzenik, eta gelara igo nintzen arreba agurtu gabe.

Burua freskatu eta ahoa garbitu nuen konketan. Gero, Elsbethek goizean oparitu zidan egunerokoa estreinatu nuen Goetheplatzen entzundakoak eta jendeak izandako erreakzio kartsuak kontatzeko. Gymnasium-ean irakasten ziguten literatur prezeptibari buztan-ziri egin, eta idazten hasi nintzen zehaztasuna ugaritasunaren jarioan itotzeko kezkarik gabe. Aise ateratzen zitzaizkidan hitzak, eta letrek zozabar saldo nekaezinak ematen zuten paper zuriaren gainean: txikiak bezain ugariak. Pare bat orri bete nuen, sentimenduak gainezka nituela garagardo zerbitzatu berriari ateratzen zaion aparraren gisa. Kezka bat nuen hala ere: idazten ari nintzenak motz islatzen ote zituen Goetheplatzen bizi izandako emozioak. Idatzitako guztia errepasatu nuen. Ez nuen ezer ezabatu.

Burua jaso nuen egunerokotik, eta idatzitakoaren errematearen hausnarrean egon nintzen pixka batez.

"Jendez gainezka zegoen plaza, bertako gereziondoak nola, halaxe ari da loratzen alemantasuna", idatzi nuen halako batean.

Errematea onetsi eta egunerokoa itxi nuen. Txera osoz ferekatu nuen. Sorpresa handia izan zen niretzat Elsbethen oparia eta sorpresa, halaber, Elsbeth nire urtebetetzeaz gogoratu izana. Esker oneko ohar bat idazten hasi nintzen. Ez nituen hitz egokiak aurkitzen. Oheratzerakoan berriro saiatuko nintzela erabakirik, afaltzera jaitsi nintzen.

Ordurako aita mahaian zegoen, ukondoak jarrita festa egunetarako harizko zamau zuri brodatuaren gainean. Ez zirudien zakur-umorez zegoenik. Horrek lasaitu egin ninduen. Agurtu nuen adeitsu eta nire tokian eseri nintzen.

Goetheplatzekoa kontatzen hasi nintzaion. Aitak ahoa zabaldu zuen, baina ezer esan ordez, ogi egin berrian gurina zabaldu eta ahoan sartu zuen. Ama eta Annette sukaldetik etorri ziren. Annettek, esku banatan, bi erretilu zekartzan, labean erretako patataz betea bata eta sagar-konpotaz bestea; amak, berriz, saiheskia zekarren.

Ondo-ondo errea, Werner. Batere odolik gabe, zuri gustatzen zaizun moduan, esan zidan amak. Esker onez begiratu nion.

Gero amak errieta txikia egin zion aitari mahaia bedeinkatu baino lehen jaten hasteagatik. Eta aitak, erantzun gisa, begirada makurtu zuen. Ohartua nintzen nekeak erasanda zebilela aspaldiko egunetan. Amak askotan esaten zion: Gauza bera gertatzen zaizu udaberri oro, erle-jelea hartu behar zenuke gosaltzeko. Aitak, ordea, ez zuen erle-jelea atsegin, eta ezta ama kontu harekin horrenbeste tematzea ere.

Amak mantala erantzi eta ohiko otoitzarekin bedeinkatu zuen mahaia. Annettek zilarrezko koilararen distirari begira egin zuen otoitz.

Afaltzen hasi ginen.

Nik Goetheplatzeko ekitaldiaren gaiari ekin nion berriro, gogamena bizi-bizi nuela eta mingaina, berriz, jario errazeko. Amak aitari begiratu zion, haren erreakzioaren beldur balitz bezala. Aitak okela-zati bat busti zuen sagar-konpotan eta ahoan sartu zuen.

Isiltasunaren bitartez espresatzen ziren bi aktore ematen zuten. Ez ezazu esan gero damutu egingo zaizun ezer, zioten amak aitari zuzendutako begiradek. Eta aitarenek, berriz: Mutila horrela babesten baduzu, beti izango ditugu arazoak.

Haize-bolada batek leihoko ateak astindu zituen. Ama jaiki egin zen jangelako leiho hura ondo ixtera eta sukaldera joan zen gero, hurrengo plateraren bila. Aitak burua jaso zuen eta begiratu egin zidan. Haren begietan zalantzazko bristada bat ikusten zen. Ahoa zabaldu zuen, baina ez zuen asmatu ezer esaten eta nik korridorera begiratu nuen, ama baitzetorren sukaldetik kristalezko erretilu bat zekarrela.

Ea, bada, zer moduzkoa atera zaidan!, amak.

Hildakoak pizteko moduko usaina du, aitak. Konplimendu bera esaten zion beti.

Annettek lekua egin zuen mahaiaren erdian eta amak hantxe jarri zuen erretilua, nire omenez prestatutako strudelaz. Gero eseri egin zen, afari osoan lehendabiziko aldiz patxada pixka batez.

Aitak kasurik egiten ez zidanez, amari eta Annetteri hasi nintzaien kontatzen Goetheplatzen ikusi eta entzundakoa. Tamala zela berak bertan ez izana. Aitak orduan aiztoa eta sardexka platerera bota zituen. Annettek amorruz begiratu zidan. Amak ez zekien zer esan, zer egin.

Aitak kontu eske hasiko zitzaidala ematen zuen. Zerbait esan ez esan egon eta gero, jaiki eta, herren txikian, musika-salara erretiratu zen (jangela ondoko salatxo hartan beti egon omen zen piano bat, Gerra Handiak pianoa eta etxeko hainbat altzari saltzea ekarri zuen arte. Musika-sala izaten jarraitu zuen, agian amak sekula galdu ez zuelako beste piano bat izateko esperantza. Edo irratiko musika-saioek betetzen zutelako pianoaren falta, ez nuke jakingo esaten).

Aitak arasa ondoko lanpara piztu zuen. Gero, irratia. Ematen ari ziren musika klasikoa onetsiz, bere butaka tapizatuan eseri zen. Eskua jertsepean sartu eta betaurrekoak atera zituen alkandorako patrikatik. Egunkaria zabaldu zuen eta haren atzean ezkutatu zen. *Hindenburg* zeppelinaren irudi nahastezina ikusten zen egunkariaren azalean. Hirian bolo-bolo zebilen zurrumurruaren albistea ilustratzen zuen argazkiak: airetiko tzar bikaina hiritik hurbil gelditzekoa zela egun batzuk barru.

Amak labana sartu zion strudelari, eta lau zatitan banatu zuen. Nik strudel zati bat hartu eta ahora eraman nuen.

Ezin al duzu besteen zain egon?, haserretu zitzaidan Annette, baina ez hitzez, begiradarekin baizik.

Alferrik, ordea, ordurako aho barruan bainuen. Mamia ondo hanpatua zegoen, gozo-gozo desegiten zen nire hortzen eta mingainaren artean.

Amak strudel zati bat platertxo batean jarri eta aitari eraman zion musika-salara. Gero, botila bat kirch atera zuen arasatik eta, aitari kopatxo bat zerbitzatzen ari zitzaion une berean, gaueko albistegiak tokia hartu zion musika klasikoari. Sintoniaren ondoren, Goetheplatzen entzundako Hitlerren hitz berak errepikatu zituen irratiak:

Gaur hurbilago daude bakea, justizia eta askatasuna.

Begiak egunkaritik jaso eta butakatik jaikitzeko keinua egin zuen aitak. Amak eskua jarri zion bizkar gainean, eserita jarraitzeko adieraziz, eta dialari eragin zion. Hitler ari zen irrati guztietan. Amak, orduan, irratia itzali zuen, aitari iritzia eskatzeko premiarik gabe.

Hori guztia bizkor-bizkor eta isilean egin zuen amak, gau hartan bertan norbaitek etxetik botako ote gintuen balego baino izutuago. Haren aurpegiak kezka islatzen zuen. Hala ere, irribarre egiten saiatu zen jangelara itzuli eta nire parean eseri zenean.

Zeren zain zaude?, esan zion amak Annetteri, haren platereko hostopil zatia artean probatu gabe zuela ikusirik.

Ez zela gose esan eta platera erretiratu zuen arrebak.

Ez dakit gorrotoa ala amorrua deitu Annettek zuzendu zidan begiradan ikusi nuenari.

2

ZORIAREN ONENEAN lo egin eta gero, seietarako jaikita egoten nintzen, ez inork ez ezerk iratzartzeko premiarik gabe. Huraxe zen niretzat ordurik onena. Artean ilun egoten zen, eta etxea isil-isilik. Indarberritua sentitzen nintzen, gauza handiak egiteko gai.

Urtebete pasa neraman –*Borondatearen garaipena* filma ikusi nuenetik– egunero ordu bertsuan jaikitzen, eta uste baino aiseago lortu nuen gorputza hartara jartzea. Neure buruari esaten nion: loa denbora galtzea duk; lo gehiegiak ahuldu egiten ditik gorputza eta espiritua, ahuldu kontzientzia, ahuldu aleman onaren dohainak.

Gurasoak kexu ziren lo gutxi egiten nuela eta argaltzen ari omen nintzelako. Baina nik seietako kanpai-hotsak entzun aurretik uzten nuen ohea, eta galtza motzak eta elastiko arre kolorea janzten nituen. Leihoan lehen eguzki-printzak ikusten ziren; edo kristalen ertz izoztuak, mastika zikinaren kontra; edo argi apala, euriak eta lanbroak gandutua. Berdin zitzaidan eguraldia niri: bero egin zein hotz egon, ordu erdi luzez aritzen nintzen flexioak eta ariketa fisikoak egiten, batzuetan gehiago ere bai, harik eta indarrak eten eta elastikoa eta galtzen gerribueltakoa guztiz izerditzen nituen arte.

Nire arnasa entzuten nuen bakarrik eta noizean behin zakurren baten zaunka urrunean. Aldian behin, etxeko norbaiten oin-

-hotsak sentitzen nituen behean, korridorean barna komunerako bidean. Hori gertatzen zenean, gelditu egiten nintzen. Jaikita zebilena logelara itzultzen zenean komuneko urari jaregin eta gero, gimnasiari ekiten nion ostera.

Goiz batez, gimnasia egiten hasi eta handik hilabete batzuetara, hegazkin-hotsak sentitu nituen gero eta hurbilago. Leihora joan nintzen, bihotza kolkoan. Zerua argitu ez argitu zegoen artean; lau liztor beltz zetozen hiri aldera. Txikiak ziren eta nahiko baxu zetozen. Hurbildu zirenean, lau Heinkel 111 zirela ikusi nuen, eta maniobrak eta biraketak egiten zituzten. Aspalditik zebiltzan zurrumurruak aerodromo bat eraiki zutela hiritik berrogei bat kilometrora. Inork ez zekien garbi non, baina egun hartatik sarri samar agertzen ziren hegazkinak, albaren lehen argiekin beti. Goizero egoten nintzen hegazkinak noiz sentituko, haien burrundarak suspertu egiten baininduen. Hotsak urrutiratzen zirenean, are kementsuago ekiten nion gimnasiari.

Hilabete gutxi barru Berlinen izatekoak ziren Joko Olinpikoen inguruko aparra harrotzen hasi baino lehenagotik ekin nion nik gimnasia egiteari. Hegazkinlari izateko, beharrezkoa da arnasaren erritmoa eta soin-ataletako mugimenduak sinkronizatzen jakitea, hala entzun nion esatari bati *Odeon* aretoan Baroi Gorriari buruzko dokumental batean:

Zein ederrak diren Alemaniako zeruak gure hegazkinekin!, zioen pasarte batean.

Nik ere Alemaniako zeruak edertu nahi nituen, pilotu izango nintzen. Horretarako, hemezortzi urte bete arte itxaron behar nuen. Eta bitartean, gorputza zailtzen nuen, eta aldizkari ilustratuek hegazkinlariari egindako elkarrizketak eta argazkiak biltzen. Hiru karpeta neuzkan nire gelan: bat, preziatuena, Baroi

Gorriari buruzko materialez betea: elkarrizketak, aipamenak eta aipuak, argazkiak...; beste bat, Alemaniako hegazkintzaren historiari buruzko kontuez gainezka; eta hirugarrena, munduan ziren klase guztietako hegazkinen marrazki, argazki eta kromoekin. Hiru karpetak, gizen-gizen. Gehiago erosi beharko nituen laster.

Elkarrizketa gehienetan, hegazkinlariek berebiziko garrantzia ematen zioten prestakuntza fisikoari; eta haien argazkietan bizimodu aszetikoaren markak agertzen ziren: ez zegoen haien aurpegi zailduari begiratu besterik.

Aszetika, bada. Baroi Gorriak hain sarri erabili zuen hitza. Aszetika, ariketa, diziplina, ordena, kontrola, metodoa, zaildu, landu, zigortu, bihotza gogortu, sentiberatasun belaxkari biderik ez eman.

Sasoiko egon!

Begiak izerdiaren gaziz erretzeraino ekiten nion, bada, goizeroko saioari. Gymnasiumean egiten genuen ariketa fisikoa ere erantsi behar zaio etxeko lanari eta gutxi gabe sumatu nituen gorputzaren berezko joerei eusteak dakartzan energia, arintasuna eta poza; laster sumatu nuen lagunen begirunea ere.

Buru-talka deitzen genion jolasaren oso zaleak ginen eskolako lagunak, eta Hermann eta *Zezenko* deitzen genion mutil kankarro bat izaten ziren beti irabazle. Gimnasia egiten hasi nintzenetik, ez nuen batari ala besteari irabaztea beste ametsik eta kopeta logelako horma baten kontra jarririk, hankak pixka bat atzeratu eta, bultza eta bultza, indarra egiten nuen buruaz. Goiz batez, Zezenkoren aurka jokatzea egokitu zitzaidan. Hermannek, bere labana atera, galtzetan igurtzi, eta elkarren artean hiruzpalau metroko tartea zuten bi arrasto paralelo marraztu zituen haren puntaz patioko lur hilean. Zezenko eta ni sartu ginen erdian. Eskuak lotu zizkiguten atzean, eta kopetari kopeta jarri ginen. Etxeko logelan askotan saiatu nuena egin nuen: hankak elkarrengandik apartatu eta orekari ondo eusteko modua bilatu nuen, gerria tentsioan sentitzen nuela. Ikusleetako batek jokoa hasteko seinalea egin zuen. Elkarri bultzatzen hasi ginen. Sekulako presioa sentitzen ari nintzen lepo-bizkarretan. Hasieran oso eraso gogorrak jotzen zituen Zezenkok, bat-bateko indar basatia zuen dohain nagusi, baina nik lehendabiziko erasoei eustea lortu nuen, oinak ez zitzaizkidan batere mugitu hasierako posiziotik. Lehen erasoaldiari ondo erantzun eta gero, irabaz nezakeela pentsatu nuen, Zezenko egonarri gutxikoa baitzen. Lepoa sorbaldetan erdi hondoratu eta ahal nituen indar guztiak bildurik, ordu arteko guztiak baino bultzada oldartsuagoa eman nion. Zezenkok, ustekabean harrapatuta, atzera egin zuen pare bat pauso. Bafaka zegoen, amorrazioz. Neure burua irabazle ikusten ari nintzen. Gutxien espero nuenean, ordea, pixka bat apartatu abiadura hartzeko, eta sekulako kolpea eman zidan buruaz bekainean. Ikusleek protesta egin zuten, baina Zezenkok kopetarekin bultzaka jarraitu zuen ezer txarrik egin ez duen baten itxurak eginez. Odolaren beroa sentitzen ari nintzen masailean behera, zorabiatzeko puntuan nengoen. Barregarri geratuko nintzen jende guztiaren aurrean. Une hartan, ordea, Hermann sartu zen jokoaren gunera, eta Zezenko apartatu zuen zakar:

Ez dakik galtzen!

Musuzapia aterarik, bekainean jarri zidan. Esker oneko sentimen epel batek bete zidan barrena, Hermannengatik izan ez balitz, denek ikusiko baitzuten odolak eragiten zidan nire ahulezia. Ordutik, Zezenkori irabazi izanaren fama irabazi nuen nik, lekaiorik leialena Hermannek.

Pixkana, zela hegazkinen hotsak suspertzen ninduelako, zela Zezenkoren kontra lortu nuen garaipenarengatik, dena eramangarriagoa zitzaidan gorputza zailtzeko ahalegin hartan: lo falta, izerdia, arnas estua, giharretako mina, zain behartuak: gizaki berria nuen amets, horrexegatik bakarrik merezi zuen hainbeste neke hartzea. Hil edo bizikoa banu bezala ekiten nion goizero-goizero ariketa fisikoa egiteari.

Bazen urtebete Ernst Jüngerren *Altzairuzko ekaitzak* oroitzapen-liburua irakurri nuela. Harrezkero, logelako mahaitxo gainean egoten zen: argia itzali aurretik, liburua zabaltzen nuen edozein orrialdetan eta beti topatzen nuen kitzikatzen edo adoretzen edo hausnarrean jartzen ninduen zerbait. Zenbat urte zituen Jüngerrek, liburuan kontatzen dituen gerra-balentrien garaian? Hemezortzi, hemeretzi? Liburua ixten nuen eta esaten nion neure buruari: gertu egon behar duk hor kontatzen diren antzeko egoerak, eta are latzagoak, gainditu nahi badituk.

Buruan horrelakoak nituela hartzen ninduen loak, buruan horrelakoak nituela ekiten nien biharamun goizeko ariketei.

Ez nuen gustuko inor nire gelan sartzea ariketak egiten ari nintzenean, baina lantzean behin ama sentitzen nuen eskaileretan gora, eta nire gelako atea jotzen zuen aitzakiaren batekin. Gero, atea pitin bat zabaldu eta zirritutik burua bakarrik agertuz, esaten zuen:

Hau da kiratsa. Arnasarik ere ezin da hartu hemen. Leihoa zabalduko bazenu sikiera…

Eta gelan sartu eta leihoa zabaltzen zuen, nik zer iritziko nion kontuan hartu gabe:

Zu eta zure ditxosozko gimnasia!

Gela erraztatzen edo hautsa kentzen hasten zen han eta hemen; ohea egiten zidan; trapua pasatzen zion hormetan neukan apaingarri bakarraren kristalari, Externsteine santutegi germaniarraren argazki handiarekin egindako koadroari.

Behin Jüngerren liburuari erreparatu zion. Eskuetan hartu eta orri-pasa hasi zen.

Hain ona da?, amak.

Egiten ari nintzen ariketa eten eta gogo sutsuz hasi nintzaion liburuaren alde hizketan:

Irakur ezazu, ama, gustatuko zaizu.

Ezezkoa egin zuen buruaz:

Ez zaizkit gerrak gustatzen, ez dakarte zoritxarra besterik, esan zuen irribarre triste batez. Isilik geratu zen hainbat denbora. Seme, ez zaitez politikan sar, gaineratu zuen gero erreguzko tonuan.

Ez nabil politikan!, egin nion protesta.

Ea zer zen mitinetara joatea, ea zer Hitlerren Gaztediko egintza guztietan parte hartzea. Reichtag-en antza zuela politikak, oso ederra kanpotik baina zimentarriak lokatzetan zituena, hori eta antzekoak esaten hasi zitzaidan ama.

Zer egiten duzu horren goiz?, esan nion txera handiz eta gaiaz beste egite aldera.

Eta zuk? Zergatik jaikitzen zara zu hain goiz?, eta nire erantzunaren zain egon gabe, amak leiho zabaldu berria seinalatu zuen: Kontuz, gero! ez hoztu! Eta alde egiterakoan, nire gelan sartu behar izanaren aitzakia asmatu zuen: mezetara joan aurretik lisatu behar omen zuen alkandorarekin eta pasaratu behar omen zituen galtzerdi maiztuekin atera zen gelatik.

Nik egiten utzi nion, banekien-eta hori zela biderik laburrena bisita ez luzatzeko.

Etenaldiaren ondoren, ariketekin segitu nuen, nire buruari behin eta berriro agintzen niolarik: Zaildua behar duk egon, diziplinatua behar duk izan. Erabat sinetsirik nengoen: Sasoiko bahago, aberriak behar hauenerako prest hago. Eta pentsatzen nuen: Hi ariketak egiten ari haizen bitartean, hor ariko duk makina bat soldadu ariketa askoz ere zailagoak eta latzagoak egiten Oihan Beltzeko destakamenduetan, Karlovy Vary-koan, Hanburgokoan, Dresdekoan, nazio guztian zehar.

Halako gogorapenek adoretu egiten ninduten eta kemenez eta amorruz hasten nintzen pisuak jasotzen, flexioak egiten, ukabilkadak ematen sabaitik zintzilika jarri nuen hareaz betetako zakuari.

Alemaniak altzairuzko gizonak behar ditik, hala esaten nion neure buruari, kolpeari kolpe, kolpeari kolpe, kolpeari kolpe.

Egunsentiak gela zeharo argitu aurretik bukatzen nituen ariketak. Ur hotza erabiltzen nuen neure garbiketarako. Baita hotz gordin-gordineko goiz albetan eta leihoak izotz-geruza lodi batek estalita zeuden egunetan ere. Ohitu egin nintzen dutxa hotza hartzera eta lokietako sastadei jaramonik ez egitera. Gorputza zailtzen laguntzen zidaten ariketa fisikoen artean, beste bat zen dutxarena.

Eta ikasi nuen plazera bilatzen ur hotzarekin ere: hankak zabal-zabal egin postura eroso bat bilatzeko, eta begiak ixten nituen. Pixkana-pixkana uraren hotza ahazten nuen eta nerabe baten irudi biluztuan jartzen nuen gogoa. Neska baten aurpegia zuen gehienetan, baina bestetzuetan baita neure buruari aitortu nahi ez nion norbait difuminatuago batena ere: erretzen zaituen baina erretzen zaituela onartu nahi ez duzunaren aurpegia.

Nolanahi ere den, negua bazen, elurretan zuri irudikatzen nuen dena delako izaki liluragarria. Bero bazen, erreka batean bainatzen. Nerabeak keinu lizunak egiten zizkidan, hator, hator!, esaka. Hurbiltzen nintzaion, eta nik garondoa ferekatzen nion, bularraldea, ipurmasailak. Hark bere gorputza estutzen zuen nirearen kontra, eta gero eta mugimendu azkarragoak egiten zituen bere sabelarekin nire sexua igurtziz.

Hazia isurtzeko momentuan, dutxaren txorrota ixten nuen. Bat-batean, plazeraren gailurraren gailurrean, hazia sentitzen nuen, bero-bero, izterreko azal hotzean behera.

Harro begiratzen nion haziari: aleman batena zen.

3

BERUNA BAINO BERATZAGO ibili zinetelako galdu zenuten gerra, askotan izaten nuen aitari halakoren bat esateko gogoa. Horren ordez, bere soldadu-ibilerei buruz galdetzen nion. Gerra aipatzen nion bakoitzean, burua jaisten zuen. Ez zuen hartaz jardun nahi izaten, ematen zuen lotsatu egiten zela soldadu-garaiaz hitz egiteaz. Zertaz lotsatu baduzulako, esaten nuen nik, nire baitarako.

Gerra Handia oker piztu eta gaizki itzalitako sutea izan zen, esan nion behin aitari, ia deiadarka, eztabaidan ari baikinen. Harrituta begiratu zidan. Ez nion esan Jüngerren esaldi bat zenik. Idazlea ezaguna eta liburua irakurria balitu bezala mespretxatzen zituen biak: ezta arazo pertsonalen bat izan balu ere Jüngerrekin!

Gerra guztiak hasten dira gaizki eta gaizki amaitzen, erantzun zidan aitak, nik baino tonu apalagoan, eztabaida saihesteko ahalegin nabarian. Nik ere zure antza nuen, harik eta baioneta hartu eta akabatu behar nituenen begiradak ikustea egokitu zitzaidan arte.

Xehetasun eta argibide gehiago eskatu nizkion, lehendabiziko aldia baitzen halako aitormen bat egiten zidala. Gaiari heldu ordez, gerraren aurkako bere betiko jardunera itzuli zen:

Zaila bada gerra egitea, are zailagoa kontatzea.

Bizkarra eman, eta etxetik irten zen, etxe osteko baratzean lantxoren bat egiteko aitzakiaz.

Doala infernura!, nik, erabat amorraturik.

Ezin nuen eraman aitaren porrota beste deus erakusten ez zuen txakalen erretolika beti berdin hura. "Gerrek sortzen dituzte nazioak!", apuntatu nuen behin Elsbethek oparitu zidan egunerokoan. Aitarekin izandako ohi baino eztabaida gogorren baten ondoren idatzia behar du.

Ez dut gogoan.

Gogoan dudana, etxeko giroa: gaur biharkoagatik eta bihar gaurkoagatik, aitak eta nik sarri samar izaten genituen sesioak. Gosaltzen ari nintzen goiz batez gertatutakoak azaldu dezake diodana. Ama larrituta itzuli zen etxera erosketak egitetik:

Ez urik edan, Knigge-ko iturria pozoitu omen dute-eta!

Juduak!, esan nuen nik. Egunen batean infernua sortu beharko dugu haientzat bakarrik!

Kontuz esan egunen batean damutuko zaizun ezer! Ez, behintzat, nire aurrean!, sumindu zitzaidan aita.

Aitaren errietek, nire iritziak pitzatu beharrean, kontrako efektua eragiten zidaten: orduan eta alemanago sentitzen nintzen.

Hasieran, aitarenganako beldurrez edo amarenganako errespetuz, atzera egiten nuen eta isildu egiten nintzen. Adinean aurrera, ordea, erantzuten hasi nintzen eta pentsatzen nituen ia guztiak gogotik ahora esaten:

Zuen kulpaz galdu genuen gerra, zuen kulpaz galdu du Alemaniak bere itzal handia.

Eta horrelakoren bat bota eta gero, ez nuen *heil Hitler!* esaten, horrek aita sutan jartzen baitzuen, baina burutik pasatu bai, beti pasatzen zitzaidan oihu bera burutik: *Heil Hitler!* Eta pentsatzen nuen: Itsututa zaude, aita; Alemaniaren etorkizuna jokoan, eta segi, zuk segi kircha edaten.

Bion arteko liskarrak gero eta ugariago, gaina hartzen hasi nintzaion aitari: istilu bat lehertzeko zorian, amak pazientzia eskatzen zion aitari, aita amarekin haserretzen zen, eta elkarri xaxa eginez jardun ondoren, ama sukaldera erretiratzen zen negarrez hasteko puntuan, eta aitak egunkariaren atzean ezkutatzen zuen frustrazioa. Ez zen sekula izan hitz ugarikoa. Handik aurrera, gutxiago.

Dena zure kulpagatik!, kexatzen zitzaidan Annette, berebiziko nazka ematen zidan modu erretxin batez. Nire kontra ateratzen zen beti, baina nik ez nion kasurik egiten. Edo mespretxuz erantzuten nion bestela.

Bitxia badirudi ere, ezin dut nire arrebaren irudia berritu. Ez dakit nolakoa zuen aurpegia, nola ibiltzen zen. Pelikuletan-eta lagun bat identifikatzerik nahi ez denean, itzal moduko batez difuminatzen da haren aurpegia. Halaxe lausotu du nire oroimenak ere arrebaren irudia. Gorde dudan arrebaren oroitzapen bakarra, ahotsa, hitz egiterakoan ateratzen zitzaion hoskera zorrotz erretxina.

Amak esaten zuen txikitan biok bat eginda hazi ginela. Nik ez nuen halakorik gogoan. Annettek senez zekien nire kontra eginda gurasoak irabazten zituela, aita batez ere. Moja plantak egin, eta errazagoa zitzaion nahi zuena egitea. Gurasoak itsu zeuden, ez ziren nire arrebaren jokoaz konturatzen: nireak maiseatuz, Annettek bereak ezkutatzen zituen.

Arrebak etxekoen giroa petraltzea niri egozten bazidan ere, ni konbentzituta nengoen aitaren izaera beraska zela, ez beste ezer, gure arteko tentsioa areagotzen zuena. Eta halakoetan, nire asmo ona erakusteko, gai hutsalen bat hartzen nuen hizpide: Medikua ikusi dut amona Erikaren etxetik irteten. Zer du?

Baina gero ez nion arretarik jartzen amak emandako erantzunari.

Beldurtu egiten nauzu, esan zidan behin amak, nik aitarekin ohiko liskarretako bat izan ondoren; eta ahapeka aitak entzun ez ziezaion, gaineratu zuen: Ez zaitez hain gogorra izan aitarekin, oso gaizki pasatzen ari da.

Ez dut gogoan esaldien ordena. Agian aitaren sufrimenduarena esan zidan lehendabizi, eta gero etorri zen beldurrarena:

Beldurtu egiten nauzu.

Jardun horrek eta tankera horretako aitaren aldeko beste hainbat jardunek izaten ote zuen eraginik nigan? Ez dakit. Pentsatzen jarrita ere, ezin dut zehaztu zein sentimendu nagusitzen zitzaidan halakoetan. Auskalo. Baina garbi dakit ez nindutela hunkitzen. Ez zuten, behintzat, naturak eragina omen den seme baten aitarenganako begirunea suspertzen; sentimendu horren haziak ez zuen nigan ezer erein ez ernaldu.

Eta gogoan dut halaber amaren jardunen ondorengo nire jarrera: burua apaldu eta isildu egiten nintzen; ez, ordea, damututa, amaren txantaje sentimentalaren aurrean ahul agertzeko beldurrez baizik.

Neure buruari esaten nion: Gehiegi erreparatzen badiek amaren erreguei eta aitaren purrustadei, galdutzat jo dezakek hire tokia, horixe duk porrotarako lehen pausoa. Eta Von Richtofenek hegazkinlariengatik esaten zuena gehitzen nion neure baitako jardunari: Okerrena, hartutako erabaki baten ondoren zalantza egitea, une labur-labur horixe baliatzen baitik arerioak hi baino gorago igo eta hi handik tirokatzeko.

Ni tirokatzeko. Nire babes-ahalmenen ahuldadeaz ohartu-rik, nire deskuidua baliatzeko, alegia.

Ezin nintzen ahula izan, baina kontrolatu beharra neukan gehiegizko konfiantza ere. Ondo gogoan dut etxe aurrean geneukan haritz kimua ureztatzen ari nintzen batean gertatutakoa. Gurasoek oparitu zidaten kimua hamasei urte bete nituenean, eta ni arduratzen nintzen hura zaintzeaz, inguruko belar txarrak kentzeaz, izotz beltza egiten zuenean zapi saretu batez estaltzeaz.

Ura botatzen niolarik, beti esaten niona errepikatzen ari nintzaion egun hartan ere kimuari, erdi ahapeka:

Nire egunekoa haiz, Renania berreskuratu genuen egun berekoa...

Aitaren ahotsa entzun nuen nire atzean:

Itoko duzu, ur gehiegi botatzen ari zara.

Jiratu egin nintzen. Aita irribarrez zegoen, adeitsu. Supituan, ordea, harridurak ahoa okertu zion. Zer gertatzen zitzaion galdeturik, hori..., esan zidan aitak.

Jakaren paparrean neraman Hitlerren irudi bat zen *hori*, arratsalde hartan lagunekin *Hindenburg* zeppelina ikustera joateko propio jarria.

Aitak kentzeko erregutu zidan, oso tonu serioan baina ahotsa batere altxatu gabe.

Hitler da!, nik.

Baita Bismarck bera balitz ere..., esan zidan aitak, oraingoan haserre. Ken ezazu, Jainkoagatik!

Alferrik ari zara, ez dut-eta kenduko.

Aitak eskua jaso zuen, amorruz dardarka. Belarrondoko bat emango zidala uste nuen. Hitlerren irudia kendu zidan paparretik atzaparkada zakar batez. Zeppelina ikustera joateko baimena ukatu zidan gero.

Nik koska egin nion beheko ezpainari, eskuak ukabildu nituen azkazalek mina eragiteraino. Ez nuen ezer esan, ez nuen zirkinik egin, harrituta bainengoen aitaren erreakzioarekin.

Gelan giltzatu eta ez nintzen bazkaltzera jaitsi. Arratsaldeko lehen orduan, ama eta Annette ikusi nituen, jai-egunetako arropak jantzita, nire gelako leihotik. Amona Erika bere etxean jaso eta zeppelina ikustera zihoazen. Argiak min egiten zidan begietan.

Ohean etzan nintzen. Musika klasikoa zetorkidan beheko solairutik. Aitak bere burua lasaitzeko jarriko zuen musika. Bazitekeen haren filantropia gogaikarriak nire lasaitasunean ere pentsatu izana. Amorruak hartu ninduen lehendabizi, loak gero.

Handik nik al dakit zenbat denborara, *Hindenburg* zeppelinaren hotsak esnatu ninduen. Leihora joan nintzen. Aita ordurako lorategian zen, esku bat kopetan jarrita eta zerura begira. Nire zorionerako, ez ninduen ikusten zegoen tokitik.

Zeruan ez zegoen hodei bakar bat ere, zeppelinik ere ez. Hotsa, ordea, gero eta ozenagoa zen. Hartan, zeppelinaren itzala ikusi nuen etxe aurreko lorategian. Etxe gainetik pasatu zen, eta, apurka-apurka, ia osorik estali zuen zeru urdina.

Begiak kliskatu nituen. Aitor dut beteta neuzkala, bai emozioz, baita harrotasunez ere. Ederra izan zen ikuskizuna, lagunekin zeppelina ikustera joan ezinaren amorrazioa eta aitaren kontrako ernegazioa momentu batez ahazterainokoa.

Hiritik hurbil zegoen zalditegiko belazerantz zihoan zeppelina, eta nire talaiatik urrutiratzen joan ahala, zerua nagusitzen hasi zen berriro.

Zeppelina puntu txiki-txiki bat bihurtu zenean, ohe gainera itzuli nintzen, eta amorrazioa eta ernegazioa sentitu nituen berriro. Baina ia oharkabean, lehentasunei buruzko hausnarrean hasi nintzen. Aitari amen egin eta paparrekoa kendu izan banu, inolako arazorik gabe joango nintzen zeppelina ikustera lagunekin. Etxetik irten bezain laster, paparrekoa berriro bere lekura itzulita, gainera.

Halatan, bueltak emanez egon nintzen aita haserretzeak nire bizitzari ekar liezazkiokeen kalteei: sarritan gertatuko zitzaidan zeppelina ikusi ez ikusi baino garrantzi handiagoko erabakiak hartu beharra. Zuhur jokatzen ez banuen, ez nuen sekula aitaren baimena lortuko aerodromo batean izena eman eta hegazkinlari izateko. Gorputza zailtzen eta gogoa zaintzen ari ez nintzen ba nire onena aberriaren alde emateko?

Alemaniak aurrera egiteko, ausardiaren neurriko tentua behar nuela erabaki nuen larunbat hartan. Ez, ez nintzen huskeriengatik munta handiko kontuak zalantzan jartzen hasiko. Diziplina, beraz, nire erreakzioen kontrolean ere. Zuhurtasuna zaildu behar nuen, gorputza bezalaxe. Ez nuen aita aldatuko, bai?, eta ez nuen esango zertan nenbilen, ez zuten jakingo non eta norekin ibiltzen nintzen: hobe nuen ahoa ferratuta, asmoak gordean, kulpa edo errukia baztertuta.

Zuhurtziak isiltasuna du lagun min.

Horrenbestez, Elsbethi ohar labur bat idazten hasi nintzen, egunerokoaren oparia eskertzeko. Ez nuen gogo-berotasun gehiegi jarri nahi, baina ez nuen ezta ere axolagabekeria transmititu behar. Tarteko hitzak behar nituen, ez beroegiak, ez hotzegiak. Ez zitzaidan, ordea, hitz egokirik ateratzen. Zigorrak eragindako hausnarketan jarria neukan arreta, eta ez Elsbethen oparian, hori zen gertatzen zitzaidana. Bigarren aldiz, beste baterako uztea erabaki nuen esker oneko oharra.

Ezer gertatu ez balitz bezala jaitsi nintzen arratsean afaltzera. Zeppelinari buruzkoak kontatzen hasi ziren ama eta Annette, hasieran tentu pixka batez. Ikusi zutenean ez nengoela zapuztuta, xehetasun guztiak ematen hasi ziren normaltasun osoz eta beren poza erakutsiz. Ematen zuen ez zirela gogoratu ere egiten zigortuta nengoela. Ahal nuen adeitsuen jokatu nuen amarekin. Baita aitarekin ere. Annetteri, berriz, kasurik ere ez.

Astelehenean, lagunek ere ez zuten zeppelinaren barruan ibili izana beste konturik. Non sartu nintzen galdetu zidaten. Larunbat osoa ohean pasatu nuela erantzun nien.

Gaixo egon nintzela ulertu zuten.

4

ELTZEKO DOMEKA horietako bat zen. Eguerdian barau egin eta gero, Santa Ana erruki-etxera joan ginen familia osoa, etxean bazkaldu ez genituen barazkiak eta txerriki gatzatua, eta baita dozena bat arrautza ere, otar estalkidun batean hartuta: hiriko behartsuenei laguntzeko hilean behingo eltzeko domekaren usadio hori zen aitak Hitlerren erregimenari barkatzen zion neurri bakarrenetako bat.

Erruki-etxeko zaindariaren irudi bitxi bat zegoen sarrerako galeria beiradunean: Santa Anak Amabirjina zeukan besoetan eta Amabirjinak, berriz, Jesus haurra. Hara joaten ginen aldiro, aitak irudiaren ezohikotasuna goratu behar izaten zigun, baina bertan zeuden guztiek entzuteko moduan:

Ez dut beste inon ikusi halakorik.

Jendeak irudiari begiratzen zion. Eta gero, aitari, argibide gehiagoren esperoan. Orduan aitak garaiko irudigintza erlijiosoaz zekizkien apurrak esaten zituen.

Kontatzen ari naizen eltzeko domeka hartan ere aitak ohiko argibideak eman zizkigun ohiko suhartasunarekin. Amona Erikak eskukada bat txanpon eman zion Annetteri. Arrebak txanponak sartu zituen, banan-banan eta bozkario tuntun batez, Santa Anak oinetan zeukan itsulapikoaren zirrikitutik.

Jende dezente zebilen sartu-irtenean, nor bere otarrarekin, nor sarezko zakutoarekin, eltzeko domekarekikoak egitera etorrita.

Amak otarraren estalkietako bat jaso eta jakiak pasatu zizkion eltzekoez arduratzen zen mojetako bati. Egurrezko kaxa handi batzuk zeuden mojaren atzean, janariz erdi beterik. Haietan banatu zituen amak emandakoak: barazkiak barazkiekin, arrautzak arrautzekin. Txerriki gatzatua, berriz, zapi zuri batean bildu zuen. Segidan, ondoan zuen txilin bati eragin zion. Beste moja bat agertu zen, oso gaztea, ate txiki batetik. Txerrikia hartu, eta agertu moduan desagertu zen moja gaztea, isil-isilik eta lotsa plantan.

Zoko-usain handia zegoen galerian, baina ez zen jakiek eragina. Amona Erikak, erretxin, leihorik zabaltzen ez zutelako zela esaten zuen. Amak erantzuten zion haize-lasterrak oso txarrak izaten direla adineko jendearentzat. Amona Erikak zorrotz begiratzen zion amari, esanez bezala: Ni ere zaharra naun, baina nahiago korrontean egon arropari eransten zaion usain mindu hau jasan baino.

Gurasoak eta amona eraikin barrura sartu ziren, kristaltxo ilunak zituen ate batetik, bertan babesturik bizi zen ezagun bat bisitatzera. Amabirjinari eskainitako bezpera-kantuen emakume ahots urrunak iristen ziren, gozoegiak nire gusturako, eraikinaren atzeko partean zegoen kaperatik:

Magnificat anima mea Dominum...

Atea ixtean kantuen hotsa apaldu egin zen. Annettek mahaitxo baten gainean zeuden aldizkari erlijiosoetako bat hartu zuen. Ni beirategira hurbildu nintzen. Gaizki zaindutako parke txiki batean, egoiliarrak zebiltzan, batzuk taldean eta gehienak bakarka, atzera-aurrera presarik gabean; hormen atzeko aldean fabriketako tximiniak ikusten ziren eta zerien kea zeru estaliaren kolorearekin berdintzen zen. Euriak ez zirudien urruti. Aukeran nahiago dilubioa, pentsatu nuen, bestela beranduegi egingo zaidak zinera joateko. Egin zezala, bada, gogotik, euriarekin ez ginen-eta kanposantura joango.

Gurasoek eta amonak nik uste nuen baino bizkorrago bukatu zuten bisita. Zaharren egoitzatik irten eta kanposantu katolikorako bidea hartu genuen. Tarteka, amona gelditu egiten zen bide bazterreko belarren edo loreren batek atentzioa emanda. Eguraldia euritara zegoela bota nuen nik. Aitak zerura begiratu zuen:

Egun osoa darama horrela. Eutsiko dio ateri. Gero, keinu bat egin zuen eskuaz: Tira, goazen bizi-bizi.

Herren txikian ibiliagatik ere, denen aurretik abiatu zen, amak kargu hartu zion arte:

Astiroago, aita!

Hala deitzen zioten elkarri, *aita* eta *ama*. Amona Erikak zioenez, Ingo hil zenean hartu zuten ohitura hori.

Iritsi ginen noizbait kanposantura. Zozabarren saldo handiak zebiltzan atariko kanpandorre txikiaren inguruan. Ezin nien, ordea, haien akrobaziei erreparatu: hanka-puntetan orain, salto txikiak emanez gero, tarte lokaztuak saihestuz egin genuen Ingoren hilobirainoko bidea. Pare bat aldiz eskua luzatu behar izan nion amona Erikari lokatza saihesten laguntzeko.

Ingoren hilarri aurrean gelditu ginen. Amak lore-sortatxo bat atera zuen otarretik.

Zuk hamasei urte dituzu, gaur hamazazpi izango zituen Ingok, esan zuen amak zutitu zenean, baina ez niri ez inori begiratu gabe. Sufrimenduak memoria du eta ama bere oroitzapenetako leku ezkuturen batean bilduta egongo zen Ingorekin.

Lurraren usain hezea aditzen zen.

Amonak aitaren egin eta, betiko moduan, betaurrekoak kendu zituen. Aitaren egin genuen guztiok. Amak, gainera, zizpuru egin zuen. Begiak igurtzi zituen gero, eta zerurantz jaso. Amonak lurrera begiratu zuen eta errezatzen hasi zen:

Jaun onak gorde zaitzala...

Jaun onak gorde zaitzala, esan genuen guk.

Otoitz-jario bat etorri zen ondotik. Amonak esandako hitz berak errepikatzen genituen guk, nik batere gogorik gabe, baina ez nuen gero zinera joateko aukera zapuztu nahi. Annettek soinekoari tiratzen zion aldiro-aldiro goraka; gero, eskua pasatzen zuen iletik. Aita, igandetako musuzapi zuria atera, zintz egin eta sudurra garbitzen hasi zen. Amak zerura begira segitzen zuen. Neuk ere zizpuru egin –etsitzen hasita nengoen berandutu egingo zitzaidala zinera joateko– eta zerura begiratu nuen.

Oroimena zerbait gogoan gordetzeko ahalmena bada, Ingo ez zen niretzat oroitzapen bat: ez nuen ezagutu, eta etxean ez zegoen haren argazkirik, hil zenean amak den-denak erre baitzituen. Jaio eta handik laster hil zen Ingo, Gerra Handia bukatu eta berehala, erditze-minetan izandako lesioen eraginez. Handik urtebetera, eta Annette baino bi urte lehenago, etorri omen nintzen ni. Ezaguera izan nuen lehen momentutik sentiarazi zidan amak Ingoren tokia betetzera etorria nintzela. Hori adierazten zidan etengabe xehetasun txiki mordo baten bidez. Arrotz sentitzen nintzen, eta usurpatzailea, Ingori gertatutakoaren errudun sentitzeko punturaino. Sekretu bat dute, pentsatzen nuen txikitan, eta Ingo zela misterioaren muina.

Amak Ingo aipatzen zuen aldiro, nik entzuten nuen:

Ingok behar luke zure tokian.

Eta Ingok hila zeramatzan urteak nire adinaren arabera kalkulatzen zituenean, horixe sentitzen nuen, Ingoren tokia hartzera etorria nintzela mundu honetara.

Hitzezkoa zen amak oharkabean eragiten zidan mina, baina, aldi berean, hitz haiek laguntzen zidaten mina ahazten ez ezik Ingoren nolabaiteko irudia osatzen. Oso bizia zen Ingo, ez zen geldirik egotekoa, esaten zuen amak. Eta ogi-puska bat zela. Potoloan irabazten zizun. Amari entzundako hitzez osatzen da, beraz, Ingori buruz dudan ideia eta baita frustrazioa ere. *Bizia, ogi-puska bat, potoloa.* Hitzak, besterik ez. Eta hitzak baliatzen nituen ohean sartu eta hitzezkoa beste existentziarik ez zuen Ingorekin mintzatzeko ere. Zazpi bat urte izango nituen. Galderak egiten nizkion:

Hor goian ba al dago itsasorik? Zer ikusten da hortik?

Zerura begira nengoela, argi-izpi zilartsu batzuk zabaldu ziren lainoen artetik, eta, erdi itsuturik, begirada jaitsi behar izan nuen. Mendi-muino gehienak ilun zeuden; kanposantukoa, berriz, eguzki betean. Iruditu zitzaidan erlijio-kromoetako eszena horietako bat osatzen genuela.

Eguzkiak bete-betean jotzen zuen Ingoren hilarriko letretan. Izen-abizenen azpian, haren jaiotza-heriotzaren datak. Beherago, aingeru biren irudi zizelkatuen erdian, latinez idatzirik:

Sit tibi terra levis.

Ez nion sekula epitafioari erreparatu. Ordu arte latin askorik ikasi ez nuelako seguru asko. Eltzeko domeka hartan, ordea, begiak trabatu zitzaizkidan bertan, ondo berdindu gabeko galtzada-harrian estropezu egiten dugun gisan trabatu ere. Itzultzen hasi nintzen mentalki. Nire erdipurdiko latinak alemanez jarri zuen esaldia:

Lurra izan bekizu arina, esan nuen nire artean.

Harro nengoen, ez bakarrik epitafioa itzultzea lortu nuelako: latinaren eremua alemanarenera ekarri nuen. Begi-bistakoa harrotzen ari naiz, badakit. Hala ere, hilarriko testutxoa itzultzeko ekintza xume hartan ohartu nintzen alemanez egiten nuela. Esango nuke une hartantxe esnatu zela nire kontzientzia alemana. Biziko bagara, arnasa hartzen dugu, baita amaren sabelean gaudenean ere; gero, bizitza osoa pasatzen dugu arnasa hartzen, arnasa hartzen ari garela edo zer arnasten dugun jakiteko premiarik gabe. Bizi gara eta ez gara konturatzen zerk ematen digun bizitza. Gauza ederra da oharkabetasun hori, baina baita arriskutsua ere. Nork ez du umetan zigarro piztu bat sartu saguzar baten ahoan? Bizitza osoan, saguzarrak gauza bera egiten du: hauspoari eragin eta eragin, jakin gabe oxigenoa edo zigarroaren kea hartzen duen. Hartan setatzen da, arnasari arnas, harik eta irentsitako keak arnasa laburtzen dion eta hats-neketan itotzen duen arte.

Kontuon hausnarrean nengoela, laino-tarte txikia zerratu zen zeruan, inguruko muino txikiak bezain eguzkirik gabe geratu zen kanposantua, Ingoren hilarriko letrek distira galdu zuten. Ni, ordea, agerkunde bat izan banu bezala nengoen, ez nintzen gogoratu ere egiten lagunekin geldituta nengoela zinera joateko. Amona Erikari begiratu nion. Errezoak amaitzen ari zen. Alemanez. Alemanez erantzuten genion guk. Zerbait esaten edo oldozten dugun aldiko, alemana dugu jarduna, pentsatzen nuen nik. Aita ederki moldatzen zen frantsesez, senide guztiok genuen frantsesaren hor nonbaiteko ezagutza. Pentsatzen nuen nik: eten genezake gure jardun alemana eta frantsesez hasi, baina gure alemantasuna itota geldituko litzateke; oxigenorik gabe.

Horrek eta horrelakoek buruhauste handia eman zidaten arratsalde hartan. Gripeak edo beste gaitzen batek hartzen gaituenean ohartzen gara zer den osasuna: hilarriko latina izan zen ohartarazi zidana hizketan ari nintzen aldiro alemanez ari nintzela eta ez beste zeinahi hizkuntzatan.

Mendira joan ginen batean, gizon-emakume talde bat ikusi genuen, gizonak aurretik eta andreak atzetik, inguruko herriren batera jaisten. Harmonia onean zihoazen, inoiz entzun ez nuen hizkuntza batean hizketan. Atzerritarrak izango zirela pentsatu nuen, baina gurekin zihoan batek sorabieraz ari zirela argitu zigun. Birao bat atera zitzaidan, eramanezina egiten zitzaidan-eta sorabiar haiek, alemanak izan arren, alemana ez zen hizkuntza batean aritzea han, gurean, alemanaren zelai-mendietan.

Antzeko zerbait gertatzen ari zen hainbat hiritan ere. Gurean, biztanleen ehuneko hamarra inguru judua zen, edo juduren batekin senidetua. Zenbatek hitz egiten du yiddishez?, galdetzen nion neure buruari. Beren argitalpenak zituzten, beren erritoak. Gero eta gehiago entzuten nuen yiddisha. Gure hirian. Gure kale eta plazetan. Madarikatuak, niretzat ez zuten beste izenik lur alemaneko airea pozoitzen zuten haiek.

Behinola, umetan, gure etxetik hogei bat minutura zegoen sinagogan izan nintzen, auzo hil berri bati agur esatera. Nik ez nuen joan nahi –Annette amona Erikarekin gelditzekotan zen etxean–, baina aitak ez zidan aukerarik eman. Asko zor diogu, esan zidan, eta nik ulertu nuen dirua zor geniola.

Yiddishez egin zuten hileta-zeremonia guztia, ez dut gogoan hitzik egin ote zuten alemanez. Bukaeran, errabinoa hurbildu zitzaigun gu agurtu eta eskerrak ematera hiletara joateagatik. Eskua emanez agurtu zituen aita eta ama. Niri, berriz, buru gainean jarri zizkidan eskuak.

Mazel tov, esan zidan errabinoak. Ezti-usain betegarria zerion haren arropari, *halvah* ezti-opilarena seguru aski.

Etxera bidean, errabinoak esandakoaren hitzen esanahiaz galdetu nion aitari.

Zorte ona opatu dizu, erantzun zidan.

Nik hamar bat urte izango nituen orduan. Ume bat. Gai nintzen, jakina, gure eta sinagogan zeudenen arteko azaleko desberdintasunez jabetzeko: haien janzkerak eta batzuek buruan zeramatzaten *yarmulka*k ikusita eta haien erritoen lekuko izanda, ez zen zaila desberdintasunez ohartzea. Ikusten eta entzuten nuen hura guztia azalekoa zen, nik ez nuen itxuraz haratago ezertaz ohartzeko adinik. Hala ere, gogoan dut oso deseroso egon nintzela sinagogako zeremoniak iraun zuen denbora guztian. Zergatik? Hamar urteko ume batek nekez eman diezaioke azalekoa ez den erantzunik galdera horri: juduak desberdinak dira; edo arraroak dira; edo guztiz arrotzak. Baina nire deserosotasunak hamar urteko ume batek esplikatu ezin duen argibide sakonago bat merezi zuela iruditzen zitzaidan. Nekazari sorabiarrak beren hizkuntzan entzun nituenean konturatu nintzen horretaz: sorabiarrak, juduen moduan, ez ziren alemanak. Alemanak omen ziren, alemanak izaten jarraitu nahi omen zuten, hala esaten zuten beti. Juduek, behintzat. Sorabiarrek, ez dakit. Orduan? Zergatik egiten zioten uko alemanari? Zergatik esan zidan errabinoak *mazel tov,* eta ez zidan zorte ona opatu alemanez?

Gari-zaku baten azpiari zuloa egindakoan alea nola, halaxe etortzen zitzaizkidan horrelako pentsamendu eta galderak. Eta neure buruari agintzen nion: Hitlerrek nola, neuk ere halaxe jarriko diat Alemaniaren etorkizuna guztiaren gainetik.

5

ODEON-ERA BIDEAN, amak prestatutako ogitartekoa jaten nindoala, piano bat entzun nuen Kreuzstrasseko etxeren batean, Schumannen *Istorio bitxi bat* piezatxoa jotzen. Piezaren erdi aldera, piano-joleak huts txiki bat egin zuen akorde batean eta gelditu egin zen. Neska bat izango da, pentsarazi zidan emakumeek duten perfekzio zale famak. Pieza bera jotzen hasi zen berriro. Pausoa mantsotu nuen, belarria erne, akatsa gainditzen zuen ala ez jakiteko. Piano-jolea akatsaren akordera iristen ari zen unean, auto bat pasatu zen nire ondotik. Zori etsaia madarikatu nuen une hartan zinerako dirua lapurtu izan balidate baino zakarrago. Autoaren burrundara estali zenean, piano-jolea pieza bukatzen ari zen, eta ezin jakin berriro akats bera egin ote zuen, edo akatsa gainditu zuelako jarraitu zuen aurrera. Neska piano-joleak oraingoan akatsik egin ez duelako bukatu dik pieza, erabaki nuen. Ezagutzen ez nuen beste pieza bati ekin zion segidan. Bidean aurrera egin ahala pianoaren doinuak itzaliz joan ziren, ez, ordea, nire baitako jarduna: esku luze finekin eta kontzerturako jantzian imajinatu nuen neska, pianoa niretzat bakarrik jotzen ari zela.

Urte asko pasatu dira ordutik, oso urrutikoak dira oroitzapenok, baina oraindik ere zehaztasun handiz gogoratzen ditut. Uste dut badakidala zergatik. Akatsa zuzendu ote zuen jakin gabe gelditu izanak eta piano-jolea neska ote zen argitu gabe uzteak misterioz jantzi zuen gertakari xume hura, eta egingo nuke horixe dela, bere garaian argitzerik izan ez nuen enigmatxoaren koska bikoitza, oroitzapena nire memorian gorde eta iraunarazi duena. Nago enigmaren bi kosken batura dela gertakaria oroitzearen erantzule, ez dago-eta alde bakarreko txanponik. Nolanahi ere den, benetan misteriotsua dena, memoriak zergatik gordetzen dituen hainbeste gorabehera hutsal eta zergatik den krimen lazgarrienak ezabatzeraino gai: horixe ez dugu sekula argituko.

Kabalok adierazten dutenaren antzeko malenkonia batez egin nuen zinerainoko bidea.

Sarrerak erosteko ilaran jarri nintzen. Leihatilaren gainean *Quex hitlerzale gaztea* pelikularen horma-irudi handi bat zegoen. Hari begira entretenitu nuen itxaronaldia. *Quex* goitizeneko Hein Völker militante gaztearen ia gorputz osoko fotograma batek hartzen zituen kartelaren luze-zabalak. Eskortzoan eta behetik gorako perspektiban zegoen gaztea, atzean zeru zabal ia bukaerarik gabea zuela. Ederra zen konposizioa, inpaktu handikoa, baina Quexek soinean zeraman *Hitlerzaleak* taldekoen uniformea zen, nire ustez, irudiari indar gehien ematen zion elementua. Esan liteke balentria gartsuenei ekiteko trantzean zegoela gazte militantea.

Ez nintzen Quex. Quex izan nahi nuen.

Sarrera ordaindu eta areto barrura nindoala, kolpetxo bat sentitu nuen sorbaldan. Jiratu egin nintzen. Hermann. Gabardina bat zeraman soinean. Dotore zegoen. Askotan ikusi nuen hitlerzale gazteen jantzian, eta uniformeak ere dotore egiten zion. Ezagutu nuenetik, beti saiatzen nintzen disimulatzen haren itxurak eragiten zidan larderia.

Ordu arte erreparatu ez nion mutil beltzaran bat aurkeztu zidan Hermannek:

Klaus duk; Odeoneko *kapoa,* esan zidan. Nik ez ulertuaren aurpegia jarriko nuen, Hermannek gaineratu baitzuen: Joan zen igandetik bera duk pelikulen proiektatzailea. Film guztiak aurretik ikusteko pagotxa dik. Eta baita musuen eszenak moztu eta gu izorratzeko ere.

Heil Hitler!, esan nuen nik.

Heil Hitler!, Klausek, irribarrez, eta biok eskua jaso genuen diosal gisa.

Orbain bat zeukan ezker masailean. Labana batek egina ematen zuen, eta irribarre egiterakoan mugitu egiten zitzaion.

Barrenak zuhurra izateko agindu zidan. Masaileko orbainak izango zuen zerikusirik nire errezeloarekin, kontu jakina baita xehetasun txikienez osatuak daudela pertsonei buruzko gure sentimendu eta iritzi errotuenak. Usain bat, begirada bat, inolako garrantzirik gabe botatako hitz bat: lehendabiziko inpresio hori suaz markatuta baino irmoago geratzen zaigu pertsona bati buruzko iritzia mamitzeko orduan.

Nolanahi ere, Klaus ezagutu nuen arratsalde hartatik aurrera jaramon egin nion senari eta prebentzioz jokatu nuen berarekin egon nintzen guztietan. Banekien gazte hitlerzaleen talde askotan komisario politiko bat egoten zela. Gu ideia nazionalsozialistetara zorrotz lotzea izaten zen haren lana, baina baita gure artean egon zitezkeen infiltratuak detektatzea ere; berehala konturatu nintzen, ordea, Klausek neurriz kanpo eta modu gaizto batez zaintzen zituela gure esanak eta ibilerak. Gure hondamendia bilatzen zuela malezia gaixo batez, ez gure ona.

Zarata handia zegoen zineko sarreran, eta nik entzun ez nuen zerbait esan zion Klausek Hermanni. Honek labur-labur erantzun zion. Irribarre konplizea egin zuten biek.

Klausi buruzko hasierako nire susmoa areagotu egin zen. Eta dena esateko: jeloskor nengoen Hermannek erakusten zion begiruneagatik. Sekula ez zitzaidan burutik pasatu Hermannen buruzagitza zalantzan jartzea. Normalean oso bat etortzen ginen ideia eta iradokizunetan, eta adostasunik ez zegoenean, haren iritzia nagusitzen zen. Nik ez nuen trabarik jartzen. Zertarako? Hermanni benetan eskertzen niona erakusten zidan estimua zen. Aski nuen horrekin, lagun arteko aginpide guztiak baino gehiago axola zidan haren estimuak, agerikoak zein niri soilik adierazten zidanak. Baina Hermannen adiskidetasunari eusteko, ordezkaezina izatea behar nuen lortu. Nahitaezko bihurtzea. Nik ez bainuen Hermannik gabe onik izaten, horixe lortu behar nuen neuk ere, berak ere senti zezala nirekin egoteko premia. Horretarako, ordea, neure buruaz ahaztu eta lagunaren ona bilatu behar nuen; edo haren adiskidetasuna gorde ororen gainetik.

Klausek agur esan zigun, eta proiektagailuaren salatxora igo zen salto txikiak emanez eskaileretan gora. Hermanni begiratu nion. Ez zegoen eskaileretara begira, une hartan aretora sartzen hasi zen jendeari baizik. Horrek lasaitu egin ninduen.

Goazak, bestela ez diagu eserlekurik topatuko, nik.

Aretoa mukuru zegoen. Gehien-gehienok gazteak ginen. Aurrera samarrean eseri ginen, eta, aulki gehienak hartuta bazeuden ere, elkarren ondoan. Berehala, Horts Wesel-en omenezko himnoaren lehen notak entzun genituen. Zutik jarri eta besoa altxaturik, himnoa kantatu genuen jaiera osoz. Hermannek ahots lodia zuen; etxeko irratian aitak entzuten zituen liederren baritonoak gogorarazten zizkidan mirari hark. Oso barrura sartzen zen Hermannen ahotsa, bihotzeraino.

Kantua bukatu zenean, ohiko oihu aberkoiak bota genituen. Ilunpetan geratu ginen, jendea isiltzen joan zen, proiektagailuak argi egin zuen oihalean. Dokumental laburrekin hasi zen emanaldia. Luzeenean, Goebbels ikusi genuen Hanburgoko portuan emandako mitin batean:

Suntsitu, suntsitu, arkakusoen eta zorrien pare!, esan zuen juduengatik.

Arkakusoak azkazalen artean estutu eta hiltzerakoan ateratzen den soinua egiten zuen dokumentalen hots-bandak oihalean. Baten batek oihu egin zuen gure atzean: Juduak garbitu! Beste guztiok oihu batean erantzun genion. Txalo egin genuen gero. Isiltzeko hotsak ere entzun ziren. Goebbels hizketan ari zen berriro, oraingoan ez mitin batean, kazetari bati adierazpenak egiten baizik:

Ardiz mozorrotutako otsoak dira juduak, lo baleude bezala egon dira orain arte kuzkurtuta; beren makilak astindu eta munduaren jabe egin nahi dute orain eta beti. Ez diegu utziko. Ados ez dagoenak utz dezala ontzia arratoiek bezala.

Ez zen inor zinetik irten, gure artean ez zegoen arratoirik. Goebbelsen irudiak bukatutakoan, txalo zaparrada entzun zen. Oihala zuri geratu zen. Atseden labur bat, bobina aldatzeko. Berehala, pelikula hasiko zen.

Beste bi aldiz ikusia nuen *Quex,* baina kontatzen ari naizen arratsalde hartako nire emozioa ez zen horregatik ahulagoa. Aitzitik. Bitan eta hirutan ikusten nituen pelikula estimatuenak, gustukoa nuen-eta ordu arte erreparatu gabeko keinuei edo ondo jaso ez nituen xehetasunei edo erdi galduan gelditutako esaldiei erreparatzea. Esanahi goratsuen bila ibiltzen nintzen, esaldi arruntenaren atzean altxorren bat noiz bilatuko. Orain badakit inon ere ageri ez ziren asmoak edo esanahiak bilatzen nituela pelikuletan edo liburuetan, kaleidoskopio batean bezala multiplikatzen nituela berez adiera bakarrekoak ziren eszenak, interpretazioak, hitzak: neure ideien errotak etxerako on egiten zuen den-dena, lastoa ere barne. Itsumen hura gogoratze hutsak lotsatu egiten nau orain; ez, ordea, garai hartako jakin-minak.

Filma aurrera zihoan, ni kontzentratuta nengoen. Halako batean, komunistek Quex hiltzen duten eszenara iristerakoan, argia joan zen, eta pelikularen bukaeran ageri diren Quexen hiletak eta haren hilketaren kontrako protestak ikusteko aukerarik gabe gelditu ginen. Sortu zen iskanbila sekulakoa izan zen, inork ez zekien aretoaren beste muturrean zer gertatzen zen. Norbaitek esan zuen argia ez zela matxura batengatik joan. Komunistak! Ez, juduak izan dituk! Iskanbila areagotu egin zen, amorru betean egiten genuen oihu, inolako frogarik gabe sinetsi genuen komunistaren edo juduren baten boikotagatik joan zela argia. Ilunpe itsuan, etengabeak ziren oihuak eta biraoak, txistuak eta hanka-zapartak zorua joka. Juduak, akabatu! Komunistak, akabatu!, egiten genuen behin eta berriro deiadar, deskriba ezineko zalaparta batean. Ilunpean eta elkarri bultzaka luzaroan ibili eta gero, noizbait aretotik irtetea lortu genuen.

Hermann, hanka puntetan jarririk, hizketan hasi zitzaigun bere inguruan geundenoi:

Ezin diagu madarikatu horien boikota erantzunik gabe utzi. Kolpea itzuli behar zieagu.

Hermannen ahots lodiak seriotasun handia ematen zion esaten ari zenari. Nik deiadar egin nuen Hermannen iniziatiba goratzeko. Jende gehienak etxeko bidea hartu zuen. Hamar bat mutil hurbildu zitzaizkigun, gehienak ezagunak.

Zerbait egin beharko diagu, ezta?, galdetu zuen Marckek, *Kaskagorri* deitzen genionak. Ez zituen hamasei urte izango. Betaurrekoak zeuzkan. Betaurrekoen atzean, batere maleziarik gabeko begirada.

Zapatari judu baten denda bisitatuko diagu. Gerran hildako soldaduen arropa eta botak salduz aberastu zuan, bota zuen Hermannek niri begira.

Irribarre egin nion: eztizkoa iruditu zitzaidan nik egun batzuk lehenago billar-aretoan botatakoak Hermannen ahotan entzutea. Ez nintzen difamazio bat zabaldu izanaz ohardun; gutxiago, damu. Zapataria judua zen. Ez zen osasuntsua eskrupulu burgesen mende bizitzea.

Kalera irten ginen. Freskatzen ari zuen, eta Hermannek gabardinaren lepoa jaso zuen. Gabardinak lerdendu egiten zion itxura berez lerdena. Ibiltzen hasi ginen, lagun giroan, nik seinalatzen nizkien kaleetan aurrera.

Berehala garraztu zitzaidan, ordea, eztia: kalean aurrera gindoazela, Klaus elkartu zitzaigun atzetik oihuka etorrita. Hermannek kolpe adeitsu bat eman zion bizkarrean. Bien arteko barre konplizea ikusi nuen ostera, filma hasi aurretik egin zutenaren berdin-berdina. Ideia bitxi bat pasatu zitzaidan burutik: argia joan izana ez zen komunisten edo juduen sabotaje bat izan, ezta matxura bat ere, Klausen amarru bat baizik jendea berotzeko. Ez nuen, ordea, komentariorik egin, hain baitzen begi-bistakoa: graduz jaitsitako soldadu minduen kontura egiten omen dira trufa garratzenak, eta ez nuen Hermann nire xalotasunaz irri karkaraka hasterik nahi.

Klausen ezker masaileko orbainari erreparatu nion. Dueluren batean irabazitako garaikurra izan zitekeela otu zitzaidan.

Orbaina itsusia zen, haraxe joaten zitzaizkidan behin eta berriro begiak. Hartan, Klaus konturatu egin zen. Zergatik ez diek hire uzkiko gorotz-pikoei begiratzen?, bota zidan, baina kopeta ilunaren zirkinarekin soilik, hitzik egiteko premiarik gabe. Deseroso, begirada apartatu nuen. Bitartean, taldekoren batek *Nik banuen kamarada bat!* kantuari ekin zion. Kantuan hasi ginen guztiok eta abestiaren erritmoak gure ibilera berdindu zuen eta militartu. Ederra zen ikusteko. Une hartan Kreuzstrassen gora gindoazen eta nik, neska piano-jolearen leihopetik pasatzerakoan, burua jaso nuen. Argi mehe bat ikusten zen. Irakurtzen ariko zela pentsatu nuen. Banuen leihora irtengo zen esperantza, hartara ezagutzeko aukera izango nuen. Une hartan, baina, argia itzali zen.

Kalean ez zebilen jende askorik: etxeetatik iristen zitzaizkigun hotsengatik, afarirako prestatzen ariko ziren sukalde askotan. Hirigunera zeraman tranbiaren geltoki aurretik pasatzerakoan, Klausek gelditzeko agindu zigun.

Ez al gindoazen ba juduaren zapata-dendara?, egin zuen protesta Marck *Kaskagorrik*.

Tranbiako kobratzailea komunista duk, Klausek. Ez diagu aukera eder hau alferrik galduko, erantsi zuen.

Dozena bat lagun zeuden tranbiaren zain eta, gu iristerakoan, apartatu egin ziren pixka bat guri tokia egiteko. Durduzadura nabari zen batzuen aurpegietan, ez zuten imajinatu ere egingo beren erreakzio izutuek adoretu egiten gintuztela gu. Oihu egin genuen iraultza nazionalsozialistaren alde. Agure bat purrustaka joan zen handik, buruari eraginez. Irri egin genion, eta gordinkeriaren bat bota ere bai, baina bakean utzi genuen agure petrala, une hartan puntuan tranbiaren txilina hurbiltzen zela entzun baikenuen. Gelditu zenean, Klaus tranbiara igo zen eta zerbait galdetu zion gidariari. Hark ezezkoa egiten zion buruaz, eta barre egin zuten biek. Aspaldiko ezagunak ematen zuten. Gero, Klaus jaitsi zen eta, oihuka, esan zigun bazirela bi hilabete kobratzaile komunista lanetik bota zutela.

Ondo egina! Alu galantak babak jan nahi baditu, jan ditzala Moskun!, esan nuen nik Klausen hitzak aupatzeko. Denek, baita tranbiara igotzen ari zirenek ere, barre egin zioten nire ateraldiari, eta Klausek adeitasunez begiratu zidan lehendabiziko aldiz. Eskua jarri zidan sorbaldan:

Hemen ez diagu zer eginik. Bisita dezagun zapatari horren denda.

Tranbia urrutiratzen ari zen. Guk kontrako bidea hartu genuen, hiriaren alde zaharreko kale estu batzuetatik barna.

Soldadu hilen arropa eta botak lapurtzen! Judua behar du!, bota zuen taldeko batek.

Hori entzunda, odola irakiten jarri zitzaidan, ohartu gabe –ohartzeko premiarik gabe– neu nintzela zapataria soldaduen lapur bihurtu zuena, neu nintzela gezur haren asmatzailea. Harrez geroz, askotan galdetu dut zer biradera klase dauzkan gure barruak horrelako mekanismoak abiarazteko eta, batez ere, zer biradera klase dauzkagun halako prozeduren aurrean gure kontzientzia itsu eta mutu eta gor izateko.

Ez daukat erantzunik.

Zapata-dendara iritsi baino lehen, dirua jarri genuen denon artean eta gutako bi taberna batean sartu ziren garagardo batzuk erostera. Botila muturretik edanez egin genuen dendarainoko bidea. Zapatariaren irudia etorri zitzaidan, orkoiaren aurrean jarrita, betaurreko labur estuekin, iltzetxoak ezpain artean zituela eta mailu txiki batez zapata-zoruak josten.

Ezpainak lehortu nituen eskuaren gainaldeaz.

Horko horixe duk, esan nuen.

Klausek garagardo botila, ordurako hutsa, erakusleiho txikiaren kontra bota zuen. Kristala pitzatu egin zen. Gainerakook Klaus imitatu genuen, nork bere botila hustu eta gero. Botilak amaitu zirenean, harrika hasi ginen, erakusleihoko kristala txiki-txiki egin arte; gero kalera jaurti genituen bertan zeuden oinetakoak eta botak.

Jende dezente bizi zen auzo hartan, asko juduak, baina baita alemanak ere. Ez zen argi bakar bat ere piztu leihoetan. Hermann ez beste guztiok zapata-dendara sartu ginen erakusleihotik. Hermann kanpoan gelditu zen, eskuak gabardinaren patriketan zituela.

Zer, gabardina zikintzeko beldurrez, ala?, Klausek, halako zerbait esan ziezaiokeen bakarrak.

Baten batek kalea zaindu beharko dik ba!, erantzun zion Hermannek, baina ez ozpin, Klausen kontu-eskeari garrantzi handirik eman gabe baizik. Denok genekien, ordea, gabardina zuela zapata-dendan ez sartzeko arrazoi bakarra.

Konpontzeko zeuden oinetakoak eta konponduta zeudenak, denak zirtzildu genituen. Larru-puskak iltzatu genituen zapatariaren mahaian, hormetan eta atean, zapata-zolak josteko iltze txikiez. Gero, sarrailak, eskuko lanpararen entxufea, tiraderetako zirrikituak, iturriko tutua itsutu genituen bikeaz. Gu hartan ari ginelarik, Klausek Dabiden izar handi bat margotu zuen betun marroiaz, eta, azpian, *Juduak akabatu!* idatzi zuen. Artista batek bere obrari nola, halaxe begiratzen zien Klausek izarrari eta pintaketari.

Bihar goizean zapatari horrek bere neurriko orkoia aurkituko dik hemen, bota zuen, eta baita korroskada bat ere.

Alkandoraren patrikan zeramatzan zigarro solteetako bat atera zuen. Pospolo bat piztu zuen hormako karearen kontra igurtziz eta airean eduki zuen pixka batez zigarroa piztu aurretik. Ez dut sekula esplikatzen jakin zergatik ez zion su eman dendari zigarroa piztu ordez. Geunden tenore erronkatsuan, ez genion inork kontrakorik egingo. Ezta neuk ere, nahiz jakin banekien jendea bizi zela goiko pisuetan. Ahuldadea ez da bide-makulua mundua aldatu nahi duenarentzat, ondo ikasia genuen araua inork irakasteko zain egon gabe.

Edozein modutan, kontua da ordurako guztiz zirtzildua zegoela denda: ez zen gelditzen oinetako bakar bat osorik, betunik gabeko paretarik, erreminta bat bere kirtenarekin, ezer bere tokian.

Ase ginen, bada, eta horrelakoetan ohi genuenak hartu zizkigun hurrengo bi orduak: garagardoak erosi genituen taberna berera itzuli ginen. Lokala jendez lepo zegoen. Bezeroek burua jiratu zuten gu sartu ginenean. Beren begiradengatik, ematen zuen enbarazu egitera sartu ginela. Laster, ordea, beren kontuetara itzuli ziren. Gu ez ginen existitzen.

Barrara joan eta garagardoz gainezka egindako pitxer handiekin busti genuen zapata-dendako balentria. Egin genituenak goratu eta puztu eta gero, Klaus, korrokari korrok, juduen kontrako hainbat gordinkeria kontatzen hasi zen. Barre karkailaka aupatzen genituen txisteok, ez onak edo gatzdunak zirelako, juduen bizkar ari ginelako baizik.

Edale hobea zen Klaus txiste-kontalaria baino, eta gainerakook ez genuen atzean geratu nahi: zurrut eta zurrut ari ginen, pitxerra pitxerraren ondoren edaten. Aspaldian behar nuen nik etxean; gero eta presa gutxiago nuen. Klausek kümmelak eskatu zituen guztiontzat. Bizitza osoko lana kümmelak hartzea izan bagenu bezala edan genuen.

Karkaila gero eta hordituagoak egiten ari ginen, baina tabernako bezeriak ez zigun aparteko jaramonik egiten. Aldaketa bakarra, guk orduan eta buila gehiago egin, haiek ozenago hitz egiten zutela. Sekulakoa zen, bada, bertako zalaparta.

Lokala zapatari-dendatik oso hurbil zegoen, eta bezeroek derrigorrez entzun behar izan zituzten guk han ateratako zirriparrak. Tabernan sartu ginenetik entzungo zituzten behin eta berriro kontatu eta puztu genituen balentriak ere, baina inork ez zuen deus esan, inori ez zitzaion odol gaiztorik egin: zalaparta handia ateratzen genuenean begiratu egiten ziguten, bai, baina ez kontu eske edo gaitzituta. Gehienera ere, axola gutxi genien, eta alde egin genuenean, apenas begiratu ziguten.

Etxera iritsi nintzenean, denak oheratuta egotea espero nuen. Haztamuka hasi nintzen argiaren bila, baina musika-salako argia piztuta zegoela ikusi nuen. Ez zen irratirik sentitzen. Ateraino joan nintzen. Aita butakan jarrita zegoen, eskuak bular gainean gurutze, eta begiak itxita. Lo zegoela ematen zuen, baina, bat-batean, begiak zabaldu zituen. Haren begi beiratsuak ez zeuden batere logale.

Eskaileretan gora hartu eta ondo lo egiteko edo antzeko zerbait esan nion ahal nuen ahots garbienaz, baina mingaina lodituta neukala disimulatu ezinik. Aitak eztul labur bat egin zuen eztarria garbitzeko. Ez zidan, ordea, ezer erantzun.

Ohean sartu eta berehala hartu ninduen loak. Quexekin egin nuen amets.

6

Prezeptibako irakasleak, herr Öchler-ek, begien aurrean genuen edozein gauza seinalatu eta gero, huraxe deskribatzen jartzen gintuen: leihotik sartzen zen argia, ikasleren baten arropa edo aurpegia, kaletik zetorkigun hotsen bat, euli baten ibilerak... Irakasleak zehaztasuna, kolorea eta indarra eskatzen zizkion gure idazkuntzari, hiru ezaugarri horien bila saiatu behar omen genuen zerbait deskribatzerakoan. Prezisiorik gabe adjektibatzeari buruzko arriskuez ohartarazten gintuen.

Behin, nork bere aitaren deskribapena egiteko eskatu zigun. Aitaren izaera ondoen laburbil zezakeen hitz baten bila ibili nintzen lehendabiziko minutuetan, gero esan beharrekoak hitz haren jirabiran josteko. Dudan egon nintzen *koldarra* eta *uzkurra* adjektiboen artean. *Uzkurra* hautatu nuen, baina ez *koldarra* gogorregia iruditzen zitzaidalako: *uzkurra* zehatzagoa ikusten nuen, hori zen arrazoi bakarra. Gaizki moldatzen nintzen aitarekin, egia da, baina ez koldarkeria berezkoa zuela pentsatzeraino: etsiak hartuta zegoen eta horrek uzkurtu egiten zuen. Ezeren berri ematen nion bakoitzean –berdin zion gure soldaduen balentriaren bat izan, edo film arrakastatsuren bat, edo gure kirolariek lorturiko markaren bat–, albisteak atzera eragiten zion, berrikuntzei izua dien baten egonezina erakusten zuen. Segurtasunik gabeko geldokote herren bat iruditzen zitzaidan aita.

Amak ere ez zuen uzkurtasun hura atsegin:

Ez dakit noiz pasatu behar duzun pentsioa kobratzera; apenas dugu neguko ikatz-karga erosteko dirurik, baina zuri berdin zaizu, baita negua hotzez dardarka pasatu behar badugu ere.

Aitak harriturik begiratuko zion, haserrearen arrazoia ulertu ezinik eta duin:

Jakin al daiteke zer egin dudan nik orain?

Aitaren izaera uzkurra Hitlerren kontra agertzen zuen jarrerarekin lotzen nuen zuzenean. Batak bestea balekar bezala. Aita soldadu ibilia zen Gerra Handian Champagne-ko lautadetan, Ernst Jünger ibili zen toki bertsuetan hain zuzen, baina beste erregimentu batean. Berehala lortu zuen, ordea, etxera itzultzea. Gerran herrendu zelako, hala zioen musika-gelako tiraderetako batean gordeta zegoen aitaren liburuxka militarrak. Liburuxkan, aitaren izen-abizenak, jaiotze datak, pisua, altura, ezaugarri fisikoak ageri ziren. Goiko partearen eskuin aldera, zigilu karratu batez inprimatuta, zerbitzu militarretik libre gelditzen zela zioen *Freistellung vom Wehrdienst* oharra, letra gotiko urdinetan. Garbi ageri zen zerbitzutik libratu izanaren kausa ere: gerran herrendua. Eta orriaren beheko partean, gerran egindako egunen kopurua: laurogeita hemezortzi.

Horixe da, pentsatzen nuen nik, aitak Alemaniari egin dion ekarri guztia, laurogeita hemezortzi egun; hiruhileko bat doi. Alemaniak, ordainetan, domina bat oparitu dio aberriaren banderatxo eta guzti.

Domina banderaduna liburuxka militarraren gainean egoten zen beti. Nire begitarako, domina hark ez zuen gerran egindako egun urrien lotsa estaltzen. Behin Göering-i entzun nion esaten aleman ez-duin asko zegoela istripu probokatu batean bere burua zauritu, gerrari izkina egin eta gerra-pentsioa kobratzen zuena, eta hori entzun nionetik, susmo txarrez eta amorrazioz begiratzen nion aitaren liburuxka militarrari.

Gerran herrendu zen aita, ederki. Hori zioen liburuxka militarrak eta hori esaten zuten amak eta amona Erikak ere. Baina herren, non, zein egoeratan, nolako arriskuak hartuta? Horiek ziren nik jakin nahi nituen gorabeherak. Modu askotara saiatu nintzen aitaren gerrako ibileren berri izaten: zuzenean, zeharka, aitzakiaren bat baliatuz. Aitak, ordea, ez zuen ezer aipatzen ez herren gelditu zeneko pasadizoaz, ez gerran egin zituen egunetako ibilerei buruz ere. Eguneroko bizitzan nahiko isila bazen, harria bezain mutua zen gerrari buruzkoetan.

Isiltzea komeni zitzaion seinale. Frontean egindako laurogeita hemezortzi egun doiek nekez eman dezakete jaten zenuten arrantxoaz hitz egiteko baino aukera askoz ere gehiago, pentsatzen nuen nik.

Hezibide zintzoak gurasoen ahuldadeekin eskuzabala izan behar dela agindu arren, egoera batzuetan ez da zuzena borondate ona erakustea, zuritzen nuen neure burua. Ez, ezin nuen itsuarena egin etxean ikusten nuenaren aurrean: ez zegoen egunkariko albisteren batek aita haserretuko ez zuen egunik, eta ernegatzen zuten albiste guztiak Alemaniari buruzkoak ziren. Aitaren iritziz, Hitlerrek Alemania hondamendira zeraman; bide hartatik jarraituz gero, gorriak ikusiko genituen. Horrelakoak esaten zituen aitak, ni mutikoa nintzenean; nirekin haserretzen hasi zenetik, zuhurrago eta isilago. Albisteren batek gogaitzen zuenean, bere baitara biltzen zen eta hantxe geratzen zen, uzkurturik. Halakoetan, oso gutxi hitz egiten zuen, beharturik eta marmarka beti, eta ibiltzerakoan, gehiago nabaritzen zitzaion herrena. Etxean ez zegoen lehengo poza, joan ziren garai bateko irriak gure eguneroko jardunetik; tristura eta herra nagusitzen ari ziren, eta ematen zuen aitak munduari egozten ziola denaren errua:

Zertarako sufritu genuen gerran?, galdetzen zuen aitak. Ordain hau jasotzeko?

Orduan amak, etxeko bakeak hainbeste balio zuela-eta, musika-gelako aulkian eserarazten zuen eta erreumaren kontrako ukendua ematen zion hanka herrenaren belaun inguruan. Aita, artean purrustaka. Amak kopatxo bat ardo ateratzen zion eta irratia pizten zuen, musika klasikoa entzun zezan. Ez zen esker oneko hitzik entzuten aitaren ahotik, baina purrustadak isildu egiten ziren.

Orain badakit nire judutasuna zela aitak zeraman gurutzea. Orduan, ordea, nik ez nekien ezer. Eguneroko martxa ezerk ez bortxatzea eta Rhineko ardo zuririk ez faltatzea, horiek iruditzen zitzaizkidan aitak bizitzari eskatzen zizkion etekin bakarrak. Jarreraz eta itxuraz, aitona ematen zuen, nerabe baten aita baino. Adinak ere ez zion askorik lagunduko, berrogeitaka urte bazituen-eta ni jaio nintzenean.

Maite nuen? Ez nuen miresten. Etxe bat, arropa edo ile horia ditugu; zentzua izan baino lehenagotik dakigu denok aita bat dagokigula. Aita bat jarri zidan bizitzak bizitzan. Gorrotatzen nuen? Alemania bion erdian jarri zenean, aita gorrotatzera iritsi nintzen, bai, orain hori aitortzea mingarria egiten zaidan arren.

Askotan galdetu diot neure buruari: aita erregimenaren kontrako zerbait larria egiten sumatu izan banu, zer? Isildu egingo nintzen edo legea beteko nuen? Iritsiko nintzen gurasoak salatzera agintariek eskatzen ziguten bezala? Uste dut baietz. Ez zitzaidan egokiera hori gertatu, zoriak hala nahi izan zuen, baina horrek ez ditu askorik arintzen nire orduko karga eta kargua. Gogoan dut aitak ia egunero entzuten zuela BBC, eta, behin, horixe kontatu nion Hermanni, baina irrati ingelesa entzuten harrapatu nuena aita zela esan gabe (hitz horixe erabili nuen, *harrapatu,* naturaltasun osoz).

Hermannek ez zion garrantzirik eman nik kontatukoari:

Nik ere jartzen diat BBC, txo, Benny Goodman-en kuartetoa entzuteko. Zer, salatu egin behar al nauk jazza gustatzen zaidalako?

Ohitu egin nintzen aitaren kontrako susmoak bazkatzera: hark egin edo esandako oro beltz ikustera, haren isiltasuna gero eta handiago sentitzera. Baina behin, mahaian geundela, eta auskalo zer solas-klasek ekarrita, Frantziako herri txiki baten izena esan zuen aitak. Niri ezaguna egiten zitzaidan izen hura, irakurri berria nuen-eta Ernst Jüngerrek bere liburuan kontatzen duena Orainvillen gertatutako granada-leherketa izugarri bati buruz.

Orainvillen egona zara?, harritu nintzaion.

Lagun bat salbatu zuen han, esan zidan amak.

Aita deseroso bihurritu zen aulkian. Kokotsa dardarka zuen, halaxe jartzen zitzaion urduritzen zenean. Kontu hura ahotan hartu izanaren damu zen, bizpahiru esaldi lauso atera nizkion, baina ez Orainvilleko berririk, ez salbatutako lagunaren izenik, ez salbamenduari buruzko xehetasunik ere. Mahaitik jaiki zen komunerako aitzakian.

Amari begiratu nion, aitaren gerra-ekintzari buruzko argibide gehiagoren eske. Amak begirada jaitsi zuen eta platerak jasotzen hasi zen. Aitaren inor salbatzeko ibileren kontakizuna bezainbeste interesatzen zitzaidan aitak Jünger ezagutu ote zuen jakitea, idazleak liburuaren hasieran kontatzen duen granada-

-leherketarekin lotzen bainuen aitak egindako Orainvilleren aipamena.

Ukondotik oratu nion amari:

Esadazu zuk, ama. Egia da aita Orainvillen izan zela?

Isiltasun handia egin zen. Annettek platerak kendu zizkion amari eskuetatik, eta sukaldera eraman zituen. Amak hasperen egin zuen, sukaldeko lanak bukatu beharra adierazi zidan zirkin batez, eta esan zidan nik doi-doi entzuteko moduan:

Berak kontatu nahi ez badizu, ni ez naiz nor.

Sorbaldan zeraman xal gerezi-kolorearen ertzak lotu zituen amak katekorratz batez, eta mahaiko ogi-apurrak biltzen hasi zen, nik jarritako trantzetik irteteko. Annette sukaldetik itzuli zenean, zamaua jasotzeko agindu zion amak. Segidan, etxe atzeko oilategi txikira ematen zuen leihoa zabaldu eta eskuan zituen ogi-apurrak bota zizkien oiloei. Eta gero, leihoa itxi zuen eta beti gerritik zintzilik zeraman zapia pasatu zuen kristaletan.

Ez dakit beldurra ote zion amak aitari, ala errespetua. Eraman onekoa eta diskretua zen ama, eta kontatzen ari naizen oroitzapenen ardatzean beti aitarekin nuen eramanezina ageri bada ere, orain askotan pentsatzen dut zein gutxi erreparatzen nion amari, eta, erreparatzen nionean, aitaren eta nire artean jartzera behartzeko izaten zela beti. Ez zitzaion batere gozoa gertatuko nirekikoak eta aitarekikoak egin beharra, baina erreakzio bortitzak eta behazuna lekuz kanpo zeuden haren portaeran, askotan gatzgabea zela emateraino. Ez zuen musika eta pianoa beste ikasketarik, eta *grande dame* baten dotoretasuna erakusten zuen, baita sukaldeko su-zuloan ikatza sartzen ari zenean ere. Airosoa ederra bainoago, geldiezintasun urduri baten jabe zen, beti zeukan zerbait egiteko. Ezin baitzituen desordenua eta zabarkeria eraman, aise urduritzen zen halakoetan eta aiseago urduritzen zituen ingurukoak, baina bera ez zen horretaz ohartzen. Nik uste dut bizitzak ekarri zion arrangura isilarazteko zela hain aktiboa, eta gerrak ekarritako gainbehera soziala, Ingoren heriotza eta aitarekin ezkondu izana sartzen nituen nik, denak batera, arranguraren zakuan.

Esana dut lehen ere Ingoren tokia betetzera etorria nintzela sentiarazten zidala amak, batez ere nire adina baliatzen zuenean Ingok zenbat urte izango zituzkeen kalkulatzeko. Hamasei urte dituzu, gehi bat, hamazazpi; Ingok orain izango lituzkeenak, esaten zuen, eta begirada galtzen zitzaion iraganera begira. Ematen zuen bere oroitzapenetako leku ezkuturen batean biltzen zela Ingo bere semearekin.

Halaxe begiratu zuen, iraganera, aitaren Orainvilleko ibilerei buruz galdetu nionean ere. Eta amak:

Berak kontatzen ez badizu, ni ez naiz nor.

Bitako bat, esaten nuen nik: Ez du zer kontatu handirik edo ezkutatzeko asko duelako isiltzen da aita. Amona Erikak begiak zabaldu zizkidan arte. Judua nintzela jakin nuen egunaren biharamunean izan zen. Amona etxera etorri zen bisitan –amak deitu zion, ni abailduratik ateratzen lagun ziezaion–, eta amona Erikak egin zituen kontsolamenduzko ahalegin ugarien artean, aitari buruz ere aritu zitzaidan. Hitzari hitz, aita herren gelditu zeneko xehetasunak kontatu zizkidan: egun batez, soldadu-aldra txikiek tarteka etsaien frontean egiten zituzten eraso-erretira laburretako batean, zanga batetik sekulako orroak zetozela entzun omen zuen aitak. Hurbildu eta soldadu aleman bat ikusi zuen, oso larri zauriturik. Amonaren esanetan, aitak zauritua zangan utzi izan balu, frantsesek bertan garbituko zuten, atxilotu elbarriek eta gaixoek endredoa besterik ez baitute ekartzen; halaber, kontu segurua zen zaurituari laguntzen gelditzen zena ere atzeratu egingo zela, eta frantsesek biak harrapatuko zituztela. Aitak, ordea, bitan pentsatu gabe, salto egin omen zuen zangara. Zoria etsai izan zuen, ordea, salto egiterakoan belauna txikitu zuen-eta harri tzar baten kontra jota. Eramanezina zuen oinazea, hanka baten gainean baizik ez zitekeen ibili. Hala ere, bultza eta bultza, soldadu erdi hila zangatik ateratzea lortu zuen. Gero, zauritua bizkarrean hartu eta, Mauserra makulu, ibiltzen hasi zen. Une hartan laino zerratu bat zabaldu zen gudu-lautadan, eta laino hari esker iritsi omen ziren aita eta soldadua Orainvilleko posizioraino.

Balentria harengatik eman zioten aitari domina banderadun hura.

Gogoan dut isil-isilik gelditu nintzela kontakizuna amaitu zenean. Ulertzen nuen amonaren ahalegina, baina berandu zen, beranduegi, nire familiako historia garrantzitsu hark nigan eragina izateko.

Bizitzaren aldirietan ezagutu nuen aspaldiko lagun zahar batek dio garaiz esaten ez den egiak bere tokia galtzen duela. Eta halaxe da. Nire kasuan, urtetan ehundutako aita uzkur baten asmazioak hartu zuen garaiz kontatu ez zidaten gertakari benetako baten tokia: horren inguruan josi nuen ez soilik aitari buruzko ustea, baita judua nintzela jakin aurreko bizitza guztiaren ehundura ere.

7

AITARI BURUZKO IDAZLANA zuzenduta itzuli zidan herr Öchler irakasleak. Estiloari buruzko kontutxo batzuk, puntuazio ikurren bat, eta *cum laude*. Idazlanaren azpian, ordea, literarioa ez zen ohar bat ageri zen, esanez estuegia nintzela aitarekin, eta, horren segidan, behin ere ahaztuko ez zaidan esaldi bat: Izan zaitez zorrotza zeure buruarekin, eramankorragoa hurkoarekin.

Nota gorenekoaren eztiak ez zidan oharraren ozpina gozatu.

Baina ohar hark eragindako gazi-gozoak gazi-gozo, estimutan nituen herr Öchlerren eskolak: eredu klasikoak imitatzen jartzen gintuen; Olinpoko jainko gailentzat zeukan Goethe; buruz errezitatzen zizkigun eta buruz ikasarazten Hölderlin-en hainbat balada, Novalis-en hainbat himno. Antzerkia egiten ere jartzen gintuen, eta, judua nintzela jakin baino hiruzpalau hilabete lehenago, Schiller-en *Gaizkileak* tragediako Franz Moor-ena egin nuen, arrakasta handiz, gymnasiumeko teatro-aretoan. Ama, Annete eta amona Erika etorri ziren gure emanaldia ikustera. Amak negar egin zuela esan zidan, baina ez bakarrik antzezpena arrakasta handiz jokatu nuelako, baita Franz Moor gaizkilearen ibilerak nireak izan zitezkeela pentsatu zuelako ere.

Dena ez zen klasikoa edo antzinakoa herr Öchlerren eskoletan, sarri egiten zuen-eta, programa akademikoa saihestuz, autore garaikideenganaino txango. Eta esaten zigun:

Irakurri duzue Ernst Jüngerren *Altzairuzko ekaitzak*? Ba irakurri berriro eta begiratu zein zorrotz eta gordin deskribatzen dituen gerrako eszenak eta gerrak sortarazten dizkion egoera psikologikoak. Bide batez, ea Gerra Handiari buruzko zerbait sartzen zaizuen kaskezurrean.

Jünger! Gazte alemanon eredua zen, haren estiloa antzeratzen genuen. Saldutzat geneuzkan Thomas Mann-en aldrako idazleek gero eta handiagoak esan Alemaniaren kontra, orduan eta mira handiagoz preziatzen genituen guk Jüngerren antzera beren artea Alemaniaren susperraldiari eskaintzen zioten idazle eta artistak. Nolanahi ere, herr Öchlerrek apenas aipatzen zituen erregimenak zigortutako edo debekatutako idazleak, eta aipatzen zituenean, tentu eskrupuluzko batez argitzen zigun autorearen ideiak ez zirela bereak. Zolitasun handiz lotzen zen bere lanera, bazekien-eta non zegoen aleman on batek pasatu behar ez zuen marra.

Horixe zen, hain justu ere, Jüngerren liburuan gehien gustatzen zitzaidana: nola egiten zien ihes sentimendu beraskei, zein hotz bezain zuhur agertzen zen bere iritzietan eta egintzetan. Eta atsegin nuen halaber prezeptibako irakasleak kontu horiexek azpimarratzea, beti aholkatzen baitzigun ihes egin behar geniola sentimentalismoari, subjektibotasun gehiegiak arimaren ahuldadea erakusten omen du-eta.

Adibide bitxiak erabiltzen zituen, gure irudiz guztiz irrigarriak:

Sentimendu minenak ere iratxo bihurri bat gordetzen du bere baitan. Hor egoten da pikaroa gure zain, gu sentimenduarekin itsutu eta barregarri geratu orduko gure kontura olgatzeko.

Hori esaterakoan, esku lodikote bat airean jaso eta hatzak mugitzen zituen, gelako horma zurian iratxo potolo baten itzala dantzaraziko balu bezala. Guk ezin izaten genion barreari eutsi: iratxoei buruzko aipamena eta irakasleak zuen hatz lodiak mugitzeko modu maritxua uztartzen genituen.

Mozkotea eta gizena zen herr Öchler, ezpain lodiak eta masail biribilak zituen, dena zuen koipe eta gantz. Ikasleon txantxa gordin asko eraman behar izaten zuen bere itxuragatik, eta ni ez nintzen atzean geratzen etengabe eragiten genizkion txantxetan.

Lerrootako nire aitortza hauek ez dira batere erosoak niretzat, prezeptibako irakasleak irakatsia baita idazten dakidan apurra. Gainera, herr Öchlerrek estimua zidan ondo samar idazten omen nuelako.

Gelakideek adarra jotzen zidaten:

Kontuz ibili, txo, maritxu horrek gurina zeukak-eta esku-hatzetan. Hi ere ez haiz ba haren larrekoa izango?

Halatan, berarekin nahas ez nintzaten, sarritan neu izaten nintzen irakasleari gordinkeriak esaten hasten zena. Ez nuen une batez ere arima ustel bat nintzela pentsatzen. Aitzitik: homosexualen aurkako legezko ehizak ehiztari zintzo bihurtua ninduen: harrapakinaren deskuidu baten zain-zain egoten nintzen.

Giro arriskutsu hartan, herr Öchlerrek berebiziko ahalegina egiten zuen gugana ez hurbiltzeko: distantzia gordetzen zuen, hotz tratatzen gintuen, deskuidatuta ere ez zigun eskua ematen. Ez zena erakusten ahalegintzen zen, bere homosexualtasuna sala zezaketen etsaiak ginen gu. Horregatik jokatzen zuen hain uzkur gurekin, eta nire idazlanaren azpian idatzi zuen hurkoekin eramangarria izateko ohar hura ere halaxe ulertu behar da: berarekin ere eramangarri izateko eskaera baten gisa. Litekeena, baina orduan itsuegia nintzen hipotesia planteatzeko ere: haren ikasle kutunena izanagatik ere, ez nintzen atzean geratzen haren zaurira gatza jaurtitzeko orduan, esan dut lehen, eta irakasle umiliatuak ez zuen nigana hurbiltzeko ahaleginik egiten. Nire idazlanen azpian jartzen zituen ohar gehienetan aseptikoak ziren hurbilketa bakarra.

Eskolatik kanpo ere neurri estuak hartzen zituen herr Öchlerrek. Emakume batekin bizi zen. Dama puska bat zen frau Öchler, luze bezain zabala, gizon itxurakoa, eta parera zetorkiona herr Öchlerren ikasleren bat zela usaindu orduko, ihes egiten zuen, baldar-baldar, gure irri eta txantxen beldur. Zurrumurruek zioten prezeptibako irakasleak mantenua eta soldata urri bat ematen zizkiola, emazte plantak egitearen ordainetan.

Beti ihesi ibili behar hark ziren baino zaharragoak bihurtzen zituen herr eta frau Öchler.

Esanak esan, bera zen hala ere gymnasiumeko irakaslerik onena. Nire gusturako, behintzat. Haren eskolak kenduta, erdizka gustatzen zitzaidan eskola. Beste urtebete hemen!, kexatzen nintzen neure kabutan, pilotu izatea baitzen nire ametsa. Ikasi nahi nuen, ondo pasatzen nuen eskolan. Nire helburua, ordea, aerodromoan zegoen, eta hegazkintzan baliagarriak izan nitzakeen fisika edo geografia bezalako gaietan hasi nintzen jartzen arreta, letretako ikasketen kaltetan.

Irakasle gehienak erregimenaren aldekoak genituen. Eta Hitlerren aldekoak ez ziren bakanak beldurrez bizi ziren, guk zer egingo, guk noiz salatuko. Boteretsuak ginen, harro geunden. Gozatu egiten genuen erregimenaren kontrako irakasleen artegatasuna ikusita.

Gymnasiumeko irakaslerik gogaikarriena, herr Haspern, filosofiakoa. Eskuak gibelean lotu, eta paseatuz ematen zituen eskolak, bere itxura apalari autoritate pixka bat emateko, seguru asko. Batari eta besteari begiratzen zigun. Gorrotoa ikusten zen haren begi beltz urdurietan.

Konspiratzaile bat iruditzen zitzaidan orduan, konspiratzaile barregarri bat. Pailazo tristeetan tristeena, alkandoraren lepokoan beti zeraman begizta estutzen eta estutzen.

Pailazo konspiratzailea ez zen, ordea, inozoa: eskolan ez zuen, ezta deskuidatuta ere, gertakari polemiko bat aipatzen, izen propiorik esaten, zerbait konkreturekin lot genezakeen juiziorik egiten. Hori baino bizkorragoa zen, eta bizkarra ondo gordeta ematen zituen iritziak. Badaezpada. Esaldi bitarikoak, konparazioak, metaforak, anbiguotasuna... Ondo landutako teknika bat zuen, inork ez zezan esan erregimenaren aurka aritzen zela. Horrek gogaitzen ninduen gehien, gu ergelak ginela pentsatzeak.

Gure galdera eta adar-jotze lotsagabeekin haserretzen genuenean, begizta estutzen zuen urduri, eta aurpegi berez zuri hartan, papoek anpolaiak ematen zuten. Arnasestuka hasten zen. Kopetako zainak handitzen zitzaizkion. Ez gintuen, hala ere, zigortzen. Ez gogo faltagatik. Zer gerta ere. Beldurra zigun. Gorroto genion. Gymnasiumean distantzia zaintzen zuen –jaunka hitz egiten zigun–, eta kalean, zer esanik ez: oso deserosoa egiten baitzitzaion ikasleren batekin topo egitea, beste aldera begiratu eta pausoa bizkortzen zuen, lepoa sorbaldan hondoratuta.

Baina eskola orduan, bera zen errege, beti zegoen gertu prestutasun halako baten erakustaldia egiteko. Ematen zuen pentsatzen zuela: Zuek hondoratu egin nahi nauzue, baina lau pareta hauen artean neu naiz errege; eta nire noten beldur zareten bitartean, ez zarete oilartuko. Begizta gorria estutu, eta hizketan hasten zen, aginduak ematen zizkigun, guk esandakoak edo idatzitakoak zuzentzen zituen, akats larrienak denen aurrean nabarmenduz. Gu umiliatzegatik, horretan bat gentozen ikaskide guztiak, eta ez irakasleak esaten zuen moduan, gure formazioa hobetu beharrez.

Bitan salatu genuen herr Haspern, lehendabizi gymnasiumeko zuzendaritzan, bigarrenean Alderdiak hirian zuen egoitzan. Hermannek bultzatu zituen bi salaketok eta Hermann bera izan zen gure ordezkari epaiketa batean zein bestean, beste bi ikaskiderekin batera *(Hirutasun Santua* deitzen genion komite hari). Herr Haspern, ordea, onik irten zen lehendabiziko epaiketan, eta Hermannek beste irakasleen epeltasunari egotzi zion zigorrik gabe atera izana.

Alderdian egin zioten galdeketaren biharamunean, berriz, Hermannek pozez gainezka eman zigun Alderdian izandako bileraren berri:

Oraingoan, ez, oraingoan ez duk libratuko urde-lerde hori!

Irrikatzen geunden jakiteko nor agertuko zen herr Haspernen ordez. Hartan, sekulako ezuste itsusia hartu genuen, herr Haspern ikusi baikenuen korridorean aurrera. Ematen zuen ez zitzaiola ezer gertatu. Irakasleen gelan sartu zen.

Hermann zer esan ez zekiela geratu zen pixka batez. Gero, ohikoa ez zuen erreakzio bat atera zitzaion, barruko nahasmena erakutsiz hitz egin baitzuen:

Froga argi askoak eman genizkian ba Alderdian!

Laguna lasaitu nahian, hirian zuen itzalaren handiari egotzi nion gure salaketaren porrota: Berlingo unibertsitatean ikasia, garbi zegoela herr Haspernek maila handiko lagun babesleak zituela hirian. Alderdian ere izango zituela. Gazteoi zegokigula borroka egitea Alemaniaren etorkizuna soka motzez estutu nahi zutenen espiritu herdoildua salatzeko.

Hermann berehala etorri zen bere onera, eta ukabila jasota hitz egin zuen:

Ederki! Libratu egin dela pentsatu badu, oso oker ari duk. Gaur ez bada bihar, geure neurriko justizia probatuko dik!

Ikasgelan sartu aurretik, elkar berotzen jardun genuen aupadaka.

Txirrinak jo zuen, gelan sartu ginen. Eguraldia oso hotza zen, airea bezain gardena, eta gelako leihoek gutxi egin zezaketen hotzaren aurrean, zirrikitu guztietatik sartzen baitziren haizearen pirrintak. Egunetan eta egunetan leihorik zabaldu gabe ere, ez zegoen airea lizuntzeko beldurrik.

Herr Haspern agertu zen. Egunonak eman zizkigun, eta baten batek arbelean idatzitako juduen kontrako esaldia ezabatu zuen bizi-bizi, gure protestazko marmarrei kasurik egin gabe. Gero, zorro liburuz betea mahai gainean utzi, esku-larruak kendu eta eskuak igurtzi zituen. Begira geratu zitzaigun, alkandora-lepoan zeraman tanta gorriz beteriko begizta beltzari estutu txikia ematen ziolarik.

Eztarria garbitu eta ahoa zabaldu zuen herr Haspernek. Lurruna irten zitzaion ahotik, hitzekin batera:

Gezurrak egiaren tokia hartzen duenean, gezurtienek ematen dute zintzoenak.

Leibniz genuen aste hartako gaia. Herr Haspernek botatako esaldiak ez zuen, ordea, zerikusirik Leibnizekin. Pentsatzekoa zen Alderdian egin zioten epaiketaz ari zela. Baita hiruzpalau egun lehenago hiritik hurbil leherrarazi zuten zentral elektrikoaz ere.

Handia izan zen txikizioa, argirik gabe egon ginen bi egunez. Egunkari guztiek jakintzat eman zuten atentatua komunistek egina zela. Edo juduek. Bi bertsio horiek zebiltzan egunkarietan eta irratian. Baina orduko Alemaniaren etsaiek berehala zabaldu zuten naziek berek egina zela atentatua; lehergailua jarri eta eskua ezkutatu, naziak maisuak zirela horretan; jendea komunisten eta juduen kontra jartzeko burutzen zituztela naziek sator-lan haiek.

Sator-lana: maiz entzuten nion espresio hori aitari, gehienetan nazien lana arbuiatzeko. Eramangaitzak zitzaizkion naziak eta etxe aurreko lorategi txikian uda partean agertzen ziren sator-tontor txikiak. Ikustekoa zen aita, tontortxo baten aurrean zut, satorra noiz hasiko lur azpian mugitzen. Aitak orduak eta orduak egin zitzakeen egokiera hartan, isilik eta geldi. Noizbait, satorren baten mugimendua antzemanik, aitzurra jasotzen zuen poliki-poliki; gero, sekulako kolpea ematen zion aitzur-buruaz lur harrotu berriari, eta sator bat hiltzea lortzen zuenean, animalia triste bat hil izanak ezin justifika zezakeen poz gehiegizko batek hartzen zuen aita, eta aupa!, aupa!, egiten zuen oihu, aitzurra zerurantz jasota.

Nik gorroto nuen poz hura, satorra hil izana eta nazien aurkako erresumina lotzen bainituen.

Goiz hartan herr Haspern zen sator-lanean ari zena, gezurrari eta egiari buruzko kontuekin gu nahastu nahian:

Gezurrak egiaren tokia hartzen duenean, gezurtienek zintzoenak dirudite.

Hotzaren eraginagatik hortzak karraskaka hasteko zorian bazeuden ere, odola berotu zitzaidan bat-batean, eta halaxe egin nuen, odol txarturik, auskalo zenbat denbora.

Herr Haspernek Hitlerren aurkako jardun koldar eta disimulurik gabearekin segitzen zuen. Nire begiradak Hermannenarekin egin zuen topo. Keinu lizun bat egin zidan. Burua makurtu nuen irribarrea disimulatzeko, herr Haspern gertu baitzebilen.

Ikasgelaen erdian zutitu, ukabilkada bat eman mahaiari, eta maisuari oihuka hasteko gogoa etorri zitzaidan:

Satorra, sator pailazoa!

Aitzitik: horren ordez, pantomima bat idazten hasi nintzen *Simplicissimus* aldizkari satirikoko estiloa antzeratu nahian. Amorru biziz ekin nion lanari, ez dakit zenbat denbora egingo nuen idazten. Guztiz kontzentraturik nengoela, esku bat sentitu nuen bizkarrean. Herr Haspernen ahotsa entzun nuen:

Lindemann jauna, ez dakit zertan ari zaren, baina seguru nago egiten ari zaren hori ez dela batere alemana; alemana aleman denak, arreta gehiago jartzen du filosofiako eskoletan.

Ikaskideak zantzoka hasi ziren. Hortzak estutu nituen. Han nengoen ni herr Haspernek ez ote zidan idazlana eskatuko. Paseatzen jarraitu zuen ikasgelako mahaien artean, ikasleen barreekin puzturik.

Bukatu zen lehendabiziko eskola ordua. Pantomimaren testua Hermanni eman nion, ea zer iruditzen zitzaion. Bizi-bizi irakurri zuen, begiak bris-bris jarri zitzaizkion:

Kopia bat egingo diat, esan eta alde egin zuen ni ahozabalik utzita.

Pantomimaren kopia egiten pasatu zituen hurrengo eskolaren lehen minutuak. Jatorrizkoa eta kopia pasatu zizkien bere atzeko mahaiko lagunei. Eskola bukatu zenerako, pantomimaren kopia bana zuten denek.

Iritsi zen noizbait atseden garaia. Jolas-itxurak egiten egon ginen gymnasiumeko patioan. Zain. Herr Haspern ez zen berehalakoan agertu. Atean egon zen pixka batez. Gero, ikasgeletako eraikinetik irten eta liburutegirako bidea hartu zuen. Gutariko batek txistua jo zuen. Patioan, bi ilara osatu genituen, eta erditik pasarazi genuen. Herr Haspern pasilloaren bukaerara iritsi orduko, ilarak berritzen genituen, eta patioan atzera eta aurrera ibili genuen irakaslea, txotxongilo baten moduan, bost minutu luzez. Txantxetan ibili ginen haren kontura, iraindu egin genuen behin eta berriz. Negarrez hasteko zorian zegoela ematen zuen, papoak gorri-gorri zeuzkan.

Baten batek aulki bat ekarri eta patioaren erdi-erdian jarri zuen. Hantxe eserarazi genuen irakaslea. Bi mutil zituen ezker-eskuin, aulkitik altxa ez zedin. Pantomima antzezten hasi ginen gu, Alderdian egin zioten galdeketa antzeztuz. Hermannek akusatuarena egin zuen (algara batean jartzen gintuen filosofiako irakaslearen imitazioak), ni fiskala izan nintzen, ez naiz oroitzen nork egin zuen narratzailearena.

Bikain atera zitzaigun. Nire lorpenik handiena, gainerako ikasleak koru gisa jardutea. Antzezpenaren momentu gorena, fiskalak akusatua satortzat salatu, irakaslea negarrez hasi eta koruak erantzun zuenekoa gertatu zen:

Satorra, satorra, sator mainontzia da! Satorra, satorra, sator mainontzia!

Txaloka, orroka eta txistuka, abesti aberkoiak kantatuz eman genion amaiera pantomimari. Herr Haspern zurbil-zurbil zegoen, negar egiteko zorian. Alde egiten utzi genion. Txakur makilatuaren ibilera abailduarekin desagertu zen gure bistatik.

Ez zen agintari akademikorik agertu pantomimak iraun zuen bitartean.

Laster, txirrinak jo zuen eta ikasgelara itzuli ginen. Orain gogoan ez dudan irakasle batek ohikotasun osoz ekin zion hurrengo eskola orduari.

Hala behar ere: egun hartan ez zen ezer gertatu gymnasiumeko patioan.

8

ATERI ZEN; zerua, berriz, hodei oparoz estalia. Laster hasiko zen euria, haizeak kale bazterretako zumar-orbela harrotzeari utzitakoan.

Elsbeth antzokian sartu zen beste bi lagunekin. Atzetik joan nintzaion, barrua estu. Zerbait esan nahi nion, baina ez nekien zer. Berarekin bakarka egon nahi nuela, hori zen nekiena. Nesketako batek horman zeuden afixetako bat seinalatu zuen algaraka. Münchhausen baroiaren ibilerei buruzko emanaldi baten iragarki bat zen. Afixak ez zuen berebiziko graziarik, eta Elsbethek harrituta begiratu zion barre egin zuen lagunari. Horrek lasaitu egin ninduen.

Argiak itzali eta piztu zituzten emanaldia laster hastekoa zela abisatzeko. Neskak beren eserlekuetara joan ziren pasilloan aurrera. Elsbeth azkena zihoan. Elsbeth!, xuxurlatu nion beste inork ez entzuteko moduan.

Bekainak jaso zituen, ni ikusteak harritu balu bezala. Ilea, ohi zuen bezala, atzean bildurik zuen, agerian utziz bere aurpegi argia eta begi beltzen distira. Batzuetan, ordea, ilea askatzen zuen, eta masailak erdi ezkutuan geratzen zitzaizkion. Xarmagarriarena egin nahi zuenean jokatzen zuen horrela, mutilek bagenekien hori.

Zer nahi nuen galdetu zidan begiradarekin.

Zurekin hitz egin nahi dut, nik.

Zertaz?, Elsbethek.

Honetaz, hartaz. Elkartzen garenean erabakiko dugu, nik.

Nire ateraldiak grazia egin zion nonbait, ahoa zabaldu zuen--eta irri egiteko. Hortzak zuri-zuriak zituen, masailetan zulotxo bi egin zitzaizkion. Ilea askatu zuen. Mugimenduarekin, usain gozoa heldu zitzaidan.

Perfumea jarri duzu. Oso fina da, nik.

Eskerrik asko, baina ez, ez dut perfumea jartzeko ohiturarik, Elsbethek.

Isilik ez egon izana madarikatu nuen. Elsbethek, ordea, sorpresa atsegin bat eman zidan:

Hemendik irtendakoan. Parkera joango gara.

Elsbeth lagunen ondora joan zen. Nik haiena baino bost bat ilara atzerago nuen eserlekua. Hara joan nintzen pozez beterik jasotako erantzunagatik. Ondo ikusten nuen handik. Zutik jarri ginen denok Horst Wesselen omenezko *Banderak gora!* ereserkia kantatzeko. Nota batzuk entzun ziren aretoko gramofonoan. Besoak jaso eta kantari hasi ginen. Elsbethen bizkarrean begiak iltzaturik, kantatzerakoan jartzen zuen gogo-berotasuna imajinatu nuen. Agian nirekin pentsatzen ariko zen, ni ere berarekin pentsatzen ari nintzen bezalaxe.

Bukatu zen kantua eta eseri ginen. Ni, Eslbethi begira beti ere. Itzali ziren argiak, zabaldu ziren gortinak eta emanaldia hasi zen.

Parabola bat zen, amaren erreguei jaramonik egin gabe armadan izena ematea erabakitzen duen nerabe bati buruzkoa. Pasatu ziren hamar minutu, pasatu ziren hamabost. Ziur nintzen Elsbeth aspertuta eta aharrausiak saihestu ezinik egongo zela, obra didaktiko hark mezuaz aparte ez baitzuen ezer itxurosorik eskaintzen: gatzik ez zuen, gaizki antzezten zuten, erritmoa falta zuen... Indarrik ez, gatazkarik ez, emoziorik ez. Noizik behin, soldadu izan nahi zuen nerabeak botatako esaldi aberkoiren baten ostean, norbaitek txalo doia jotzen zuen. Guk txalo batzuk eginez erantzuten genuen, kemen askorik gabe.

Laster galdu nuen arreta guztia, eta ahitzen ari zitzaidan parkean elkartzeko aukeraren poza ere: ezin nuen asmatu zergatik onartu zuen Elsbethek nire gonbitea hain aise. Oso gutxi irauten zidaten gustukoa nintzaiola edo maite ninduela bezalako argibide ilusiozkoek. Elsbethek arbuiatu egingo ninduela, sentimendu hori ari zitzaidan gailentzen. Bakean lagatzeko esango zidak, hori zen behin eta berriro nagusitzen zitzaidan erantzuna. Egun asko pasatu ziren egunerokoa oparitu zidanetik, eta, gaur haatik eta bihar hargatik, nik ez nion artean esker oneko ezer esan, ezta sikiera ohar labur bat bidali ere: neska batek opari bat egitea guztiz normaltzat zeukan harroxko bat nintzela pentsatuko zuen Elsbethek.

Eta antzarak ferratzera bidaltzen bahau?, kezka gizentzen ari zitzaidan barruan. Ez duk burua galdu behar, esaten nuen lasaitzeko, baina harrak ez zion nire barrena jateari uzten. Damutzen hasita nengoen Elsbethi hitz egin nahi nuela esan izanaz. Berandu zen, ordea, atzera egiteko.

Antzezpena amaitu zenean, txalo gutxi batzuk jo eta kanpora irten ginen zakurrak xaxatutako ardien moduan. Inork ez zuen obra aipatzen. Gaizki ulertuen beldur ginen, ez genuen hamasei urteko jendeak berezkoa duen xalotasun eta naturaltasuna erakusten gure iritzietan eta kritiketan. Garbi zegoen ez zitzaigula batere gustatu, gure isiltasunak horixe adierazten zuen. Inork pentsa ez zezan saioa kritikatuta saioko ideiak kritikatzen genituela, hobe isilik.

Haizeak orbela harrotzen zuen, eta hodeietan gordetako euria haizeari txanda hartu zain zegoen. Elsbethen bila nenbilela, Hermann ikusi nuen antzokiko atari aurretik pasatzen pauso azkarrez. Bidearen beste espaloira joan zen eta emakume adineko bat geldiarazi zuen oihuka. Emakumeak poltsatxo bat zeraman ezkerreko eskuan; besaurrean, berriz, juduek derrigorrez josi beharreko besoko horia, Dabiden izarrarekin. Legeak agintzen zuen xingola eskuineko besoan eraman behar zutela; emakume hark, ordea, ezkerrekoan zeraman.

Hermannek besokoa kendu zion brastako batez. Emakumea ia lurrera erori zen. Hermanni begiratu zion ahozabalik, gertatzen ari zena ulertu ezinik.

Eskuinean!, agindu zion Hermannek zakar, guztiok entzuteko moduan eta besokoa atsoari itzulirik. Emakumea besokoa lotzen hasi zen, baldar eta urduri, falta zitzaion besoko brusa-mahuka laburrean.

Legeak betetzeko zauden!, erantsi zuen Hermannek.

Irriak entzun nituen nire atzean. Elsbeth barre egiten zutenen artean ote zegoen? Ez nintzen jiratu.

Atsoa kale-kantoian desagertu zen, pauso labur arinez eta ezker eskuaz besokoari ahal zuen moduan eutsiz.

Hermann gugana itzuli zen, eskuak gabardinan sartuta, burua tente eta militar baten ibileran.

Egia aitortu behar badut, asko harritu ninduen Hermannen egintzak: iruditu zitzaidan energia gehiegi xahutu zuela atso triste batekin. Baina ikusi nuenean zein harro jasotzen zituen jendearen aupadak, jendaurrerako aritu zela konturatu nintzen.

Goazen, zeren zain zaude?, esan zuen nire gibelean ahots itzal batek. Jiratu egin nintzen. Elsbethen masailetan ez zen alaitasunezko zulotxorik ageri. Urduri egongo zela pentsatu nuen, urduri nengoen ni.

Antzoki osteko parkera joan ginen. Bazen han toki bakarti samar bat, paseatzeko oso egokia, baina, bertara iristeko, pendiz pikoa igo behar zen. Elsbethen oinetakoak ez ziren egokiak. Eskua luzatu nion. Zalantza txiki bat egin ondoren, hartu egin zidan, eta elkarri helduta igo genuen maldatxoa.

Huraxe izan zen gure lehendabiziko paseoa, uste baino hobeto ateratzen ari zitzaidan dena. Hitzekin ez asmatzea, horra nire beldur bakarra. Ume lotsati batek bezain trauskil jokatzea.

Goraino iritsirik, eskuak askatu genituen. Handik, hiria behe-behean ikusten genuen, eguna bezain gris. Elsbethek gozoki bat eskaini zidan. Eskerrak eman eta papera kentzen hasi nintzen astiro-astiro. Isiltasun deserosoa saihestu nahian, hiriaz hitz egiten hasi nintzen.

Non bizi zara?, galdetu nion, gozokia ahoan bueltaka nerabilela.

Badakizu zein den postetxea?, Elsbethek. Ikusten haren parean etxe gorri bat? Bi tximinia dituena. Hantxe bizi naiz.

Postetxea hiriaren bihotzean zegoen, erraz antzemateten zen: harrizko etxe handi bat, harrizko etxe ederrez inguratua. Haietako batean bizi zen Elsbeth.

San Nikolas eliza seinalatu nion. Handik hurbil bizi nintzela.

Bai, pentsatzen nuen San Nikolas parrokiakoa izango zinela. Mezetan ikusi zintudan igandean, esan zidan. Urtero egiten zutela meza bat Nikolas izena zuen familiako ez dakit noren omenetan.

Hutsegite batean harrapatu banindu bezala sentitu nintzen. Gurasoek igandero behartzen ninduten mezetara, eta nik gorroto nituen intsentsuaren usaina, ur bedeinkatuaren askan hatzak sartzea, aitaren egitea, meza bera. Eta meza garaian begiak apaizarengan jarriak izan arren, barrura begira egoten nintzen: Jainkoaren seme naiz, Hitler da nire Jainkoa; ez naiz Kristoren jarraitzailea, baizik eta Horst Wesselena eta Baldur von Schirach-ena. Ez dago apaizik Hitlerren seme naizela ahaztaraziko didanik. Hor konpon eliza eta hor konpon gurutzea; esbastikak salbatuko du mundua.

Elsbethek ikusi ote zuen aurreko igandean San Nikolas elizan gertatutakoa? Familia osoa elizan sartu ginelarik, erretorea ongietorria ematen ari zen eliztarrei, bostekoa eskainiz urliari, kortesiazko irribarretxoa berendiari. Intsentsuaren usainak ohiko trinkotasun zorabiagarria zuen, gurintsua zen eliztarren arteko giroa. Leo Steinitz botikariak ere erretorearen agurra jaso zuen eta, igandero bezala, aurreko ilaretako batean belaunikatu zen. Meza-liburuen mahaira joan ginen gu. Nork bere liburua hartzen ari ginela, Steinitzen ondoko aulkian zegoen emakumea protestaka hasi eta beste aulki batera joan zen zalaparta batean. Gauza bera egin zuten bizpahiru lagunek. Erretorea, gertatzen ari zenaz jabeturik, Leo Steinitzengana joan eta zerbait esan zion belarrira, niri gehiegizkoa iruditu zitzaidan kortesia batez. Botikariari ez zitzaion, antza, erretoreak esandakoa gustatu eta elizatik alde egin zuen. Izaten dira ba nonbaiten sartu edo nonbaitetik irteten direnean ateari danbatekoa eman behar izaten diotenak jendea beren existentziaz jabe dadin? Halaxe, haserre bizian, alde egin zuen Leo Steinitzek, urte batzuk lehenago katoliko egin zen botikari juduak. Gurasoek zerbait esan zioten elkarri. Ematen zuen zalantzan zeudela zer egin. Handik pixka batera, gure ohiko eserlekura joan ginen, eta lasaitu egin nintzen. Botikariarekin pentsatzen egin nuen ia meza osoa. Zer uste dute?, esaten nuen neuretzat. Badagoela beren odol zikina garbitzeko modurik? Amona Erikak askotan esaten zuen: Zeruak salba gaitzala polizia egin den lapurrarengandik. Esaldiari buelta eman eta nik pentsatzen nuen: Zeruak salba gaitzala alemana eta katolikoa egin den judu batengandik.

Elsbethen galdera batek atera ninduen neure baitatik:

Gaixo dago, ez zaizu iruditzen?

Ez nekien norengatik ari zen. Horixe adierazi nion, lehendabizi sorbaldak jasoz eta gero hitzez.

Ilea atzean lotzen ari zen Elsbeth. Masailetan zulotxorik ez.

Oso lagun baldarrak dituzu, esan zidan modu tolesgabean. Batez ere, Hermann hori.

Orduan konturatu nintzen Elsbethek aipatu gaixoa Hermann zela, eta momentu hartan halaber haren gaixotasuna zein zen.

Hermann gaixo? Bai, zera!, esan nuen hala ere.

Burutik gaixo esan nahi dut!, atera zitzaion haserrea barru-barrutik. Ikusi duzu nola tratatu duen emakume errukarri hori. Zure lagun horrek ez daki jendea normal tratatzen, erdeinua, ez du besterik barruan. Hitlerri dion itsumen horrek, juduen kontrako herra horrek... Zer dakar onik?

Pasio handiz eta etenik egin gabe hitz egin zuen Elsbethek, ikusten zen askotan pentsatu zuela kontu haietaz. Eztulka hasi zen. Musuzapi zuri bat atera eta ahora eraman zuen eztulaldia jabaltzeko.

Begirada jaitsi nuen eta isilunea egin zen gure artean. Hitz haien kontra egitea zen nire obligazioa, baina ez nekien zer esan. Eta zerbait esaten hasita, zer? Neu ere Hermann bezalakoa nintzela? Eskrupuluak baztertu behar zituela, Alemaniak ez zuela aurrera egingo garai bateko zintzotasun ustelduarekin?

Biluzik sentitu nintzen. Hermann gaixo zegoela uste bazuen, nitaz ere antzeko zerbait pentsatuko zuen.

Supituan, Elsbethi aurpegira begiratzeko premia sentitu nuen, bertako seinaleak aztertzeko: ilea askatu ote zuen, begirada, masailetako zulotxoak... Listua irentsi nuen. Ez nion, ordea begiratu, ez nuen adorerik izan, ez nuen ikusi nahi izan Elsbeth oso urruti zegoela niregandik.

Ez zebilen haizerik, jada ez zen orbel-dantzarik. Baziren minutu batzuk haizeak orbela harrotzeari utzi ziola. Euria ari zuen, xehe-xehe.

Pendizean behera, Elsbethek eskua hartu zidan. Airea usaindu nuen. Lur irauli berriaren hezea zekarren haizeak. Behin behean, Elsbethek eskua askatu zidan. Isilik egin genuen bidea, elkarri agur esan genion arte.

9

HIRITIK ORDUBETERA OINEZ, zeppelina pausatu zen toki berean, zalditegi bat zegoen hainbat moxal eta zaldirekin. Etxe oneko neskek erabiltzen zituzten animaliok lakuaren inguruan paseoak emateko. Oso inguru ederra zen, eta lagunak sarritan hurbiltzen ginen inguru haietara, garagardo batzuk erosi eta, uda bazen, lakuan igeri egitera, negu sasoian, berriz, arrantzara, baina beti usnan, nor noiz gurutzatuko bere gustuko neskarekin.

Arratsalde batez, ordea, ez ginen neskatara joan. Laster hamazazpi urte betetzeko tenorean, lagun taldeko gazteena nintzen, eta lagunek erabakitako bizpahiru froga gainditu behar nituen hemezortzi bete baino lehenago. Urduri nengoen ez nekielako nolako frogak jarriko zizkidaten, eta aldi berean pozik, nire adorea erakusteko irrikaz.

Hotz gordina egiten zuen eta bizkor egin genuen zalditegirainoko bidea. Iristen ari ginela, gure paretik zihoan mutil bat seinalatu zigun Hermannek. Zerrenda horia zeraman besoan.

Ei, hi!, egin zion Hermannek dei.

Mutila astiro-astiro jiratu zen eta izuz begiratu zigun. Haurretatik ezagutzen nuen, auzoak ginen, Sebastian zuen izena. Ez zituen hamasei urte izango, edo agian bazituen hogei ere, juduei ezin omen zaie-eta adinik asmatu. Deabruari bezala.

Gugana zetorrelarik, niri begiratu zidan, ezagun zaharrek elkarri izaten dioten begirunearen bila seguru asko. Begiradari eutsi nion, harik eta berea jaitsi zuen arte. Bat-batean, ordea, buelta eman eta laster bizian hasi zen. Atzetik joan nintzaion eta berehala harrapatu nuen. Ez zezala pentsa ezaguna ninduelako errukituko nintzaionik: hankak ia airean zituela ekarri nuen lagun taldera, garbi zegoen nork jarduten zuen goizero gorputza zailtzen eta nork ez. Denon artean inguratu genuen, eta hantxe hasi ziren gure irriak eta irainak, bultzadak, zangotrabak.

Festa bat diagu zalditegian, hator gurekin, gonbidatuta hago, esan zion Hermannek.

Mutilaren aurpegiko koloreak argizariarena ematen zuen. Ahoa zabaldu zuen, ikarazko intziri bat atera zitzaion. Horrek gure trufak areagotu zituen.

Bultzaka eraman genuen zalditegira, barraka-multzoko ukuilu urruneraino. Arimarik ez inguruan. Atea itxi genuen, morroiloaz, inork trabarik ez egiteko. Eskertzen zen ukuiluko epela. Begiak berehala ohitu zitzaizkidan oholezko hormaren zirrikitu meharretatik sartzen zen argi urrira. Ez zegoen zaldirik; bazter batean zutik apenas egon zitekeen bildots triste bat, ez zegoen beste animaliarik.

Zer egin behar didazue, galdetu zuen Sebastianek ahots errukarriz. Hermannek niri begiratu zidan:

Heuk erabaki, gaur hire eguna duk.

Brastakoan ulertu nuen: iniziatiba hartu behar nuen eta adorerako irudimena erakutsi, hori zen froga.

Lagunei begiratu nien, juduari begiratu nion, eta gerrikoa askatzen hasi nintzen, astiro, lagunen arreta neureganatzeko. Gero, galtzak jaisten hasi nintzen, haiek ere berdin, astiro eta batere erreparorik gabe. Lagunen begietan distira lizuna umotu zen, hitz eta birao lohi zikinak esaten hasi ziren. Galtzak belaunetaraino jaitsirik, ipurdia erakutsi nion Sebastiani:

Egidak pot, judu zikina, egidak pot, egidak pot, zikin horrek!

Lagunei irria eragin zien nire jarrerak eta Hermannen ez beste guztien galtzak laster ziren belaunen bueltan.

Egiguk pot, egiguk pot!, errepikatzen hasi ginen denok. Herr Öchlerren eskolan aztertu genituen goliardoen garaiko barbuileria haietako batean geundela ematen zuen, erdi aroko fraide gizen hordituenak bezalako gordinkeriak esan eta keinu lizunak eginez. Seko mozkorrak egon bagina baino ponperia handiago batez ari ginen, baina artean ez geunden edanda.

Zergatik ni?, zinkurinka Sebastianek.

Zergatik ez? Judua haiz, meritu gutxi iruditzen zaik?, erantzun zion Hermannek, mespretxuz eta erretxin. Aparte zegoen gure barbuileriatik. Hotz.

Egiguk pot, egiguk pot!, olgatzen ginen.

Sebastianek, larriaren larriz, arazoak zituen arnasa hartzeko. Ito behar zuela ematen zuen. Bost axola zitzaigun guri: hura gero eta itoago, orduan eta puztuagoa zen gure jarduna.

Eginahalak eta bi egin arren –jo ez beste guztia–, hark ez zuen gure ipurdirik musukatu nahi.

Baten batek isiltzeko agindu zuen. Adi jarri ginen. Ahots batzuk entzun genituen, hasieran urrun, gero hurbiltzen. Zalditegiko zaintzaileak izango ziren, zaldi-kontuez ari baitziren. Sebastianen arnasak biriketarako bidea aurkitu zuen berriro.

Lasai, mutilak, badakite hemen gaudela, esan zigun Hermannek oso ahots apalez, bera ere larritu egin zen seinale.

Sebastianek nahi baino lehenago urrutiratu ziren ahots haiek. Bakarrik, berriro. Ni amorratzen nengoen, Sebastianek ez zuelako nire agindua bete. Froga gainditu ez banu bezala: porrot egin nuen sentipenarekin. Eta orduan erabaki nuen ez zidala irabaziko, ez niola errukirik izango. Berdin zitzaidan madarikatu hura ezaguna izan edo ez, Sebastian izan grazia edo Isaak edo Samuel. Judua zela, horixe bakarrik izan behar nuen gogoan. Adorea banuela erakusteko, judu bat umiliatu behar nuen eta horixe zen, hain justu ere, aurrean neukan hura. Beste ezeren gainetik: judua. Errukirik ez aurrerantzean; haren izena, haren familia, gure arteko harremana... ahaztu egin behar nuen dena, eta une oroz pentsatu judua zela, hori besterik ez, eta juduak, niretzat, mespretxua besterik merezi ez duten izaki miserableak direla.

Egoki datorkit hemen frau Gerdak, Soldaduen Amona deitzen genion emakumeak, behin kontatu zigun ipuin bat eta ondorengo hausnarra. Sugegorri erdi hil bat jaso zuen nekazari baten ipuina zen, eta ipuinari buruzko hausnarra, honela azaltzen zigun, gutxi asko, gure frau Gerdak: kontakizuneko nekazari ergelak besterik uste badu ere, eguzkitan gozoro dagoen horko sugegorri erdi hil hori ez da, erdi hilik egonagatik ere, errukarria, miztoari eragiten ari den beste hura zitala; otso guztiek horzkada amorratua duten bezala eta bele guztiek atzaparra, sugegorri guztiek dute pozoi hilgarria. Ez ditugu elkarren artean bereizten: denak dira kaltegarri. Ez diegu izenik ematen, sugegorriak dira. Den-denak. Ipuineko nekazariak ez zuen hori kontuan izan, eta sugegorria hotzez ikusita, errukitu eta kolkoan sartu zuen berotzeko. Larrutik ordaindu zuen.

Oso gustukoa zuen esaldi batekin bukatu zuen frau Gerdak ipuina:

Eskrupuluak galtzen gaitu.

Sugegorriaren pozoiak hil zuen nekazariaren ipuinak ondo azaltzen zidan bezala, aurrean neukan mutila ez zen Sebastian, ez zen ezaguna ez nire auzokoa. Judua zen. Judu guztiak bezalakoa: errukirik ez, bereizketarik ez. Ez nien erreparatu behar sentimenduei.

Sorbaldan eman zidaten kolpetxo batek atera ninduen neure baitatik. Hermann zen, garagardo bat eskaintzen ari zitzaidan.

To, eta eutsi goiari, Werner, portatu haiz!

Botila hartu nion. Ordurako, Hermann beste garagardo bat ari zen edaten muturretik. Botila bi tragotan hustu eta bazter batera bota zuen. Edaten hasi nintzen neu ere. Hermannek, azpiak egiteko pala harturik, ukuiluko simaurretan sartu zuen kirtenaren barreneraino. Aurpegi parean jarri zion juduari pala, simaurrez gainezka, eta mehatxu egin zion:

Jar hadi belauniko!

Bestea ez zen mugitu. Hermannek simaurra jaurti zion aurpegira. Barre lodia egin genuen guztiok. Mutiko juduak ez zuen erreakzionatzen. Familia aberatseko semea zen, baina ukuilu hartan, judu kikildu bat, horixe. Han ez zen ezeren jabe, izuarena ez bada. Gu ezingo ginen beharbada diruaz harrotu, baina adoretsuak ginen. Eta, odol aratz-aratza zebilen gure zainetan, iragana eta oraina geneuzkan alde, etorkizuna ere gurea izango zen.

Hain zuzen ere, goiz hartan bertan izana nintzen udaleko artxibategi nagusian, nire zuhaitz genealogikoa osatzeko. Ez zen lehendabiziko aldia harrizko eraikuntza zaharrera nindoala. Gurasoei galdetu, amona Erikarekin jardun, eta udaletxeko artxibategian arakatu, nire zuhaitz genealogikoa gero eta adartsuagoa zen. Eta, orotan onena, adar bakar batek ere ez zuela mailaturik. Harro esateko moduan nengoen: garbia diat odola, aratza; alemanak ditiat deitura guztiak familiaren memoria eta artxiboetako paperak iristen diren puntutik gaur arte.

Utziko al diogu joaten?, galdetu zuen Hermannek, jardun harekin aspertzen hasita, eta beste botila bat garagardo eskuan. Estalki metalikoa hortzekin kendu eta trago luzea eman zion.

Irakiten jarri zitzaidan neure odol aratza: juduari simaurra bota zionetik, Hermannek zeraman berriro iniziatiba guztia, eta horrek nire porrota adierazten zuen.

Berehala utziko zioagu joaten, baina hago pixka batean!, agindu nion Hermanni.

Pala eta iniziatiba hartu nituen. Lanabesa batzatan sartu, bete-bete egin eta zaldi-gorotza bota nion juduari burutik behera. Belauniko jartzeko agindu nion. Ezta orduan ere. Pala airean hartu eta, amorrazioz, kolpe lehor bat eman nion bizkarrean.

Jartzeko belauniko!, eta aurrekoa baino kolpe bortitzagoa eman nion, oraingoan buruan.

Oihu egin zuen minez eta, astiro-astiro, belaun bat jarri zuen batzatan, bestea gero. Palaz mehatxu egin, eta burua makurtu zuen. Pixa egin nion burutik behera eta, ostera galtzak jaitsirik, ipurdian pot egitera behartu nuen. Lagunek murrika batean eta eztarriak urratzerainoko oihu eta ardailak eginez txalotu zuten nire jarduna, eta haiek ere pixa egin zioten juduari.

Ospatzeko, garagardoa erruz edan genuen. Juduari begiratu nion. Burua makurtuta eta belauniko jarraitzen zuen, geldi-geldi. Pozez gainezka neukan barrena: Ez nagok koldarren artean.

Lagunetako batek, beti txiste kontari aritzen baitzen, galdetu zuen: Zenbat ordain liteke judu batengatik? Inork ezer esaterako, berak eman zuen erantzuna: Bururik gabe, ezer ez. Berriro galdetu zuen: Eta buru eta guzti?

Buru eta guzti ere, berdin, esan zion beste batek. Ez al hau aspertzen beti txiste bera kontatzeak?

Supituan, gu garagardoak edaten eta berriketan ari ginela, Sebastianek ihes egin zuen, zakur jipoitu batek baino biziago, ukuilu atzeko ate txiki batetik. Zine mutuko eszena barregarri bat iruditu zitzaidan. Kanpora irten ginen. Handik hurbil samar bi neska ari ziren, zaldun jantzian, zaldi bana eskuilatzen, ezertaz ohartu gabe edo ezertaz ohartu nahi izan gabe.

Ihesi doan mando itsusi hori garbitu behar zenuten!, egin nien oihu neskei. Ordurako judua urruti zen. Ez zidan axolarik. Froga onik gainditu nuen, euforiaz nengoen.

Eta orain, hire txanda duk, Werner, hire frogaren ordua, esan zuen Hermannek eta korta-barrura itzularazi gintuen. Ez nuen horrelakorik espero, ustekabe hark gorputza gogortu zidan eta bihotza uzkurtu.

Bildotsa zegoen tokira abiatu zen, eta gu haren atzetik.

Odolak kikildu egiten dik gure Werner, nazka ematen ziok, baina hori oso kaltegarria duk hain mutil ausart batentzat. Nazka hori gainditzen lagunduko zioagu gaur, ez al da hala mutilak?, esan zuen Hermannek, bazter batean etzanda zegoen bildotsa seinalatuz.

Animaliak hilago ematen zuen bizirik baino. Gure zalaparta sentituta, zutik jartzen hasi eta, geldo-geldo, tentetzeko gai izan zen.

Hermannek labana atera zuen galtzarbetik. Ireki egin zuen. *Odola* zioen xaflaren ahoari hats egin eta galtzetan igurtzi zuen distira ateratzeko; gauza bera egin zuen *ohorea* zioenarekin. Bildotsaren ondoan jarri zen, labana eskuan zuela. Labanak distira egiten zuen ohol artetik sartzen zen argi doiari esker. Hermannen irribarreak ere dir-dir egiten zuen. Erdi makurturik, bildotsaren garondoa ferekatu zuen. Artilea apartatu zuen gero labanaren puntarekin. Niri begiratu zidan:

Hementxe sakatu, eta gurinetan bezala sartuko duk labana, aise eta barruraino, esan zidan Hermannek maisutasunez, egunero bildots hiltzen aritu izan balitz bezala.

Behin, odolari higuina niola kontatu nion Hermanni, ezin nuela animaliak hiltzen ikusi, eta nire aitorpena baliatzen ari zen momentu hartan. Instante bateko zalantza izan nuen, odolarekin zorabiatzeko arrisku ia seguruak eragina, Hermann nire ahuldadearen lekuko izateak sortua, lagunen aurrean barregarri geratzeko izuak zirikatua. Ezpainak hozkatu nituen amorrazioz, eta bi pauso aurrera emanik, labana eskatu nion Hermanni. Irri gaiztoa irten zitzaion:

Ez nian gutxiago espero, eta labana luzatu zidan. Hirea duk. Badakik: Non sakatu asmatzen baduk, bildotsak ez dik sufrituko.

Labana hartu nion deliberamendu handiz. Ematen zuen baino arinagoa zen, hezurrezkoa zuen kirtena. Puntaren zorrotza neurtu nuen hatz baten mamiaz. Ez nuen eskarmenturik egiteko hartan, baina garbi gera zedila ez nintzela beldur, odolak ez zuela nire ohorea kikilduko.

Bildotsaren ondoan makurtu nintzen. Garondoa igurtzi nion. Artilearen lakartasuna eta animaliari zerion berotasuna sentitu nituen. Animalia geldi-geldi zegoen, ez zuen ezer egiten, ematen zuen bazekiela zer zetorkion eta onartzen zuela. Labankada emateko puntu egokia bilatzen hasi nintzaion altzairuaren puntaz. Noizik behin presio txikia egiten nuen, non sakatu behar nuen erabakitzeko. Saka-gune zehatza bilatu nuela erabakirik, artilea apartatu nuen.

Lagunak oihuka eta adore ematen ari zitzaizkidan. Hermann, aldiz, aholkuak ematen:

Ez egin indarrik; burua eta bizkarra elkartzen diren puntu-puntuan sartuz gero, gurinean bezala hondoratuko zaik labana, ikusiko duk.

Aukera aparta nuen taldekoen begirunea irabazteko, baina ez inoren onespena behar nuelako edo inork gutxietsi egiten ninduelako –denek nindukaten nazi konbentzitutzat, denek ikusi ninduten zalditegian Sebastiani pixa egiten–: ez niola beldurrik ezeri, ezta odolari ere, hori ikusi behar zuten lagunek.

Begiak ixteko tentaldiari gogor ekin, eta labanari galkatu nion. Aiztoak leun-leun egin zuen bidea, kirtenak garondoan tope egin arte. Hantxe eduki nuen, indar eginez, denbora pixka batez. Aski izango zela eta, kolpean atera nuen labana. Ahoa odolez gorri zuen, baina ez nituen begiak itxi, ez nuen begirada apartatu. Bat, bi, hiru segundo, eta bildotsak inolako bizi-zantzurik ez. Brastakoan, odola hasi zitzaion garondotik txorrotaka. Zorabioa, oka hasteko gogoa, handik lasterka alde egiteko beharra, denetarik sentitu nuen, baina birao zakar bat bota eta, nazkari aurre eginez, eskua sartu nuen odoletan. Beroa zerion. Baten batek pote zahar herdoildu bat jarri zion buruaren azpian. Ez nuen eskua erretiratu eta odola nire hatzen artetik isurtzen zen potera. Aldian behin dardarazko astindu txikiak egiten zituen animaliak.

Korrokada bat entzun nuen nire gibelean. Hermannek garagardoa pasatu zidan. Hartu nion botila odoletan blaitutako eskuaz, bota nuen burua atzera eta zintzurra busti nuen, garailearen harrotasunaz.

Bildotsa guztiz odolustu arte egon ginen zain. Garagardo botila jaurti nuen paretaren kontra eta bildots-odolez beteriko potea hartu nuen. Hermannek zalditegiko atea zabaldu zuen.

Sototik irten ginenean, iluntzen hasita zegoen, eta hotz gordin batek hartua zuen airea. Potea eskuan, harro nengoen. Pauso arinean egin genuen hiriraino. Iritsi ginenerako, gau beltza zen.

Ea, mutilak, begiratu ondo inor dabilen, agindu zuen Hermannek.

Kale-bazterretan, ur putzuak izozten hasita zeuden. Hiria, isilik. Ez zebilen inor. Gure pausoen hotsak sentitzen genituen zoru izozten hasian. Kamioi pare bat pasatu zen gure ondotik soldaduz beteta. Eskuak jasota agurtu genituen.

Juduen barridera joan ginen, Hermann aurretik genuela. Halako batean, judu baten etxea seinalatu zuen. Arkume-odolez betetako potean brotxa bat sartu, ondo eragin, eta izar gorri bat pintatu nuen atean. Gauza bera egin genuen beste hainbat atetan ere. Sebastianen atarira iritsi ginenean, hiru izar margotu nituen.

Pertsianak eta ateak ixten sentitzen genituen. Argiak itzaltzen. Etxe bakar batean ausartu ziren protesta egitera. Dotorea zen etxea, harrizkoa, eta dorretxo bat zuen ezker aldean.

Zertan ari zarete, madarikatuak!, esan zuen norbaitek etxe barrutik, doinu atzerritarrez.

Ez genion aurpegirik ikusi. Haren zalapartak zaunka jarri zuen zakur bat. Potean brotxa sartu eta izar bat margotzen hasi zen Hermann.

Seguru judua dela?, galdetu nion.

Ez bada judua, juduen akaina, eta hori bai dela larria, ez zaizue iruditzen?, galdetu zuen Hermannek erantzunik espero ez zuen tonu batez.

Izar baten ordez, hiru margotu genituen, Sebastianen atarian bezalaxe.

10

HURRENGO EGUNA juduen pazko-bildotsaren festa seinalatua zelako ibili ginen bezperan hainbat atetan izarrak margotzen, juduei iseka egite aldera. Uste horretan aritu nintzen ni bederen.

Biharamun goizean, ordea, gimnasia egiten ari nintzela, etxeko txirrina entzun nuen. Haiek ez ziren inor etxera etortzeko orduak, eta ariketak egiteri utzi nion leihotik begiratzeko. Bi gizon zeuden atarian, larruzko beroki beltzak jantzita. Laster, ama sentitu nuen atea zabaldu eta egun onak ematen. Handik pare bat minutura logelara etorri zitzaidan, zurbil eta urduri. Polizia zela nitaz galdezka; ezezagun batzuek triskantza handiak egin zituztela bezperan juduen barridean.

Ez nuen ezer egin ama lasaitzeko. Isil-isilik, galtzak eta alkandora jantzi nituen, gimnasiako arropa izerdituaren gainetik. Susmo bat gailendu zitzaion polizia etxera etorri izanak eragindako urduritasunari: guk izarrak markatu eta gero beste lagun batzuk ibili baziren etxe haiei erasoka, Hermannek behar zuen pintaketan ibili ginenon eta gero gure atzetik txikizioak egitera etorritakoen arteko lotura.

Polizien aurrera agerturik, *heil Hitler!* esan eta eskua eman nien. Aleman onaren kontzientziak esaten zidan lagun nituela; bigarren ahots batek, ordea, gaztigatzen zidan inoiz ez fidatzeko inongo poliziarekin. Aleman onaren kontzientziak, ordea, arrazoi:

errutinazko tramite bat betetzen hasi ziren bi agenteak, tonu ofiziala eta tonu lagunkoia tartekatuz. Ez nien gezurrik esan (erasoak izandako barridean ibili nintzela aitortu nuen), ezta egia osoa ere (odol-pintaketarena ezkutatu nien): norbaitek ikusiko ninduela juduen auzoan, baina etxean nintzela txikizioak gertatu baino bi ordu lehenago. Amak bere testigantza gehitu zien nik jarritako alibiei:

Ama baten esanak ez du balio handirik izango, baina, bai, ordu horretan semea etxean zen.

Ez ninduten askorik estutu. Gainera, berehala ulertu nuen bisitaren zergatia: polizietako batek esan zigunez, Alemanian negozioak zituen estatubatuar bat bizi zen kalte handienak jasan zituen etxean. Laster asko lotu nituen etxe dorreduna eta hango oihuen doinu atzerritarra.

Galdeketak ordu laurden inguru iraun zuen. Etxetik alde egiterakoan, agenteak desenkusaka aritu zitzaizkion amari, elkarri txanda hartu ezinik:

Barkatu endredoa... garai zailak bizi ditugu... Estatuari dagokiolegea betearaztea, baina, batzuetan, gazteek beren esku hartzen dute hain beharrezkoa dugun justizia... Gazteak, badakizu: egonarri gutxi dute eta kemena gainezka: neurririk ez, alajaina...

Amak atea itxi zuen.

Bururik ez, horixe! Ez dakizue noren txotxongilo zabiltzaten ere!, esan zidan.

Ertz guztiak ezagutzen ez nizkion antolamendu bateko partaide sentitzen nintzen. Txotxongilo ez beste guztia, hain zuzen. Amak esan zezala nahi zuena. Ezer ez dakienak, ezin esan ezer.

Aita etorri zen musika-gelatik guregana. Amorruak barrua irabiatu zidan: gordeta egon da, gordeta egon da, amari fardel guztia utzita!

Abaildurak jota zegoen, polizien itaunketa bere azalean bizi izan balu bezala. Ez nuen uste barrua izango zuenik niri kontu hartzeko. Errietan hasi zitzaidan, ordea, eta galderak egiten, poliziak baino zorrotzago, erabat gorrotagarri: non ibili nintzen bezperan, zertan, norekin.

Ez duzu entzun amak poliziei esan diena, ala?, erantzun nion lotsagabe eta erronkari. Erasoen orduan, ni ohean nintzen.

Amak egin zuena ez nuen inondik espero: bezperan neraman alkandora zuria arropa zikinaren saskitik atera eta, dri-drau, airean astindu eta zabaldu zuen. Eskuineko mahukan, oihalaren zuritan, orban gorriak ageri ziren salatari.

Gurasoak isilik zeuden eta zain, nik zer argibide emango. Auskalo zer ari ziren pentsatzen. Bildotsarena kontatzen banien, galdetuko zidaten nondik atera genuen bildotsa, zergatik hil genuen. Aitzakia bat baino gehiago pasatu zitzaidan burutik atakatik ateratzeko. Isilik gelditu nintzen, ordea. Has zedila erretoliken jarioa eta buka zedila lehenbailehen, amorratzen nengoen-eta gosaltzeko.

Zer esan nahi du honek, zer da odol hau?, aitak.

Ni, isilik.

Ez duzu ezer esateko? Ez zara ezertaz damutzen? Ez zara lotsa?

Ni, isilik.

Zutik geunden. Nekez eutsi nion aitaren begiradari, hain zen-eta zorrotza. Ate aldera egin nuen, atakatik ihesi. Aitak ez zidan utzi: kokotsetik oratu eta aurpegia jasoarazi zidan, begiak ikusteko:

Zu, hemen! Ez duzu aurpegira begiratzeko balorerik?

Ederki!, pentsatu nuen, eta berak iradoki bezala egon nintzaion luzaz, begira-begira, isilean esanez: Zer egin behar didazu orain? Aurrera, ezetz ausartu: jo nazazu, erakuts ezazu behingoagatik adore pixka bat.

Ama ordurako sukaldean zen, kafe egin berriaren usaina zetorren handik. Gurina eta marmelada, mahai gainean. Eseri eta gosaltzen hasteko gogoa. Gurina ogi txigortuan zabaldu, kafesnetan busti eta ahora. Bakea.

Aitak nire begiradari eusten zion. Ez zuen, nonbait, gosaltzeko presarik.

Beraz, ez duzu esateko ezer. Ez dugu zertan ibili zinen eta zer gertatu zitzaizun jakiteko eskubiderik. Hori esan zidan aitak, baina tonu apalak harritu ninduen. Ez dakit estrategia-aldaketa zen edo, besterik gabe, guztiz etsita zegoen ez ninduelako umiltzen.

Berdin-berdin zion nik gauza bat esan edo justu kontrakoa, bildotsaren hilketarena kontatu edo odola zerutik erori zitzaidala esan: aitaren eta nire arteko etena hain zen handia, ezen ez ni hurbilduko nintzen harengana ez aitak lortuko zuen ezer ni bereganatzeko. Hark esandakoak ez zuen eraginik izango niregan, nik erantzundakoak ere ez zuen aita aldatuko.

Ez duzu esateko ezer?, errepikatu zuen aitak, oraingoan oihuka eta neurritasuna galduta.

Ama sukaldetik irten zen kafe-ontzia hartuta. Ez zion aitari konturik eskatu haserrearengatik. Kafe-ontzia mahaian utzi eta entzuten gelditu zen, ezpainak estuturik.

Lehendabiziko aldiz liskarrekin hasi ginenetik, aitarekin zegoen oso-osoan.

Hala ere, esan dut arestian, aitaren erreakzioak gehiago harritu ninduen amarenak baino: Hitlerren irudia paparretik kendu zidanetik, nahiago zuen bizkarra ematea nirekin sartzea baino.

Goseak amorratzen nengoen eta zerbait esatea erabaki nuen sesioa amaitze aldera. Txikizioen kontuari eutsi nion, ez bildotsaren odol-tantenari:

Iskanbilen orduan ohean nintzen, ez diozu amari entzun? Zer gehiago nahi duzu esatea!

Egia!, aitak.

Ni, berriro ere, isilik.

Aita sutan zegoen, doi-doi lortzen zuen bere burua kontrolatzea. Hatz erakuslea jarri zidan aurpegi parean:

Neuk esango dizut zer gertatu den bart. Ezagutzen dituzun juduen ateak auskalo zeren odolez pintatzen ibili eta gero, beste malapartatu batzuk etorri dira atzetik zuek margotutako etxeetan txikizioak egitera. Zer zarete ba koldarrak!

Akabo! Orduan hasi nintzen aitaren haserrea ulertzen: lagun judu dezente zuen aitak –neuk bakarrik dakit garai hartan zenbat amorrarazten eta lotsatzen ninduen horrek–, eta triskantzen kalteak jaso zituzten asko eta asko lagunak izango ziren, seguru. Neuk odolez markatutakoak, hori ere seguru.

Amak zizpuru egin zuen eta mahaia atontzen hasi zen. Labana hartu eta lau puska kendu zizkion gurin-blokeari. Zapi zuri batez bildu zuen jango ez genuen gurina.

Hartan ari zela, hitza hartu zuen. Imajinatzen dut keinuren bat egingo ziola aitari esanez bezala: Orain utz egidazu niri. Embusteria sentimentalen txanda, pentsatu nuen hasieran, baina amak oso zorrotz hitz egin zidan:

Hara, seme, ez dakit zer gertatzen zaizun, baina horrela bizitzea merezi dugula uste duzu?

Zer esan behar nion? Kulpa ez zela nirea? Alemania alemanena zela, ez juduena? Ez zuen zentzurik, betiko leloa zen. Gosea ere joan egin zitzaidan; zalamala hartatik irten behar nuen, onik ala gaizki, nola edo hala, baina urrundu handik, kalera ihes egin, etxekoa baino aire garbiagoa arnastu.

Ezin, ordea, amak ni konbentzitu nahian jarraitzen baitzuen. Belarri batetik sartu eta bestetik irteten zitzaizkidan haren argumentuak:

Zure lagun horiek... Hermann hori... Zu ez zara horrelakoa, ez zaitugu horrela hezi. Zu ez zara gauez inoren ondasunak txikitzen ibiltzen diren horietakoa.

Guk ez dugu ezer txarrik egin!, esan nuen, baina ez nire burua zuritzeagatik, ataka desatsegin hartatik ahalik lasterren irteteagatik baizik.

Ez, zuek ez zenuten ezer txarrik egin, nola ba? Baina zer txikitu seinalatu zenieten zuen atzetik etorriko zirenei. Haiek bezain madarikatuak zarete!, lehertu zen aita.

Juduen etxeak ziren!, irten zitzaidan, eta esan orduko ohartu nintzen hanka sartu nuela.

Bete-betean eman zidan masailean. Lehendabiziko eta azkeneko aldiz bere bizitzan.

Suminak etsita, zizpuru egin zuen aitak. Buruari eragin zion, eta gaitzespen zirkin bat egin zidan, esan nahiko balit bezala: Ez bazaude pozik hemen, zoaz. Eta, batere damurik erakutsi gabe, musika-gelara itzuli eta bere aulki tapizatuan eseri zen astun-astun.

Erreakzionatu ezinik gelditu nintzen, amari begira, nire aldeko keinuren bat egingo zuen esperantzan.

Jakingo bazenu, seme... Jakingo bazenu..., esan zuen amak, eta negarrari eman zion.

Zer jakin behar dut, zer?, egin nion garrasi. Minez nuen eztarria, minez nuen burua.

Aitak, musika-gelatik, isiltzeko agindu zion amari. Une hartan Annette agertu zen ez dakit nondik. Begiak sutan eta aurpegia zuri-zuri, egingo nuke eszena guztiaren lekuko isila izan zela.

Nire onetik irtenda, ospa egin nuen kalera, ateari danbatekoa emanda. Belarrondoak baino gehiago nahigabetzen ninduen familiako sekretu bat ezkutatzen zidatela konturatu izanak.

11

Piz Palüko infernu zuria ematen ari ziren Odeonen. Filma ikusi zuen jendeak aho batez zioen eszenak errealismo handikoak zirela; bikote gazte bat elurpean geratzen den momentua, hunkigarria; Leni Riefensthal eta Gustav Diesel aktoreen lana, punta-puntakoa. Niretzat, ordea, jendeak gutxi aipatzen zituen bi momentu ziren bikainenak: elurretako istripua txiripaz ikusi duen hegazkinlariaren eszena, eta elurretan egiten duen lurreratze arriskutsuaren unea. Artista izan behar da hain eszena zailak hain modu garbian eta sinesgarrian filmatzeko! Ororen gainetik, baina, bi eszena haien protagonistak erakartzen ninduen ni: Ernst Udet zen pilotua! Gerra Handian hirurogeita bi hegazkin bota zituen Ernst Udet berbera!

Berriro ikusi nahi nuen pelikula, eta elkarrekin joateko gonbita egin nion Elsbethi. Larunbata noiz iritsiko pasatu nuen aste osoa, ipi-apa guztiekin planeatu nuen zer esango nion eta zer egingo genuen zinean eta zinetik irten ondoren. Goetheplatzen elkartu ginenean, ordea, paseatzea nahiago zuela esan zidan.

Axola dizu?, galdetu zidan asko harritu ninduen ahots ilun batez. Ez nekien haserretu egin behar nuen filma ikusteko aukera galdu nuelako ala poztu Elsbethek nirekin paseo bat ematea nahi zuelako. Zalantzan nenbilela ikusita, aurrea hartzea erabaki zuen nonbait:

Ez al zenuen ba aurreko igandean ikusi?

Oso aurpegi eskasa zuela konturatu nintzen: argizarizkoa zirudien, soinean zuen berokia baino zuriagoa, eta haren atzean ikusten ziren loreen kontrasteak –leiho-balkoietan arratsaldeari kolorea emanez, bioletak, ziklamenak, azaleak...– zurbiltasuna areagotzen zioten.

E, e, jakin duzue berria?, entzun genuen.

Marck, bizikleta beltz batean, guregana zetorren, ileak harro-harro haizeagatik eta begiak pozaren pozez ñirñirka, bizitza osoa gozatzeko duenak bezala. Begi ederrak zituen, urdin-urdinak. Ario perfektuaren iruditzat neukan nik. Akastxo bat ikusten nion, ordea, ilegorria izateaz gainera: kaskarina zen, beti gizon-plantak egiten saiatu arren.

Hanka bat lurrean paratu orduko esan zigun Tonerde basoan gazte bat aurkitu zutela, urkaturik. Baso ura zalditegitik hurbil zegoen, eta gu sarritan joaten ginen espeleologia egitera, oso paraje egokia zen-eta, dena leizez betea.

Orain pare bat ordu jaitsi ditek gorpua; judua zuan, erantsi zuen Marckek niri begira.

Pelikula ikustera joateko asmotan ote ginen galdetu zigun gero. Sorbaldak jaso eta ezpain-ertza okertu nuen, etsipenez. Elsbethek ez zion begiratu ere egin. Marckek beste asmo batzuk genituela ulertuko zuen, niri begi-keinu maleziatsu bat egin, bioi agur esan eta zinerako bidea hartu baitzuen, pedalei bizkor-bizkor eraginez.

Guk kontrako bidea hartu genuen. Isilik. Elsbethek ahoa zabaltzen zuen aldiro arnasaren lurruna ateratzen zitzaion bakarrik, hitzik bat ere ez. Kezkatuta zegoen. Txokolategi bateko terraza parera iritsi ginen. Bostak eta laurden jo zituen Kondeen

Dorreko erloju tzarrak. Pelikula hasita egongo zen. Zineko diruaz, txokolatea hartzera gonbidatu nuen. Elsbethek, ezetz, nahiago zuela paseatu, eta horixe egin genuen, paseatu. Mututasun hura eramangaitza zitzaidan arren, halaxe ibili ginen tarte luze batean: nik ez nuen hitz egin nahi, berak zerbait esan artean.

Aldizka, Elsbethek ohi baino estuago hartzen zuen arnasa, eta bularrak hanpatzen zitzaizkion beroki zuriaren azpian. Supituan bera besarkatzeko gogoak hartu zidan barrena, nire kontra estu-estu egin eta haren bularrak sentitzeko irrikak. Basora eramango nuen, errekondoan etzango ginen inork ikusiko ez gintuen bazterren batean, berokia askatu eta bularrak musukatuko nizkion, eta Elsbethek kitzikatu egingo ninduen irri gozoak eginez: Zinean baino askoz hobeto gaude hemen.

Oso bestelako hitz batzuek atera ninduten nire kabutatik:

Hartu dut erabakia. Pausa egin zuen, hiru hitz horiek esateak neke astuna eman izan balio bezala. Eta berehala, hitzak presaka elkarri josiz: Astelehenean hasiko naiz lan-zerbitzuan; amesgaiztoa gainetik kendu, eta ea behingoz bakean uzten nauten.

Nire baitan esaten nuen: Nola ausartzen zara amesgaiztoa deitzen aleman gazte guztiok urte eta erdiz aberriari eskaini behar diogun lan-zerbitzuari! Ergelkeriak entzuteko gelditu naiz Ernst Udet ikusi gabe? Kostata eutsi nion purrustada bat botatzeko amorruari: Bizitzak ez dizue onura beste deus eman aberatsei, eta, hala ere, kexuka besteen alde zerbait egitea eskatu zaizuelako!

Hala ere, arrangura bridatu eta Elsbethen hitzak ulertzeko ahalegina egin nuen. Bi egun barru joan behar zuen lan-zerbitzua egitera, eta normala zen jota egotea. Ez nuen sinetsi nahi *amesgaizto* hitza gaiztoz erabili zuenik. Ez zuen, behintzat, *familia oneko* alabek erabili ohi zuten aitzakiarik jarri: aipamenik ez, ikasketak erdi-erditik eteteak zekarkeen arazoaz; kexarik ez, simaurra batzen edo artoa aletzen jarduteagatik hatzak hondatu eta ezingo zuelako biolina jo.

Elsbeth minduko ez zuten hitz zuhurren bila ibili nintzen pixka batez:

Legeak agintzen du, Elsbeth, aukera ez dago gure esku.

Lasai geratu nintzen, barru-barrutik mintzatu nintzelako, eta ezinezkoa zelakoan Elsbeth hitz haiekin mintzea.

Zergatik da legea?, galdetu zidan haserre. Zergatik behartu behar naute goizeko lauetan auskalo nongo ukuilutako azpiak ateratzera?

Antzoki osteko parkean Hermanni eta juduei buruz izandako solasaz gogoratu nintzen. Nahi zuenean bazekien desatsegina izaten.

Aberriaren hobe beharra bezalako argibide luzeetan korapilatu nintzaion sutsu bezain antzu: horren ispilu zen, behinik behin, Elsbethen aurpegia. Ez zuen, nonbait, niregandik halako gauzak aditzea espero. Berdin zitzaidan: neskaren nire hitzekiko desadostasuna handiago, gehiago bizitzen ari zen nire sua. Uste nuen suhartasunarekin irabaziko nuela lehia, eta zertan ari nintzen?: Elsbeth uxatzen. Haren erantzun garratza lekuko:

Hitlerrek berak esan ez du ba emakumeok ez dugula zertan karrerarik egin? Soldaduak izateko behar zaituzte zuek, soldaduen ama izateko behar gaitu gu. Eta zertarako behar ditu soldaduak, Werner?: gerra egiteko!

Elsbeth!, garrasika neu ere, haserreari eutsi ezinik. Zerbitzu soziala egitera zoaz, besterik ez!

Hori besterik ez, oraintxe esan duzu egia!, pipertu zitzaidan Elsbeth, oso desatsegin. Zerbitzu soziala egin duten neskek istorio asko kontatzen dituzte, baina bakar batean laburbiltzen dira guztiak: behor bat zer den ikasi eta behor bat ume eginean ikusi, hori omen da zerbitzu sozialak eskaintzen duen ikasgai bakarra.

Zikina sentitzen nintzen, minduta bainoago. Nirea zen errua: nik zabaldu nion bidea Elsbethen erresuminari, eta ni izan nintzen haren jarduna eteten jakin ez zuen koldarra, eta egia da, aitor dut, ez nintzen gai izan Elsbethi belarrondoko bat emateko, ez nintzen gauza.

Ez dakit zenbat denbora egingo genuen isilik. Nire barrua gaurik beltzena baino ilunago zegoen. Zigarro baten premia sentitu nuen. Ez neukan, ordea, tabakorik eta dena itxita zegoen. Ostikada bat eman nion aireari.

Jakin izan banu, ez nizun ezer esango, bota zidan Elsbethek erresuminduta.

Bera negarrez hasteko zorian zegoen eta ni amorrazioari eutsi ezinik, ederra! Elkarrekin geunden eta ez geunden elkarrekin, ilunetik argira bitarteko tartea egiten ari zen bion artean. Handik urruti nahi nuen, baina ez nuen alde egiteko kemenik, ez nekien nola libratu amaraun likatsu hartatik. Elsbeth galtzeko beldurrak lotzen ninduen. Ordurako banekien, ordea, mirari batek ere nekez salba zezakeela Elsbethen eta bion artekoa.

Noizbait, Kreuzstrasse jendez bete zen. *Piz Palüko infernu zuria* ikustetik zetozenak, inola ere. Postetxe aldera hartu genuen guk. Elsbethek etxera joan nahi zuen, eta nik ez nuen ezagunik ikusi nahi.

Isilik egin genuen Elsbethen etxerainoko bidea. Elkar agurtzeko ordua iritsi zen. Ez hark ez nik ez genuen begiradari eusteko adorerik izan eta, konpromisozko bi hitz esan eta gero, Elsbethek burdinazko langa tzarra zabaldu zuen. Lorategian zehar zihoala, begira egon nintzaion: beroki zuriak ez zuen kontrasterik egiten loreekin.

Binan-binan igo zituen atari ederreko harmailak, eta atea itxi zuenean, neure burua madarikatu nuen ez niolako galdetu lan-zerbitzua non egin behar zuen, ez nekielako nora idatzi behar nion.

Ipar haize fina zebilen, bide bazterreko gaztainondoen hosto artean txistuka. Marck *Kaskagorrik* aipatu zigun urkatua etorri zitzaidan kolpean burura: amona Erikak txikitan kontatzen zidan ipuin batean ere halakoxe txistua jotzen zuen judu herratuak. Kabalok ez zidaten Elsbethekin izandako sesioa ahazteko balio izan.

Etxean sartu orduko, Annettek zer aipatuko eta urkatuaren kontu bera. Gorpuak bazeramala pare bat egun arbolatik zintzilik:

Mutil buruargia zen oso. Eta bihotz onekoa.

Oi, oi, nire arrebatxoa hunkituta dago-eta. Hire lagun hori ez zunan hik egindako destainengatik urkatuko, ezta?, pentsatu nuen.

Zeuk ere ezagutzen duzu, Werner, seguru nago, esan zidan Annettek.

Urkatuari buruzko argibide gehiago eman zizkidan. Nik ez nion jaramon handirik egiten, buruan ez neukan-eta Elsbethi emandako agur eskasa besterik.

Ezagutuko ez duzu ba! Judua da, Sebastian du izena.

Burutik behera bota genion simaurraren usaina sentitu nuen.

12

EZ NUEN HERMANNEN AITA EZAGUTU. Oraindik gizon sasoikoa zela hil omen zen, bihotzekoak emanda. Non-nola, inork ez zuen deus argirik esaten, agerian behintzat. Ahapeka, ordea, esamesa zebilen homosexual baten zetazko maindire artean gertatu zitzaiola ezbeharra. Alderdiko kide oso ezaguna zen, eta, hil zenean, haren heriotzaren inguruko xehetasunak lurperatu zituzten gorpuarekin batera, eta baita hil berriak Alderdian lan egin izana ere. Berarekin zegoen homosexualari egin ziotenaz, berriz, bertsio asko zebilen, eta bat bera ere ez haren ar kondizioaren mesedekoa.

Ez dakit nolakoa izan zen aita-semeen harremana. Dakidana, Hermannek ez zuela aitari buruz hitz egiten. Haren isiltasunak ozen esaten zuen: Ez diat aitarik izan, aitarik gabe jaioa nauk. Eta nik ere isiltasuna baliatzen nuen, erantzuteko: Ez kezkatu niregatik, Hermann, ez diat inoiz aitarengatik galdetu, ezta galdetuko ere.

Bion itun mutu hark sendotu egin zuen gure adiskidetasuna. Isiltasunak, baina, ez du ezer estaltzen. Dena lauso eta anbiguo bihurtzen du. Hala, Hermannen aitari buruzko zurrumurruak etortzen zitzaizkidan askotan gogora, zurrunbilo betean. Nik ez nuen laguna mindu nahi, eta gordean errenditzen nituen haren aitak eragiten zizkidan irudi eta kabalak. Izan ere, gauez, logelako argia itzali, eta Hermannen aitaren bizitza bikoitzeko parterik kilikagarrienak imajinatzen nituen atsegin morbosoz, baina irudiotako protagonista kitzikagarriari Hermannen aurpegia jartzen nion.

Esamesek ziotenez, Hermannen aitak fabore aitorrezinak egin omen zituen soldadutzatik libratzeko; Hermannek, aldiz, armadan sartu nahi zuen kosta ahala kosta, eta, oso zaila baldin bazen ere, Leibstandarteko soldadu izatea zuen amets, Hitlerrengandik hurbilago egoteko, haren itzala izateko. Hortz artetik hezurra kendu nahi zaion zakur bat bezala tematzen zen ez zuela besterik nahi eta ez zuela besterik nahi.

Asko gustatzen zitzaigun ofizialak ginela pentsatu eta buruzagien erretorika hanpatuaz mintzatzea:

Udaberria eta etorkizuna ezagutuko baditugu, fusilen hotsa eta musika militarra, biak batera entzun behar. Eta kasu zipitzik ez atariko haizeari hitz egiten dioten jakintsu usteei.

Soldadu izan nahi genuen, beraz, kosta ahala kosta, Hermannek armadan, nik hegazkintzan. Guretzat, militar bizitza zen aukerarik ederrena; armadari muzin egitea, berriz, barkaezina.

Gymnasiumera bidean, udaletxeko atarian gelditzen ginen errekruten deialdi-taula begiratzeko. Sarri samar berritzen zituzten soldadugaien erroldak, eta gu izen ezagunen bila ibiltzen ginen, inbidia handiz ibili ere, ez baikenuen soldadu izateko adinik. Taularen gainean afixa bat zegoen, soldadu kaskodun baten irudiarekin: ahoa zabalik zeukan, eta letra gotikoak ateratzen zitzaizkion ezpain artetik: Aberriak hire beharra dik! Afixaren beheko partean, izena emateko bulegoen helbideak eta hainbat ohar.

Buruz genekizkien bai helbideak nola oharrak. Ikusi izan bagenu eguzkiaren ibilia bizkortzeko modurik, hartan ere saiatuko ginatekeen gu, izena emateko eguna noiz iritsiko bizi ginen-eta.

Eskolarik ez genuen bazkaloste batean –elurra ari zuen gogotik– Hermannen etxetik pasatu nintzen. Adineko emakume batek ireki zidan atea. Agurtu nuen, ez zidan erantzun. Sorabiarra zen eta neke handiz mintzatzen zen alemanez. Guk zirikatu egiten genuen hitz egin zezan, algara handiak egiten genituen haren hanka-sartze ugarien xaxan. Egun batez, ordea, denen irri-bazka izateaz nazkaturik, mututasun erabatekoan kiribildu zen. Eta handik aurrera, hitzik ez, ezta agur esateko ere. Auskalo nola moldatuko zen Hermannen amarekin edo enkarguak egiteko, baina Hermannek zioen ez ziola txintik entzun isiltzea erabaki zuen egun hartatik.

Hitzik esan gabe eta eskola zaharreko duintasuna erakutsiz eraman ninduen egongelara. Hermann bakarrik topatzea espero nuen, baina amarekin zegoen. Bien aurpegierak argi uzten zuen hizketan aritu zirela, eta erabili zuten gaiak ez zuela zerikusirik ohiko jardun eguneroko batekin.

Momentu onean zatoz, eta esertzeko keinua egin zidan frau Monikak. Semeak protesta egin zuen, nirekin ez dakit nora joan behar zuela, eta zutitu egin zen. Amak ez zidan esertzeko gonbita berritu. Hala ere, izan berri zuten solasaren jakinaren gainean jarri ninduen:

Nik beti esaten diot hobe duela ikasten jarraitzea, gero ere hor egongo dela armada, baina berak ez du entzun ere egin nahi horrelakorik!

Hermannen amak karrera eman nahi zion bere seme bakarrari, alarguna izan arren ez zuen-eta diru-premiarik: jostun soldataduna izana zen Gehsmack dendetan, eta mihi gaiztoek zioten Alderdiak eskuzabal saritu ziola mutu geratu izana senarra hil zenean. Bolo-bolo zebilen Alderdiko jauntxoren baten maitale zela ere. Erdiak gezurrak izanda ere: emakume ederra eta atsegina zen, maiseaketa bekaizti guztiak sinesgarri bihur ditzaketen horietakoa.

Emakumea nik zer esango zegoen; nik, ordea, ezin esan hura lasai zezakeen ezer. Gainera, Hermann deseroso zegoen amaren jardunarekin. Oinetakoak lotu zituen lehendabizi, jaka jantzi zuen gero:

Goazen!, agindu zidan.

Ez zitzaidan bidezkoa iruditzen Hermannen ama erantzunik gabe uztea, eta aleman batek jaiotzen denetik dakiena esan nion:

Ikasi nahi duenarentzat, armada da eskolarik onena.

Dezepziozko muzin teatrala egin zuen. Niri begira hitz egin zuen, baina semearentzat:

Baina, Werner! Ikasle ona zarela esaten dit Hermannek: ez galdu guk izan ez genuen aukera. Bestela ere nahiko soldadutza izango duzue, Alemanian ez gaude horren faltan.

Antzezle abila zen, inondik ere. Noiz histerikoa irudituko zitzaizun, noiz adeitsu eta gozoa: unean uneko komenientziaren araberako jarrera erakusten zuen egokiera guztietan. Eta une hartan semearentzat ari zela jakinda ere, ni libratu ezinik nengoen haren sedukzioaren saretik:

Zu sartu zarenean, ondo pentsatzeko esaten ari nintzaion Hermanni. Legea betetze hutsa ere opari handi bat da armadarentzat. Den-dena eman behar al diozue, zareten guztia? Nire esku balego…

Airean utzi zuen esaldia. Hermann ordurako jantzita zegoen, kalerako prest. Eskua paparrera eraman eta lepoa goititu zuen. Begiak gorrotoz beterik, erronkari mintzatu zitzaion amari:

Zuk galaraziko didazu? Zuk? Armadan sartuko naiz! Zuk nahi izan ala ez!

Ama eserlekuan bihurritu zen eta aurrean arrotz bat balu bezala begiratu zion semeari. Unetxo bat iraun zion nahasmenduak, eta berehala eutsi zion neurritasunari:

Zoazte, berandutu egingo zaizue bestela, esan zigun naturaltasun osoz eta ama-semeen artean ezer gertatu ez balitz bezala.

Ahal nuen adeitsuen agurtu nuen, eta kalera irten ginen.

Elurrak atertu bazuen ere, ipar-haize zorrotza zebilen, eta arin-arin abiatu ginen, lagunek aspaldi behar zuten-eta billar-aretoan. Ama-semeen arteko eszenaren tentsioa nuen buruan, Hermannen hitzak belarrietan. Zuk galaraziko didazu, zuk? Nik ezagutzen ez nuen historia bat laburbiltzen zuen destaina hark, eta zurrunbilo zakar batetik itzurita nengoela iruditzen zitzaidan: oso hurbil egon nintzen errealitate gordin baten sakoneko egia ezagutzetik. Ia azkeneraino iritsi eta esku hutsik geratu izanak nahigabetzen ninduen: zenbat sufrimendu zegoen Hermannek bere amari erakutsi zion destainaren atzean, nik ez nuen sekula jakingo. Agian, berek ere ez.

Geure baitara bilduta gindoazen. Noizbehinka zeharka begiratzen nion Hermanni. Amarekin egon ginen bitartean erdeinagarria egin zitzaidan semearen jarrera, baina, etxetik irten orduko, sufritzen ari zela ikusi nuen, eta errukiz bete zitzaidan barrena. Nik lagundu egin nahi nion, kontsolamenduzko zerbait esan, bere alde edozer egiteko prest zegoen laguna nintzela adierazi, baina ez nekien nola, zein hitzekin.

Gainera, susmatzen nuen ez zuela ondo hartu nik bere amari erakutsitako adeitasuna. Deseroso nengoen horregatik ere, frau Monika lasaitzea izan baitzen nire asmoa eta ez Hermann atsekabetzea. Barkamena eska niezaiokeen, baina banekien okerragoa zela. Berak nahi zuenean eta berak nahi zuen moduan askatuko zuen mina, iritsiko zenik ere ez nekien une horren zain egon beharra neukan. Orduan zuritu ahal izango nuen nire jokabidea, inoiz zuritzekotan.

Hunkituta nindukala idatzi dut goraxeago. Hermann ezagutu zuen batek lerrook irakurriko balitu, harritu egingo litzateke:

Hunkitu? Nork, eta Hermannek inor hunkitu? Bo, bo! Zer zen ba tipo sentiberatasunik gabea!

Halaxe itxura. Nik, ordea, gure inguruko jendearen guztiz bestera ikusten nuen Hermannen jokabidea: bizkarra eman nahi zien aitari eta aitak eragindako lotsari, nolako egurra halako ezpala esaerak dioena ukatu nahi zuen dudarik gabe. Sekulako izua zion aitarena errepikatzeari. Hortik Hermannen gogor planta, arretan arrena zela frogatu beharra, maritxu-zirkin bakar bat ere ez barkatzea bere buruari. Hala ere, ez zen sentiberatasunik gabea, ez zen bihotz gogorra. Hermannek proposatutako ekintzaren bat gehiegizkoa iruditzen zitzaigunean, aski zuen gutariko batek esatea:

Begiraiok, herr, hi hoan tokira noak neu ere, askotan esan diat, baina atso maingu bat izutzeak ez gaitik gizonago egingo.

Kolpean haserretu egiten zen, baina berehala egiten zuen atzera: gizontasuna zuen egitekoen eta ez egitekoen neurri, arrago izaten lagunduko zioten ala ez erabakitzen zituen ekintzak, harremanak, ikusi nahi zituen pelikulak, edariak. Ahuldaderik ez, femeninotzat jotzen ditugun fintasunaren edo forma gozoen arbuioa, artasunaren defentsa.

Oso adibide arrunta badirudi ere, pilotu izateko behar omen den artasunak zerikusi handia zuen Hermannek zidan estimuan:

Barrabilak beren tokian, Luftwaffe-koek, esaten zidan usu.

Zergatik ez zuen berak ere pilotu izan nahi? Asko ikasi behar zelako, eta horixe gustatzen zitzaion gutxien. Uste zuen gehiegi ikasteak ahultasuna ekartzen duela, degeneraziora eramaten gaituela:

Tanke bat gidatzeko ez zagok fisika, mekanika eta meteorologia ikasi beharrik, eta eskerrak; ikasia izateak ez dik ezer esan nahi, bota zidan behin. Eta gero erantsi zuen: Hori esan zidatek niri.

Beti zegoen itzal handiko auskalo nor Hermannek esandakoen atzean: Hori esan zidatek niri. Kontaktuak ditik, komentatzen genuen lagunok ahapeka eta mirespenez. Kontaktuak zeuzkan, eta horren inguruko misterioa zabaltzea maite zuen. Bere banitatea hauspotzeko? Baliteke, ez nuke ezetzik esango, baina bazegoen banitatea baino arrazoi sendoagorik haren jarreran: boterea. Bera zen, alde handiarekin, informazio gehienaren jabe, eta maisuki administratzen zuen. Agintzen duenak ez du argibiderik ematen, obeditzen ikasi duenak ez du argibiderik eskatzen. Logika horren araberako liderra zen Hermann.

Hik esaten duana, Herr!, errenditzen gintzaizkion.

Zalutasuna eta ausardia txalotzen genizkion eta egoera zailenetan erakusten zuen patxada miresten. Alkoholak ere lidergoari eusten laguntzen zion, gibel osasuntsu baten jabe zenak abantaila handiak baitzituen gurea bezalako talde batean. Hermannek ez zituen sekula oreka eta argitasuna galtzen. Taldeko gehienoi, justu kontrakoa gertatzen zitzaigun, eta garagardo eta snaps batzuk edan orduko, hark baino errazago galtzen genituen piura onaren neurriak. Hermann, ordea, ez nuen inoiz neurritasuna galduta ikusi. Hori ere alde zuen: barauan eta hordian ezagutzen gintuen gu.

Katedraleko arkupeetara heldu ginelarik, Marck *Kaskagorri* ikusi genuen billar-aretotik balantzaka irteten. *Simplicisimuss* aldizkari satirikoko karikatura bat ematen zuen. Zutabeetako batera iritsirik, burua bertan pausatu eta botaka hasi zen.

Hermannek hitzetik hortzerako ateraldia izan zuen:

Hori kiratsa, zerri baten uzkia jan duk, ala?

Hire aitatxori ikasitako errezetarekin, erantzun zion Marckek, artean oka eta hizketan orduantxe ikasi izan balu bezain ele zezel.

Begiak gorrotoz gorri eta kokotsa hiraz dardarka, Hermannek lurretik harri bat hartu eta elurraz bildu zuen. Gero, paparretik heldu zion Marcki, eta aho betean jo zuen elur bolaz:

To, errezeta, miazkaiok uzkia!

Jo eta jo hasi zitzaion, beti ahoan, amorruak eroturik. Alferrik ziren Marcken txilioak, alferrik nire erreguak, Hermannek jo eta jo jarraitzen zuen. Marckek odoletan zituen hortzak, odola zerion kokotsean behera, gero eta odol-zipriztin ugariago ikusten ziren elurretan.

Kolpe bakoitzaren ondoren elur-bola erakusten zion Hermannek, eta, keinu lizunak eginez, esaten zion:

Ikusten duk hau? Miazka, miazkaiok uzkia!

Odolari diodan higuinari kontra egin eta Hermann apartatzea lortu nuen. Marckek gorri-gorri eta kolpe-arrastoz josia zuen aurpegi osoa. Intzirika egiten zuen negar.

Biak elkarri begira geratu ziren apur batean herra handiz. Marckek, begirada jaitsirik, zakur jipoitu batek baino errukarriago alde egin zuen.

Zaindu ezak piorrea, bota zion Hermannek atzetik, tonu ilun batez. Goazak, esan zidan gero niri, eta besoa pasatu zidan bizkar gainetik ezer gertatu ez balitz bezala.

Billar-aretoan sartu ginen. Ez genuen Marcki eman zion jipoiaz hitz erdirik esan. Ez orduan eta ez inoiz.

13

MODU UGARI NEUKAN Alemaniaren alde egiteko eta ahal nuen guztian laguntzen nuen. Ez nintzen bakarra, gauza bera egiten zuen nik ezagutzen nuen neska-mutil askok. Botila hutsak batzen genituen etxez etxe garagardogile eta dendariei saltzeko; jasotako dirua, Alderdiaren hainbat sorospen-erakundetara bidaltzen genuen. Harrapatzen nituen seilu guztiak bildu, eta haiei etekin filantropikoa ateratzen zien Alderdiko erakunde filateliko batera bidaltzen nituen. Burdina edo kobrea, kartoiak, baztertutako arropa, teilak, ferrak, karburodun lanpara zaharrak, denetarik jasotzen genuen eta beti zegoen Alderdiarekin zerikusirik zuen erakunderen bat guk jasotakoari errentagarritasuna ateratzeko prest.

Arropa zaharraren bila ari ginen batean ezagutu nuen frau Gerda.

Egia esateko, aspalditik ezagutzen nuen, ia egunero ikusten nuen-eta, etxetik gymnasiumera nindoala, puntua egiten eta puntua egiten bere etxeko balkoi beiradunean. Amona Erikaren adin bertsukoa, gaztetan elkarrekin ibiliak ziren eskolan, baina egunen batean haserretu egin ziren, ez dakit ondo zergatik, amonak ez zuen-eta hartaz hitz egin nahi izaten. Behin amari entzun nionez, amona Erika asko mindu zen naziek Faulhaber kardinala harrikatu zutenean; orduan utzi omen zion Hitlerrengan sinesteari, eta jende askorekin hautsi zuen nonbait kardinala defendatzeagatik. Agian frau Gerdarekin ere bai? Nire hipotesia da, ez besterik. Nolanahi ere, amonak beti esaten zuen frau Gerda erotuta zegoela, ez zela batere parte onekoa haren puntua egin behar sukartsua. Katolikotasunaren eta Hitlerren artean aukeratzeko premia izan zuenean, amonak katolikotasuna hautatu zuen. Ez nengoen ados, baina ulertzen nuen: amona Erika garai iragan bateko pertsona zen. Eta frau Gerda? Ero bat: ezin zitzaion beste modu batean deitu egun osoa galtzorratzei eragin eta eragin aritzen zen atso zahar bati.

Hartan, behintzat, amona Erikak arrazoi zuen.

Ero bat: errazago eramaten nuen amona Erikaren katolikotasun sutsua, eromena baino. Gerra Handiak eragindako zoro, itsu, maingu eta herren ugari ikusten zen bazterretan, haietako askok Estatuaren kontura ateratzen zuen bizimodua. Niretzat, porrotaren hondakinak ziren, zaborra: eritasun fisikoak pixkana-pixkana barneko dohainak ere ahuldu egiten dituelakoan nengoen, nahiko garbi ikusia nuen hori etxean, eta seguru nengoen frau Gerdaren zorotasuna ere aitaren herrena bezalako kasu bat izango zela.

Behin, trapu zaharrak biltzen ari ginen hartan, frau Gerdaren etxe paretik igaro ginen, eta Hermannek eskua jasota agurtu zuen. Tratua duk atso ero horrekin?, galdetu nion. Kopeta belztu eta aldartea ilundu zitzaizkion, *atsoa* deitzeaz gainera, erotzat hartu nuelako. Ez nuela ezagutzen, ez nekiela zer den Alemania maitatzea. Mirespen handiz hasi zitzaidan frau Gerdaz hizketan. Munduan aleman onik bazegoen, Soldaduen Amona zela huraxe (hala deitu zion Hermannek, *Soldaduen Amona);* ia astero joaten zitzaiola bisitan eta ez zela horretaz lotsa.

Hator nirekin, egin zidan gonbita.

Nik ez nuen gogo zipitzik, baina Hermanni halako moduz eman zion kasketak frau Gerda ezagutu behar nuela, ezen besotik heldu baitzidan eta ezkaratzeraino eraman. Arropa zaharren zakua zoko batean utzi eta, eskaileretan gora gindoazela, ez dakit zenbat urte lehenago gertatutako istorio bat kontatu zidan. Elur ekaitz batek mendiko praktikak egiten ari ziren bost soldadu harrapatu omen zituen bete-betean. Egunak behar izan zituzten gorpuak elur azpitik ateratzeko. Soldaduetako bat frau Gerdaren semea zen, zuen bakarra. Tragedia haren ondoren, puntua egite sukartsuari ekin zion.

Frau Gerdaren etxe-sarrerako kanpaitxoari eragin zion Hermannek. Zain gelditu ginen. Berehala, ahots mehe bat entzun genuen *aurrera!* esaten. Hermannek bultzada txiki bat eman zion ateari. Berez eta inolako karrankarik egin gabe zabaldu zen.

Korridore ilun estu batetik, balkoi beiraduna zuen egongela argitsu batera eraman ninduen. Hantxe zegoen frau Gerda, balkoitik sartzen zen argiak eskortzoan ematen ziola. Buruaren atzealdean, motots zuria saretxo batean bildua; betaurrekoak, sudur-zubia baino dezentez beherago jarriak; belaun-ondoak, laukidun manta gorribeltz batez estaliak, eta oinak, artilezko galtzerdiz. Vermeer-ek bere koadroetarako baliatu zuen eszenatxotzat har zitekeen, izan ez balitz frau Gerdaren atzean zegoen kandela gorri batez argiztaturiko argazki batengatik: argazkian, bere semea, mendiko soldadu jantzian eta bi eskiri zutik eusten ziela.

Gozo hartu gintuen emakumeak, baina puntu egiteari utzi gabe. Hermannek bi musu eman zizkion. Barrenak ez zidan halakorik eskatzen, eta atzean geratu nintzen, Hermannek erakusten zizkion txera eta abegia ulertu ezinez: nire lagunaren jarduera beraska hartan ez nuen antzematen hain ondo ezagutzen nion ezpal gogorra.

Hausnarreko aldartean ni, emakumeak hatzak klaskatu zituen eta hurbiltzeko eskatu zidan. Esana bete nuen. Frau Gerda aurpegira begira geratu zitzaidan, inoren antza hartzen ariko balitzait bezala. Azterketak, ordea, ez ninduen urduritu, haren begirada ezinago adeitsua egin zitzaidan-eta.

Hartan, izena galdetu zidan frau Gerdak.

Lindemann. Werner Lindemann, nik.

Lindemann? Hara, ba!, egin zuen frau Gerdak, eta oroitzapenen baten bila aritu zen bere kabutako txokoren batean.

Amona Erikaz gogoratu nintzen. Hobeto esateko, frau Gerdaren eromenaz esaten zituenak etorri zitzaizkidan burura, baina emakumeak ezin gintuen Amona Erika eta ni lotu, aitona Karl baitzen Lindemann, eta ez amona. Hala ere, horretaz konturatzeak ez ninduen lasaitu, frau Gerdak niri begira segitzen baitzuen, kopeta zimur-zimur, nire deiturak zerbait oroitaraziko balio bezala.

Noizbait, jakin-minez hitz egin zuen:

Orain hogei bat egun, soldadu baten gutuna jaso nuen oparitu nion jertseagatik eskerrak emanez. Lindemann zuen deitura, bi enerekin baina. Ez zara haren ezer izango? Koblentza-koa zen.

Neurea ere bi enerekin da, baina ez dut seniderik Koblentzan, erantzun nion.

Nire familiaren berri lausoa eman nion, amona Erika aipatu gabe. Frau Gerda ez zen koska hartan gehiago saiatu, eta beste kontu batzuei buruz hasi ginen. Solasketa gozoa zuen, ez zitzaion eromenaren inolako zantzurik ikusten; aitzitik, oso ondo lotzen zituen kontuak, haririk galdu gabe, eta, garrantzizkoena iruditzen zitzaidana: Alemaniaren aldeko hitzak zorrotzak eta pitzadurarik gabeak ziren eta, batez ere, erakarmen handiko tonuan esanak. Su on gozoa zegoen haren barruan, nabari zuen pozik bizi zela zer nahi huraxe eginez.

Badakit oso kontu bitxia dela mutil nerabe bat guztiz liluratzea apenas ezagutzen duen emakume erkin adineko batekin (frau Gerda gaztetasunetik bezain urrun zegoen ederra edo itxura atseginekoa izatetik; eta ordu arte ikusitakoaren arabera, are urrunago zegoen aberatsa izatetik); hala ere, ezingo nuke egun hartan sentitu nuena adierazi lilura edo xarma bezalako hitzak erabili gabe. Harrezkero, ezagutu ditut pertsona batzuk psikoanalisia baliatzen zutenak niri ulertezina egiten zitzaidan hainbat jokabide esplikatzeko. Ni neu ere saia ninteke intuitzen ditudanak agertzen (ez da zaila nik garai hartan Alemaniaz nuen ama babeslearen irudia eta frau Gerda lotzea), baina ez, ez dut betazalik erre nahi frau Gerdak sortu zidan lilura esplikatzen. Judua nintzela jakin aurretik besterik uste banuen ere, ez dago zertan dena argitara ekarri: misterioak ere bere tokia behar du.

Ordutik, sarritan izan nintzen frau Gerdarenean (etxean ez zuten joan-etorrion berririk), eta hilean bizpahirutan egiten nizkion bisitetan ikusi nuenez, egun osoa ematen zuen, goizetik gauera, puntua egiten. Lanari utzi gabe, galderak egiten zizkidan. Noiz joan behar nuen soldadu, zergatik nahi nuen pilotu. Galdera gehienek armadarekin zuten zerikusia. Bere gustuko zerbait erantzuten nionean, frau Gerdak burua jasotzen zuen, betaurrekoak igotzen zituen sudurrean gora begi pareraino, begiak kizkurtzen zituen ni hobeto ikusteko eta irribarre egiten zidan.

Frau Gerdarentzat ez zegoen jairik ez atseden egunik. Eguneroko enkarguak egiteko tartea kenduta, etxean sartuta egoten zen beti. Bazirudien artile-lana zela zeruak eman zion eginkizun bakarra. Arreta osoa puntua egiten jarria, eta kemena hatzetan, haren itxurak harritzeraino ahula ematen zuen lehen begiratuan, baina gauza bat esaten zuen Frau Gerdaren gorputz erkinduak eta beste bat haren mugimenduen bizitasunak, eta ikustekoa zen zein bizkor pasatzen zuen haria hatz-mami zailduen artetik. Artilezko galtzerdiak, jertseak, goanteak, txanoak egiten zituen. Soldaduentzat. Jantzi bat bukatu ahala, txukun-txukun tolestu eta kartoizko kutxa batean sartzen zuen. Galtzerdiak galtzerdiekin, txanoak txanoekin, jertseak jertseekin. Aldian behin, Alderdiko morroi bat etortzen zitzaion, auto beltz batean, kutxen bila.

Frau Gerdaren etxean lehendabiziko aldiz izan eta handik hilabete gutxi batzuetara, Hitlerren esker oneko gutun bat erakutsi zigun emakumeak. Orduantxe jaso zuela. Pozezko azalpen batzuen ondoren eta gure euforia apaltzen saiatu eta gero, puntua egiten jarraitu zuen egunero bezala. Biharamunean, ordea, soldaduentzat arropa egiten zuen amonaren berria agertu zen hiriko prentsan; egunkari batek Hermannen bisitak aipatzen zituen eta hark asmatutako *Soldaduen Amona* espresioa. Egunkariek albisteari eman zioten garrantzia ikusita, argi eta garbi geratu zen gutuna ezagutarazteko iniziatiba Hitlerren ingurutik irten zela, eta ez nire lagun Hermannengandik; eta ziurtasun osoz esan dezaket, halaber, gutun hari inork probetxurik atera bazion Hermannek atera ziola.

Kea zeruan nola, halaxe desagertu ziren hirian frau Gerdaren eromenari buruzko esamesak, udalak omenaldi bat egin zion, jende askok ezagutu nahi zuen Soldaduen Amona.

Gutunak eragindako zalapartaren ondorentxoan, bakarrik joan nintzen batean –negu gordina zen eta elurra ari zuen–, sukaldean aurkitu nuen frau Gerda, sosegurik hartu ezinda. Hotzarengatik izango zela pentsatu nuen, manta batean bil-bil egin eta sutondoan baitzegoen, puntua egiten hala ere. Suak ez zuen indarrik, eta han ez zen berorik. Sototik ikatza igo eta sua bizituko nuela esan nion. Frau Gerdak, ezetz, eta egongela seinalatu zuen galtzorratz bat airean jasorik. Bertara joan nintzen. Arropaz beteriko kartoizko kutxa asko zegoen han pilaturik.

Sukaldera itzuli nintzen. Frau Gerdak bizkarra tentetu zuen apur bat:

Gure soldadu gaixoak Wetterstein-en hotzak akabatzen eta Alderdiko morroia agertzen ez!, esan zidan atsekabeturik.

Emakumea lasaitzen ahalegindu nintzen. Egun hartan ez bazen, hurrengoan agertuko zela morroia. Elurragatik atzeratuko zela, bideak ez zeudela oso seguruak autoan ibiltzeko. Alferrik, nire argumentuek ez zuten baretzen. Azkenean, Alderdiaren egoitzara joango nintzela agindu behar izan nion.

Begiak arranpalo gelditu nintzen harrerako arduraduna Klaus zela ikusita. Oso bakanetan ikusi nuen Odeonen ezagutu nuenetik, handik gutxira beste mutil bat agertu baitzen pelikulak proiektatzera.

Adeitsu agurtu nuen. Goitik behera begiratu zidan, begi hotz eta desatseginez. Nahastu egin ote nintzen pasatu zitzaidan burutik, baina haren aurpegiko orbanak agerian jartzen zuen nor zen aurrean neukana. Batere interesik gabe entzun zuen haraino eraman ninduen arrazoia. Agiriak eskatu zizkidan. Nagitasunez begiratu zituen haiek ere. Eskaera-orri bat pasatu zidan. Bete nuen, begiratu zion, itxoiteko agindu zidan, Marneko batailan parte hartu zuten tropak gidatzen ariko balitz bezalako aire militar batez. Aulki batean eseri eta zain geratu nintzen. Itzuli zen, itxaroteko zirkina egin zidan. Igaro zen nik al dakit zenbat denbora, eta aldi hartan guztian Klausek ez zidan begiratu ere egin. Auskalo batean, gizon lerden bat agertu zen militar jantzian eta nik betetako eskaera-orria eskuan zuela. Bero-bero hitz egin zion Klausi, kontuak eskatuz eta zirriparra zakarrean. Bidaltzeko segituan norbait Soldaduen Amonaren etxera. Klausek, umil--umil, alde egin zuen agindutakoa betetzera: von Kluck jenerala bera ere ez zen lotsatuago sentituko Marneko bataila galdu eta, buelta emanda, atzera egin behar izan zuenean.

Nire lana bukatutzat jo eta banindoan etxera; militarrak geldiarazi egin ninduen:

Soldaduen Amonaren partetik bahator, Hermannen laguna izango haiz.

Nik, baietz, eta aurkezpenak egin genituen. Nire izen--deiturak entzun zituenean, ezpainak izurtu zituen espero zuen erantzuna eman izan banio bezala. Hermannek askotan hitz egin ziola nitaz, eta elkarren arteko tratu sarria balute bezala hitz egin zidan Hermanni buruz. Bostekoa eman genion elkarri. Gizalege handiz hartu ninduen militarrak, eta esker onez bete zitzaidan barrena: Hermanni zor nion, neurri handi batean, militarrak erakutsi zidan begirunea.

Horrela ezagutu nuen Andreas Keun, eta hitzari hitz, armadan izena eman nahi zuten hiriko gazte boluntarioen arduradunetako bat zela atera nuen haren solasetik. Hegazkinlari izateko nire gogoaz hitz egin ez egin egon nintzen, ez nekien-eta hura ote zen momenturik onena hartarako. Kale edo bale egitekotan nengoela, Andreas bera aurreratu zitzaidan eta nire asmoez galdetu zidan. Espero ez nuen opari eder hark adoretuta, pilotu izan nahi nuela esan nion. Banekiela gazteegia nintzela artean izena emateko, baina ez nuela besterik buruan, goizero-goizero ekiten niola prestakuntza fisikoari eta hegazkintzari buruz topatutako guztia irakurtzen nuela. Familiakoek zer zioten galdetu zidanean, jakinaren gainean zeudela esan, eta adina beste arazorik ez banu bezala hitz egin nion.

Begiak argitu zitzaizkion. Ematen zuen ezusteko perla bat aurkitu zuela nigan. Adina galdetu zidan. Urteak esateaz gainera, hilabeteak ere esan nizkion.

Ez zaik hainbeste ere falta hemezortzi urte egiteko, Andreasek. Hi bezalako jendearen premia ditek eta nork daki. Hoa eta emak izena, agian hik uste baino lehen deituko diate.

Adlerhaus aerodromoa aipatu zidan. Eraiki berria zela, ez zegoela hiritik urruti. Ezagutzen ote nuen. Nik, entzutez ezagutzen nuela; hangoak zirela goiz askotan sentitzen nituen Heinkel hegazkinak; ateratzen zuten hotsa nahastezina zela; ikustekoa zela haien malgutasuna zerutik ia lurreraino abiada bizian jaitsi, bonbardaketen eta tiroketen imintzioak egin, eta berriro ere oso denbora laburrean altura hartzeko orduan; beharrezkoa zela malgutasun hura antiaereoen erasotik libratzeko:

Arrano ehiztari batzuk bezalakoak dira, airean atzera-aurrera, begiak erne etsaia nondik agertuko. Harrapakina begiztatutakoan, ziztuan jaisten dira, ia harri bat bezalaxe, zuzen-zuzen. Ra-ta-ta-ta! Garrantzitsuak dira trebetasuna eta abiadura berriro gora egin eta etsaien erasotik libratzeko.

Suhartasun handiarekin hitz egingo nuen, Andreasek barre egin zuen behinik behin. Kolpe adeitsu bat eman zidan bizkarrean:

Ikusten diat badakiala zer nahi duan. Gomendiozko gutun bat prestatuko diat. Ea zorte ona duan.

Andreasen hitzek bihotza pozez gainezkatu zidaten, baina elkarri agur esatera gindoazela, inondik ere espero ez nuen kontu harrigarri bat aipatu zidan:

Hermann ere hi bezala zegoan, gazteegia delako dudatan, baina bete ditik bete beharreko agiri guztiak, eta onartu ditek.

Sor eta lor geratu nintzen, Hermannek ez zuen-eta inolaz ere pilotu izan nahi.

Non? Adlerhausen?

Ez, gizona, lurreko armadan, non hobeto, egunen batean handik Leibstandartera jauzi egin nahi badu? Plöengo Akademia Militarrean eman dik izena. Datorren hilabetean hasiko duk bertan.

Biharamunean, Hermannekin elkartu nintzenean, zain egon nintzen, berak noiz esango zerbait. Ez zuen asmorik agertu eta neronek galdetu behar azkenean. Andreasek emandako informazioa baietsi zidan, baina oso lehor, xehetasunetan sartzeko batere gogorik gabe:

Zer uste huen? Hemen geldituko nintzela tripetako zizareak jaten, lagunak nire amari koipea ematen dion bitartean?, esan zidan zakar.

Jiratu, eta alde egin zuen. Horiexek izan ziren denbora luzean entzun nizkion azken hitzak.

14

ONDO BEGIRATZEN BAZAIO, gazte sasoiko ilusioek pisu handiagoa hartzen dute gure oroitzapenetan, ametsen gauzatzeak baino. Ilusio haiek bazkatu genituen eta haiek bazkatu gintuzten. Eta orain, konbentzituta nago bizitza ez dela gaztetako ametsen porrota besterik. Nirea horixe izan da, behintzat. Zer nahi nuen eta nahi nuenak zer ekarri zidan ikusi ondoren, Artikoko izotz-pusken erdian betiko harrapatuta gelditu den ontzi-ohol ezdeus baten moduan ikusten dut neure burua; porrotaren zapore mikatza ahosabaiari itsatsita gelditu zait betiko. Horretaz jarduteko, ordea, hegazkin-pilotu izateko ahalegina kontatu behar dut lehendabizi, nola saiatu nintzen, zer gertatu zitzaidan.

Oporrak etorriko ziren, eta zer egin erabaki behar nuen. Gazte guztiek bezala, eskura nuen udako kanpamenduren batean izena emateko aukera. Baina nik, Andreas Keunek gomendiozko gutuna eman zidanetik, Adlerhauseko pilotu-eskolarekin egiten nuen amets.

Aita ohi baino lehenago erretiratu zen gau batez, nire asmoen berri eman nion amari.

Ez zaitez joan, erregutu zidan amak ahots itoaz.

Zergatik ez? Aitarengatik?, nik.

Gazteegia zara oraindik, erantzun zidan. Ez zuen ezer esan aitaz.

Badakit, ama, hemezortzi urte behar dira pilotu ikasketak hasteko. Baina izena orain ematea komeni da.

Egun batzuk lehenago Andreas Keuni entzun nizkion argudioak baliatu nituen, baina muturreraino eramanez: gazte askok ikasi nahi zuela aerodromoan, baina gehien setatzen zirenak baizik ez zituztela hartzen; horregatik komeni zela izena ahal zen lasterren ematea.

Eta erantsi nuen:

Agintariek bokazioa duzula ikusi behar dute: biziki estimatzen dituzte A.D. jarrera duten gazteak.

A.D. jarrera?, amak, urduri. Izua zien siglei, esaten zuen deabruaren mozorroak direla.

Ez nuen eztabaidarik nahi, eta, pazientzia bildurik, ahal nuen tonu eramankorrenean erantzun nion:

Ad Dispositionem. Hala deitzen diote aberriaren alde prest egoteari. Eta erantsi nuen: Orain izena emanda, errazago onartuko naute datorren urtean.

Amak hasperen sakona egin zuen. Mediku ikusi ninduen beti. Ez zuen beste ametsik. Eskua hartu zidan:

Pilotu! Badira hori baino aukera hobeak...

Eszena hura lehenbailehen amaitzeko gogoa areagotu zitzaidan. Zakarkeria leuntzen saiatu nintzen:

Ez, ez dira.

Eguzkia lainoren baten atzean ezkutatuko zen, bat-batean gela ilundu egin baitzen. Amaren ametsari, berriz, seme medikuaren irudia ezabatu zitzaiola ikusi nuen, etsipenezko suspirio bat egin baitzuen:

Noiz duzu izena emateko asmoa?

Oraindik ez dakit.

Gezurra, hurrengo eguna zen-eta Adlerhausera joateko egun seinalatua.

Goizean goizik jaiki nintzen, ariketa fisikoak egiteko orduan, batere etenik gabeko lo bakarra eginda. Ez zen inolako hotsik aditzen. Igandetako arropa jantzi nuen. Mahaitxoaren beheko tiradera zabaldu eta gutunazal handi bat atera nuen elastikoen azpitik. Azala zabaldurik, egun haietan bildutako gymnasiumeko agiriak, udaletxekoak, poliziarenak errepasatu nituen. Denak han zeudela ikusi nuen enegarren aldiz. Janzterakoan edo orri-pasan ateratako hotsek gurasoak esnatuko zituztela iruditzen zitzaidan. Gutunazala jakaren galtzarbe ondoko patrikan gorde, eta hanka--puntetan egin nuen sarrerarainoko bidea. Zer entzungo egon nintzen. Gurasoak, lo. Arreta osoz zabaldu nuen atea. Zeru urdintzen hasiari argi urretsua zerion. Arnasa hartu nuen sakon.

Etxeko atea itxi nuen unean, auzoko zakur bat zaunka hasi zen, gizakiok nagiak kentzerakoan ohi dugun axolagabekeriaz. Haritz-aldaxkari begiratu nion. Urtebete pasatxo zen aldatu nuela. Sendo zetorren. Enara batek hegaldi laburra egin zuen etxearen teilatupeko habia ezkututik eltxoren baten bila, gero berriro habiara itzultzeko.

Atzean utzi nituen etxea eta lorategi txikia. Gure kaleko etxe-ilaren kantoira iritsi nintzen. Iruditu zitzaidan jendeak begiratu egiten zidala espaloietatik, ogia erosten genuen okindegi barrutik, etxeetako errezelen atzetik. Burua makurtu eta arin-arin ekin nion bideari. Opil egin berrien usainak lagundu zidan tranbiaraino. Txartela ordaindu eta libre zegoen eserleku bakarretako batean eseri nintzen. Tranbiako usainek opil egin berriena estali zuten. Sagar bat ez hartu izanaz damutu nintzen, baraurik bainengoen.

Leihotik begiratu nuen. Gero eta jende gehiago zebilen kalean, batzuk bizikleten pedalei eraginez, gehienak oinez, baina denak presaka, elkarri diosala egiteko astirik hartu gabe. Kamioi militar batekin gurutzatu ginen. Tranbiako gidariak ezkilari eragiten zion aldiko, bihotzak jauzi egiten zidan, ni banintz bezala tranbiak azpian harrapatzeko arriskuan zegoena. Aldian behin eskua eramaten nuen galtzarbe ondora, eta agiriak jaka--barreneko patrikan zeudela sentitzeak pixka baterako lasaitzen ninduen.

Tranbiatik, trenera. Jende asko zegoen geltokian eta nasetan, nor bere trenaren zain. Jardun builatsua. Kafesne bat hartu nuen tabernan, bi sagar erosi nizkion nasaz nasa zebilen saltzaile bati. Aurpegiz ezagutzen nituen mutil batzuk ikusi nituen Adlerhausera eraman behar gintuen trenaren lehendabiziko bagoian sartzen. Bertaraino joan nintzen lasterka. Gaztez gainezka zeuden jada leihoak, sekulakoa zen zalaparta. Bertan sartu ez sartu egon eta gero, hobe bakarrik, pentsatu nuen. Beste bagoi batera joan nintzen. Egingo zizkidaten galderak asmatzen entretenituko nuen bidaia, Fokker eta Heinkel hegazkinen ezaugarriak errepasatuko nituen mentalki, kontzentratuta iritsiko nintzen Adlerhausera.

Hiruzpalau nekazari, maistra itxura zuen emakume betaurrekodun bat eta txartel-zulatzailea igo ziren nirekin batera. Aurrez aurreko eserleku doble gehienak erdi hutsik zeuden. Inor ez zegoen batean eseri, eta erregu egin nuen ez zedila inor jarri nire inguruan. Pauso-hotsak, poltsa eta maletenak, esaldi laburrak. Pasilloan hona eta hara zebiltzan bidaiarien ibilerekin entretenitu nintzen, nork nora jotzen zuen begira. Bibote gris sarridun bidaiari bat eseri zen laster nire parean. Kapela jasotzeko imintzio labur batez agurtu ninduen. Zigarro bat piztu eta lau dobla egindako egunkari bat atera zuen jakaren sakelatik. *Der Freiheitskampf.* Egunkari hura ez zen gure etxean sartzen. Nik atsegin nuen. Gizonak egunkaria zabaldu zuen. Azalak argazki bakar bat zekarren, handia. Frankfurter juduak lau tiroz hil zuen Gustloff aberkidea neukan bertatik begira. Orriaren goia alderik alde hartzen zuen letra beltz lodiko titularrak ere Frankfurterren epaiketa zuen albiste. Titularreko *juif* hitza besteak baino handiagoa zen eta beltzagoa. Gizonak egunkaria doblatu zuen zerbait arretatsuago irakurtzeko, eta Gustloffen argazkia desagertu zen. Aldian-aldian, buruaren goitik beherako mugimenduak egiten zituen irakurtzen ari zena onesteko. Horregatik eta zigarroari tiratzen zion moduagatik, begi-bistakoa zen irakurtzen ari zenak interes handia pizten ziola.

Aerodromoko arduradunen bat izan zitekeela pasatu zitzaidan burutik. Ez zuen begirada jaso egunkaritik, baina nik neurea jaitsi nuen instintiboki: bera izan zitekeen nire izen-emateaz arduratuko zen militarra!

Oso gogoan ditut xehetasun horiek guztiak, iltzatuak geratu zaizkit betiko. Egun handi bat espero nuelako? Urtebete baino gehiago saiatu ondoren gorputza zailtzen eta hegazkinei buruzkoak ikasten, bizitza berri bati ekiten ari nintzela sentitzen ote nuen? Nire barrena oso urruti zegoen suhartasun euforikotik: beldurra ez bazen, beldurraren oso hurbilekoa zen sentitzen ari nintzena. Ez nuen aerodromoan galdetuko zidatenari buruzko kezkarik, ondo prestatuta neuzkan-eta galdetegiko gaiak, ondo hausnartuta pilotu-eskolan izena emateko arrazoiak. Ez, beste klase batekoa zen nire beldurra edo dena delakoa. Zerk sortua, ez dakit, baina esturak hartuta nengoen, behin eta berriro galtzarbe ondora eramaten nuen eskua, leihotik begiratzen nuen noiz ikusiko hegazkinen bat zerua zeharkatzen.

Ondo zehazten ez dakidan beldur-edo hori barruan nuela egin nuen, bada, bidaia.

Adlerhauseko geltokira iristen ari ginela, itxitura handi bat ikusi nuen berrehun bat metrora, bi muino txikiren soilgune zabal baten erdian. Trena gelditzen hasi ez balitz, eta itxiturako ate nagusian ikusi ez banu *Adlerhaus* zioen errotulu handi bat hegazkin baten marrazkiarekin, ez nuen asmatuko aerodromo bat zegoela burdinsarezko hesi altu herdoilduaren barrutian. Kanpoko itxurak dezepzionatu egin ninduen, hesiak eta sarrerak ez zuten nik hainbestetan amestu nuen bikaintasunik.

Jaiki nintzen. Nire aurrean eserita zegoen gizonak egunkaria dobla-dobla egin eta jakako sakelan gorde zuen.

Zorte on!, opatu zidan irriño adeitsu batez, baina ez zen jaiki. Bidaia hura sarritan egiten zuen bat izan behar zuen inondik ere, eta ez pilotu-eskolako arduradunen bat.

Behin nasan, lehendabiziko bagoiko gazteekin elkartu nintzen. Ezagutzen nituenak agurtu nituen kopla oneko giroan. Arrotz sentitzen nintzen, ez bainuen modurik haiek bidaia osoan ehundutako irrien eta esanen sarean sartzeko. Arroztasun hark, ordea, ez zuen askorik iraun, berehala egin baikenuen tren-geltokitik aerodromora bitarteko bidea. Ezker-eskuin, zerura begira, hegazkinen aurkako kanoi bana, Krupp modelokoak. Estreinatu gabeak ematen zuten, hainbesterainokoa zuten distira.

Ate nagusiko langa zuri-gorriaren ondoan zegoen garitara iritsi ginen. Gure buruak identifikatzeko agindu zigun bertan guardia egiten ari zen soldaduak, militar graduazio gabeek hasiberriekin erakutsi ohi duten nagusikeriaz. Banan-banan erantzun genion. Ni izan nintzen azkena. Izen-abizenak eman nizkion, eta nire lehendabiziko abizena esaterakoan beti eransten nuen leloa gaineratu nuen:

Lindemann. Bukaera, bi enerekin.

Garitako soldaduak nire izen-abizenak erkatu zituen, aldean zuen zerrendatxoko izenekin. Gero, barrutira sartzeko baimena eman, eta handik hurbil zegoen soldadu bat seinalatu zidan buruaz. Nirekin hara joandako gazteez inguratua zegoen ordurako, eta ez zuen garitakoaren nagusikeriarik erakusten: gizakote kankailu bat zen, ume handi bat ematen zuen. Hurbildu nintzenean, berari jarraitzeko agindu zigun, eta gu lerroan ibiltzen hasi ginen instintiboki. Gure oinek harearritan ateratzen zuten karraska baizik ez genuela entzuten egin genuen bidea. Ofizialen pabilioi berdeen eta soldaduen etxolatzar lur koloreen artetik igaro eta egurrezko eraikin zabal batera iritsi ginen. Eraikuntza multzo haren guztiaren atzean behar zuten hegazkinen pistak eta hangarrek, baina ez zen ezer ikusten. Egur txikitzen ari ziren bi soldaduren aizkora-kolpeak baino ez ziren entzuten; motor--hotsik, batere ez. Txundituta nengoen: aerodromoko jarduna hutsaren hurrengoa zen, bulegoan sartu arte ez genuen inor ikusi garitako guardia hantusteaz eta barrakoietaraino eraman gintuen soldadu handikoteaz kanpo. Bulegoan sartu ginenean ere, bertako jardueraren motela pilatu zitzaien nire ordu arteko desilusio txikiei.

Ia ordu erdi egin genuen sarreran, zutik eta isilik, nork bere txandaren zain. Handia zen pabilioian egiten zuen beroa, egunetan pilatua seguru asko, eta gelaren alde banatan ia sabaiaren kontra zeuden leiho txiki garaiak irekita baldin bazeuden ere, aireak ez zuen batere korritzen. Izerdi-tantak sentitzen nituen besapetik behera. Lehendabiziko deia egin zuten. Nire ezker aldean zegoen gazteak *hier!* erantzun, eta gure parean zegoen ate batetik desagertu zen. Ordu laurden bat inguru iraun zuten haren izen-emate eta galdeketak. Halatsu iraun zuten gainerakoenek ere. Debekatua genuen elkarrekin hitz egitea, baina berdin zion: nire aurretik pasatu ziren guztiek itzuleran zekarten irriñoak dena esaten zuen. Zazpigarrengoan deitu zidaten niri, deiak alfabetikoki egiten ari baitziren. Hemen!, erantzun, eta galdeketa-gelara abiatu nintzen.

Ez dakit zergatik, baina seguru nengoen hartu behar ninduen militarra iharra, garaia, nerbio handikoa izango zela. Ez dut esango mahaiaren atzean eta zutik hartu ninduenaren itxura nik espero nuenarenaren justu kontrakoa zenik, baina harrituta utzi ninduten haren luze-zabal karratuak eta haren lepo labur lodiak, ez baitzetozen bat nik nuen militarraren irudiarekin. Buruan zeraman kepia burua baino txikiagoa zuen. Zerion aza minduaren usaina, atzera eragitekoa. Haren jaka luze kaki koloreak letoizko botoi distiratsuak zituen. Jakak ere distirak zituen. Koipearenak, ordea.

Nire izena esan nion; ez zidan kasurik egin. Begira neukan. Haren aurpegiak barren noblea iradoki zidan eta xehetasun horrek biziki lasaitu ninduen. Isilik egon zen apur batez. Metalezko armairu berde ilun batzuk zeuden militarraren atzean, eta haien erdi-erdian, baina metro bat gorago, olio pintura handi bat. Zisne baten gainean, Lohengrin: heroia Brabante salbatzera joan zenekoa irudikatzen zuen koadroak.

Nire aurretik pasatutako gaztearen karpeta gorde zuen militarrak armairuetako batean. Nagiak atera zituen. Mahaira itzuli zen gero. Haren ibilera hanka-zabalak pentsarazi zidan ohituta egongo zela zaldiz ibiltzen. Eseri egin zen. Arkatz bat harturik, danborra joka hasi zen mahai gainean. Begira neukan, baina berebiziko arretarik gabe. Ez nuen urduri jartzeko motiborik ikusten, imajinatu nuen guztia baino erosoagoa gertatzen ari zitzaidan tramitea.

Nire izen-abizenak esateko eskatu zidan. Erantzunarekin batera, agiriak atera nituen gutunazaletik eta mahai gainean utzi nizkion. Ez nituela hemezortzi urte, baina Andreas Keunek eman zidala aerodromoaren berri eta baita bertan izena emateko aholkua ere. Haren gomendiozko gutuna erakutsi nion. Militarrak kolpe suabe batzuk eman zituen sorbaldetako zolda eskuilatzeko. Izen-abizenak errepikatzeko agindu zidan. Hirugarren aldiz esan nizkion:

Werner Lindemann. Bi ene bukaeran.

Mahai gainean utzitako agiriak errepasatzen hasi zen, jardun errutinazko batez. Bat-batean, ordea, agirietako batean jarri zuen arreta. Nire jaiotza-agiria zen. Agiri arrunt bat. Ezin nuen imajinatu zer egon zitekeen guraso arrunt batzuen seme arrunt bat nintzela zioen paper-mutur hartan.

Luzaz egon zen agiriari begira. Noizbait, begirada jaso eta nire aurpegian iltzatu zuen. Pentsatzen ari nintzena irakurri nahi zuela ematen zuen. Nik, aldiz, berak zer pentsatzen zuen jakin nahi.

Zorrotza al haiz?, galdetu zidan. Itxura patxadatsuaren justu aurkakoa zuen hitz egiteko modua: larderiatsua, piperra. Nik, behintzat, ukabilkada batzuk balira bezala sentitu nituen haren hitzak.

Denbora hartu nuen erantzuteko. Supituan, luzamenduetan ibiltzeak kalte egingo zidala pasatu zitzaidan burutik. Arinegi erantzutea ere ez zen biderik onena. Gero eta urduriago nengoen; ia korderik gabe, bat-batean jasotako kolpearengatik.

Nik uste dut baietz, erantzun nion arrapaladan, baina hitzok jaregin orduko, irmoago ez erantzun izanaz damutu nintzen.

Ezagutzen al duk hau?, eta agiriari eragin zion airean.

Bai, nire jaiotza-agiria da, nik. Arnasak, eta arnasarekin batera hitzek, gero eta bide neketsuagoa egiten zidaten eztarritik ahora.

Honek zer esan nahi duen galdetu diat!, errepikatu zidan, oraingoan ahotsa goratuz. Lepoko zain bat nabarmendu zitzaion.

Ez dut ulertzen, jauna.

Irten zitzaidan ahotsak beste batena ematen zuen.

Militarrak gorputza aurreratu zuen eta agiria jarri zidan begien parean:

Hemengo J honek zer esan nahi duen!,

Lepoko zainak, puztuta. Begiak, berriz, irteteko zorian. Azaren usain min sekulakoa. Ez zait sekula sauerkrauta gustatu. Goragalea. Kiratsa. Oka egiten hasteko gogoa.

Ezagutzen duk hau, bai ala ez!, militarrak, garrasika.

Ez nekien zertaz ari zen, baina bat-batean dena nekiela konturatu nintzen. Ametsak mututu ziren, munduak lilura eta zentzua galdu zituen, ez nintzen jada sirenen hotsak entzuteko gai izango: hori zen une hartan jakin eta ulertu nuena. Tupusteko tristura mingots batek hartu zidan barrena, eta inoiz sentitu ez nuen zerbait sortu zen nire barruan: amildegi hondorik gabe bat, bortizki erakartzen ninduena.

Bizitzan lehen aldiz, beldurra hartu nion neure buruari.

Militarrak kepia erantzi eta mahai gainean utzi zuen. Hatzak pasatu zituen loki batetik bestera, kalpar harrotua berdindu eta soilgunea estaltzeko. Kepia jantzi zuen ostera.

Korrika egin nahi nuen, ihes egin handik, betiko desagertu, baina galdua nuen buruaren eta gorputz-atalen arteko sinkronizazioa. Ezin nituen bihotzaren taupadak kontrolatu, ezta besapetik beherako izerdi-tanta lodiak ere. Paralizatuta nengoen, nire ezinak lotuta nindukan: kanposantu batean nengoen, eta ni nintzen hilkutxakoa.

Agiri hau prestatu duen funtzionarioak erantsi duen J letrak ziok hi judua haizela. Zer, ez al dakik zer haizen, zer haizen, zer haizen...

Izar tzar bat gelan sartu eta bertan lehertu balitz baino bortitzago itsutu ninduen nire izen-abizenen aurreko J eskuz idatziak, eztanda baten moduan zartatu zen *judua* hitza nire burmuinetan. Haurtzaroan gurasoei erdi entzundako hainbat kontu berritu nuen nire arteko zaldiko-maldiko eroan, haien oharkabean ikusitako hainbat eszenatxo berritu nuen; gurasoak nire aurretik zihoazen zalditxo batean, eta sekretu bat duzue, sekretu bat duzue!, egiten nien nik oihu; gurasoek, berriz, beren zalditxotik irri eta karkaraka, esaten zidaten, zu zara gure sekretua, zu!, eta Annettek ere oihu egiten zidan zalditxo zuri batetik bere hoskera zorrotz erretxinaz: zu zara gure sekretu madarikatua!

Militarra zutik jarri zen. Beste mahaitxo baten gainean zeukan telefonoa hartu zuen, ez nuen ezer entzun. Brastakoan, haizearena bezalako hotsa sentitu nuen eta orri kiribildu bat heldu zen bulego batetik bestera mezuak banatzeko erabiltzen zituzten tutu pneumatikotik erretilu batera. Militarrak mezua jaso zuen eta irakurri.

Aho guztia hareaz beteta banu baino lehorrago nituen ezpainak, mingaina, sabaia. Belarrietan, berriz, sekulako burrunba. Buruko karga. Bihotza eta sabela, lehertu beharrean. Galtzeko gogoa.

Militarra zutitu egin zen.

Ez henkien ezer, hala sinetsi nahi diat.

Militarraren hitzek mehatxua adierazten zuten, eta ez ni lasaitu nahia.

Ea ordu arte bizitza normala egin nuen arioen artean, ez zuela ulertzen nola iritsi nintzen haraino judua nintzela jakin gabe, Andreas Keunen izena zikindu nuela, nire hiriko komisariatik pasatu behar nuela hanka-sartze burokratiko hura zuzentzera, handik aurrera nire herritar mailari zegokion bizitza egin behar nuela.

Horiek ulertu nizkion.

Militarrak hizketan jarraitu zuen, tonu mehatxuzkoan beti ere eta nazka emango banio bezala; ez nituen, ordea, esaten zizkidanak entzuten. Nire zerebroa paralizaturik zegoen gertatutakoa onartu ezinik, odola sentitzen nuen lokietan punpaka.

Atea seinalaturik, gelatik bota ninduen.

Mundua salbatu behar zuen goi-gizaki bat izatetik gorotza izatera pasatu nintzen pentsa litekeen unerik laburrenean eta J baten kulpaz. Simaurra sentitu nuen burutik behera. Guztiz aparte sentitzen nintzen: niretzat egina ez zen munduaren zanga zikin batean bazterturik.

Nire ilunpetako ahotsa entzun nuen esaten zidala:

Ongi etorri jipoituon mundura.

BIGARREN PARTEA

1

AERODROMOTIK IRTEN NINTZENEAN, denetarik nerabilen buruan. Otu zitzaizkidan guztien artean, etxera gehiago ez itzultzea. Geltokira joan eta han, trenaren zain gelditu ordez, trenbidean aurrera hasiko nintzen, bat, bi, bost kilometro, trena agertu arte, eta trena nire gainera iritsitakoan, aski izango nuen adore pixka bat, ez apartatzeko. Lipar bat, ausardiak ez zuen gehiago iraungo: judu bat gutxiago, munduak ez zuen besterik esango.

Baina ez nuen ez buruaz beste egin ezta saiorik ere. Ez zen adore faltagatik izan. Egiteko bat, bakarra, geratzen zitzaidan bizitzan: urtetan ezkutatu zidatena argitu behar zidaten gurasoek; eta baita hala jokatu izanaren arrazoia ere. Judua nintzen, bai, baina zein neurritan. Guztiz judu nintzen edo, bestela, gurasoetatik zein zen judu adarrekoa; aitak edo amak –edo biek– zergatik ez zuten legea betetzen eta besoko horia eramaten; lau aitona-amonetatik zenbat nituen judu; jakin egin behar nuen zein zen nire egoera odolaren legearen arabera. Egia mingarrienei aurre egiteko behar izaten den ausardia horri eutsi behar nion, burua trenera botatzeak baino neke gehiago bazekarkidan ere.

Eguerdiko trena puntuan iritsi zen. Erdi hutsik. Ez zen ni beste inor igo, nirekin batera izena ematera joandako gainerako gazteek artean aerodromoan behar zuten-eta froga fisikoak egiten, hegazkintzari buruz zekitena azaltzen, Alemaniari zioten maitasuna erakusten.

Nekez deskriba daitekeen suzko abaildura batek hartuta egin nuen itzulerako bidea. Aerodromoan deskubriarazi zidatenak sukartuta eta dardara batean. Etxe aurreko hesitxora iritsi nintzelarik, ate nagusia zabaldu zen bat-batean eta gurasoak etxeko atarira irten ziren nire bila. Amak begiak xukatu zituen, ganduz balitu bezala. Aitak besoa erdi jaso zuen, diosala egiteko, baina hitzik esan gabe. Hezur-masailak nabarmentzen zitzaizkion, etxetik faltatu izan nintzen ordu laburretan aurpegiko larrua hezurrei josi balitzaie bezala.

Hesitxoko atean gelditu nintzen, ez aurrera ez atzera, ez nekien-eta zer egin zer esan.

Amak, korrika txikian hurbildurik, besarkatu egin ninduen. Nik ez nion besarkadari erantzun.

Goazen barrura, eta bultzadatxoa eman zidan.

Aita, denon aurretik. Haren herrena inoiz baino nabarmenagoa zen: hanka batek besteari pisu guztia lapurtu eta beretzat hartu zuela ematen zuen.

Zerua lainoz estaltzen ari zen, ez zebilen haizerik, enara itzuli zen, auskalo zenbatgarren aldiz, eltxotatik teilatupera.

Behin etxean, aitak ate nagusia itxi zuenean, hirurok lehertu ginen. Gurasoak, negarrez. Ni, gorrotoz goraka. Burura etorritako guztiak esan nizkien: zerua eta gurasoak iraintzen hasi nintzen, ahoa bete birao jardun nuen, nire patu madarikatuaren erantzule egin nituen. Halako batean, aitak besoetatik oratu zidan, baina ez indarkeriaz, ni lasaitzeko eginahalean baizik. Nik, ordea, ez dakit ez nuen hala ulertu edo barruan nuen herra arindu nahi izan nuen norbaiten kontra, baina kontua da ostikoa eman niola aitari haren eskuetatik libratzeko. Ez zuen erreakzionatu. Berriro eman nion ostikoa. Irainka segitzen nuen. Amak, negarrez, lasaitzeko erregutzen zidan. Aitak ez zuen ezer esaten, ezta kontrakorik egiten ere. Nire besoei oratuta segitzen zuen, nik ez egitekoren bat egin ez nezan seguru asko. Bultza egin nion gorputz osoaren kolpe batez. Aitak bizpahiru pauso egin zituen atzera, herrenka eginez. Aulki baten bizkarrari heldu ziolako ez zen erori. Eztulka hasi zen itobeharrean. Ama ondoan zuen ordurako; esku batez besotik heldu eta besteaz kolpetxoak ematen zizkion bizkarrean. Aitak musuzapia atera zuen patrikatik eta karkaxa bota zuen bertan. Eztarriko marranta garbitzen saiatu zen. Eztulaldia baretzen hasi zitzaion.

Aita hizketan noiz hasiko nengoen ni, zerbait entzun nahi nion. Esaten nian nik! bezalako kontu-hartzeren bat, edo adi ama horrela tratatu! gisako protestaren bat, baina aitak ez zuen ezer esaten, eta tarte hartan guztian, aitaren isiltasuna izan nuen eramanezinena. Judua nintzela jakitea bezain eramanezina. Eta orain hantxe zegoen bera, musuzapia artean eskuan, ezer esateko gai ez zela. Esadazu egia, esadazu, ausart zaitez behingoagatik! Uste dut momentu hartan pasatu zitzaidala burutik aita hiltzeko kontua, hil egingo zaitut, ez duzu besterik merezi koldar horrek, eta denbora dezente iraun zidan burutazio horrek.

Luzaz egon ginen isilik. Ez zen hotsik entzuten ez kanpokorik ez barrukorik. Entzutekotan, isiltasuna bera; hotsik gabeko ezerez pisua. Esan ezin zizkidaten kontuez jabetzen hasi nintzen apurka-apurka. Urte haietan guztietan, isiltasun hark hitz egin zidan bere hotsik gabeko mintzaeran, baina nik ez nuen entzuten jakin. Baina, tupustean, isiltasuna entzuten hasi nintzen ozen-ozen: gurasoei arazoak eta oinazea beste deus ekarri ez zien egoera baten xuxurlak; egunero bizi zituzten egonezin eta larrimin isilak, ezin zutelako jakin nolakoa izango zuten etorkizuna. Eta hori guztia hitz bakar batek laburbiltzen zuen, eta isiltasunari orroka entzuten ari nintzaion hitz bakar hori zen *izua:* deiadar izutua zen isiltasunari entzuten ari nintzaiona, eta entzuten ari nintzaion baita ere ni nintzela, neu bakarrik, gurasoek bizi zuten eguneroko kabitu ezin itogarriaren kausa.

Noizbait, amak hizketan hasi behar zuela ematen zuelarik, aitak zirkin egin zion adieraziz uzteko berari, eta aita mintzatzen hasi zenerako nik pentsatzen nuen jakin beharreko guztia nekiela, aitak emandako xehetasunek ez ziotela nire judu-neurria beste ezer erantsiko ordurako nekienari, gurasoetatik nor zen judu ala biak ote ziren jakiteak ez zuela nire samina arinduko.

Bada, aita hizketan hasi zen ahal zuen pausatuen, eta nik egin berri niona aipatu ere egin gabe:

Umezurtz geratu zinen jaio berritan, eta guk –amari begiratu zion *guk* esatean– semetzat hartu zintugun.

Halaxe, gela itsutu batean mila foku batera piztu balituzte bezala, jakin nuen egia: alemanak nituen gurasoak eta ni nintzen, ni bakarrik, nire guraso alemanen izuaren kausa!

Ni eserita nengoen, bizkarra makurtuta eta lurrari begira. Ez nuen bururik jaso nire sekretuaren muina ezagututakoan. Etxera itzuli izanaren arrazoi nagusia ez zen ba gurasoen argibideak entzutea? Baina be-betan, ordu arte aitatzat izan nuena argibideak ematen hasi zitzaidan puntuan, ez nuen jakin-minik. Edo, hobeto esanda, inportanteena nekien, soberakoa zitzaidan gainerako guztia. Aitaren lehen hitzek errealitatetik bota banindute bezalako efektua izan zuten nigan: urrun sentitzen nintzen aita kontatzen ari zen hartatik, iruditzen zitzaidan nik ez nuela zerikusirik istorio hartan. Eta, halatan ere, gaur balitz bezala gogoratzen ditut aitaren berbaldiko hainbat kontu. Adibidez, hitz gutxitan esplikatu zidala dena, garrantzirik gabeko pasadizoetan entretenitu gabe eta kontatutako guztien lekuko izan denaren zehaztasunez. Adibidez, kontakizun osoan zehar Franz deitu ziola nire sortzezko aitari; eta *aita* hitza erabili zuen bakanetan, *zure aita* formula baliatu zuela. Adibidez, zutik eta mugitu gabe egon zela jardunak iraun zuen denbora osoan.

Eginahalak saiatu ditut aitak esan zizkidanak albait zuzenen jasotzen; gogoratzen ditudanei gogoratzen ez ditudanak erantsi gabe, alegia.

Hona kontatu zidana, luzamendutan ibili gabe:

Zure aitak eta nik elkarrekin egin genuen Gerra Handia. Franz zuen izena, burutik bihotzeraino zen leiala eta lagun ona. Behin, Metz-eko lubakietan geundela, amaren gutun bat jaso nuen Ingoren jaiotzaren berri emanez –eta pausa egin zuen, amari begiratzeko beharbada, baina ez daukat ziurtatzerik, lurrera begira jarraitzen bainuen–. Gerra gori-gorian zegoen eta ez nuen semea ezagutzeko pare bat egunetako opor-baimenik lortzen; nik, ordea, Ingo besoetan hartu beste ametsik ez buruan. Arratsalde langartsu batez, egunero izaten ziren tirorik gabeko tarte horietako batean, Franz eta ni jateko zerbait berotzen ari ginela etxola erdi erori bateko hondakinen artean egindako sutan, bala galdu batek, prestatzen ari ginen arrantxoaren keak erakarrita seguru asko, gure ondoan zegoen gazte bat hil zuen. Negarrez hasi nintzen, baina ez hildakoagatik, gerretan nekez ikusten da-eta malkorik. Negar egin nuen oso hurbil ikusi nuelako Ingo inoiz ez besarkatzeko mentura. Franzi besotik oratu eta, zotin batean, erregu egin nion: Hiltzen banaute, emadak hitz Ingoren kargu egingo haizela, egidak zin, Franz, egidak zin! Ez nion negar egiteari utzi harik eta

Franzek, zure aitak, ni hiltzen banintzen Ingoren kargu egingo zela agindu zidan arte.

Kontakizunaren puntu horretan, etenaldi laburra egin zuen, ez dakit arnasa hartzeko, oroitzapenak hunkitu egin zuelako, edo kontakizunak horixe eskatzen zuelako. Niri dagokidanez, ez nengoen etxera iritsi berritan bezain urduri, ezta orduko herraz ere. Barrendik hustu banindute bezala sentitzen nintzen. Buruaz beste eginda, burua tren baten azpira botatzeko premiarik gabe.

Aitak, isilaldi laburraren ostean:

Handik gutxira, elbarritzat jo ninduten belaunean izan nuen kolpe txar baten kulpaz. Etxera bidali ninduten –horrela, beste inolako apaingarririk gabe kontatu zuen gerratik libratu zuen pasadizoa–. Etxola erdi erorian hil zen gazteak baino zorte hobea izan nuen. Aldian behin, zure aitaren berri izaten nuen. Gutun batean esaten zidan Metzetik Sarrebourg-era destinatu zutela. Beste batean, berriz, ezkondu egin zela hamabost eguneko opor-baimen bat baliaturik. Emaztea haurdun zegoela gaztigatu zigun gutunaren erantzunean, aldiz, nik ez nion ezteiaren poza zapuztu nahi izan: ez nion kontatu Ingok tuberkulosia harrapatu zuela eta medikuek ez zigutela inolako itxaropenik eman. Gerra amaitu eta berehala, zu jaio zinen eguntsuetan, Ingo hil zen. Eta ez dakit nola –guk esanda ez, behintzat– zure aitak Ingoren heriotzaren berri izan zuen. Hiletara etorri zen, ia berrehun kilometro trenez egin eta gero.

Une hartan amari hasperen bat jauzi zitzaion eta xalotasun handiz egin zuen hitz:

San Nikolas-eko koruak Cherubini-ren *In Paradisum* kantatu zuen.

Orduan jaso nuen burua. Aita zer egin ez zekiela geratu zen, lorategian satorren bat antzematen zuenean bezain geldi.

Cherubini-rena esaterakoan bezalako xalotasunez begiratu zion amak. Ematen zuen barkamena eskatzen ari zela hasperenagatik eta koruaren aipamenagatik. Aitari ez zitzaion keinurik nabaritu, ez ama lasaitzekorik, ez kontu eskatzekorik. Berera bilduta zegoen, ematen zuen hurrena zer esango zuela kezka bakarra. Jiraturik, niri begiratu zidan. Burua makurtu nuen berriro.

Une hartan atea sentitu genuen eta Annette sartu zen alaitasun iskanbilatsuz. Berehala isildu ziren, ordea, haren irriak, eta amak zirkinen bat egingo zion, bere logelara joan baitzen ezer esan gabe.

Lehen utzitako haritik heldu zion aitak kontakizunari:

Hileta-egun hartan zure aitak gurean egin zuen lo. Ez zigun zutaz hitz egin, ez zigun zure argazkirik erakutsi. Ez zuen gure samina areagotu nahi, ondo dakit hori. Biharamunean, tren-geltokira lagundu genion eta elkarri agur esaterakoan, amak zure izena galdetu zion. Niri begiratu, eta erantzun zigun: Hik bezala: Werner. Osasuntsua zinela, hori ere esan zigun. Noiz ezagutuko zintugun galdetu genion. Eguraldia epeltzen hasi bezain aise, horixe izan zen haren erantzuna. Eguraldia epeldu baino lehen hil zen zure aita, lan egiten zuen meategiko galeria bateko grisuak zapart eginda. Zure ama, guk ez genuen ezagutu, laster joan zitzaion atzetik, gaixo baitzegoen zure erditzean izandako konplikazioengatik. Gainerakoa, badakizu.

Ematen zuen hantxe bukatu behar zuela kontakizunak, aita isildu egin baitzen, baina amak hartu zuen hitza:

Zure aitak agindu ez zuen ba ezer gertatu ezkero Ingoren kargu egingo zela? *Beste* zure aita honek ez zuen zu adoptatu arteko onik izan, eta zure kargu egin ginen. Hori da guztia, seme. Orain arte zergatik ez dizugun ezer esan? Juduen kontrako legeak iragarri zituztenean, ez zintugun besoko hori batekin ikusi nahi. Beldur batean bizi izan gara, poliziak noiz kontu hartuko zure judutasunaren berri ez emateagatik. Ez dakizu ondo zer den uneoro beldur horrekin bizitzea. Zuk hemezortzi urte betetakoan esan nahi genizun. Tamalez, gauzak ez dira guk nahi bezala gertatu, erantsi zuen amak, zotinei eusteagatik hitzak garbi ebakitzeko gaitasunik gabe.

Begiak itxi nituen, baina ez entzundako guztia mamurtzeko. Ezin nuen. Judua haiz!, judua haiz! Lelo hark buruko zorabio sorra eragin zidan, eta gurasoek erabilitako hitz guztiek ez zuten leloak adinako eraginik nigan, orduan ikasi nuen ez dagoela hitzena bezalako galbaherik sufrimendua iragazteko. Hitzak hatzak bezain harrapariak direla esan ohi da, baina badago bien arteko alderik: sufrimenduak errazago egiten du ihes hitzen artetik, urak hatzen artetik baino.

Amak, nigana hurbildurik, eskua pasatu zidan iletik.

Seme, esan zidan ahots kraskatu batez. Guk ez genekien zure jaiotza-agirian J madarikatu hori agertzen zenik. Jakin izan bagenu...

Eskua kendu nion kolpe batez burutik. Ez deitzeko *seme.* Horiek izan ziren aitari ostikoa jo eta bultza egin nionetik nire lehendabiziko hitzak. Ez nuen horrelakorik esateko asmorik, ez nion zakartasunik erakutsi nahi amari, baina hor etorri zitzaidan gorrotoa berriro goraka. *Gurasoak* edo *errukia* bezalako hitzak baztertuak zituen batere barne-muinik gabeko herra arrotz bat ari zitzaidan barrua jaten, eta ezin nuen horren kontra ezer egin. Uste dut jabetzen nintzela atzera bueltarik gabeko bide batean sartzeko arriskuaz, uste dut konturatzen nintzela gurasoen premia izango nuela aurrera egiteko, uste dut nire sumintasuna sorgortuta egon zela aitak eta amak emandako argibideek iraun zuten bitartean, baina herra esnatu egin zen berriro, eta gaina hartu zidan: bere maizter bihurtu ninduen, nire barne-muinetako kabitu ezinaren begiekin hasi nintzen berriro guztia ikusten.

Pentsatzen nuen: Ez dakizue ondo zer egin didazuen.

Eta berriro lehertu nintzen barrutik kanpora. Zergatik ekarri ninduzuen mundura! Protesta hori baino kontu eskatze are mingarriagoak baliatu nituen. Nire egoeraren erruduntzat neuzkan. Jakin zezatela garbi.

Gurasoek ez zuten txintik ateratzen, erabakita balute bezala ez zidatela kontra egin behar.

Alemanak zarete! Bota nazazue etxetik!, esan nien.

Eta barre egin nuen, barre eroa. Inolako neurririk gabe hasi nintzen oihuka, probokatze hutsagatik:

Judua naiz!, judua naiz!

Izua ikusi nuen amaren begietan. Aitak eskua hartu zion. Auzoren batek nire oihuak entzun eta gure arazoa ezagutuko ote zuen zeuden biak, beldurrez airean. Ez ziren, ordea, ezer esatera ausartu.

Izuz zeuden, nik zer egingo. Izuz, nire guraso alemanak beren seme-edo juduari begira!

Oihuka eta barre zoroan jarraitu nuen, nik al dakit zenbat denboran.

Arratsaldea hasita zegoen gela iluntzen. Argia piztu aurreko egun-parte horrek malenkonia eragiten dit beti eta nire baitara biltzeko gogoa. Arratsalde hartan, ordea, negarrari eman nion eta gelara igo nintzen lasterka bizian. Argia piztu eta armairuko ispiluan begiratu nuen. Iruditu zitzaidan ez nuela sekula aurpegi hura ikusi.

2

AMAK TXIRBIL BATZUK BOTA ZITUEN su-zulora. Sua bizitu zenean, ezpal mehe batzuk gehitu zizkion. Labeko atea zabaldu eta eskua sartu zuen. Hozberoari oniritzirik, gainean sagar-xerra batzuk zeramatzan ore azukredun bat laberatu zuen azpil batean. Atetxoa itxi eta eskuak garbitu zituen mantalaren ertzaz. Begirada paseatu zuen sukaldean. Amona Erikak esaten zuen sukaldeko txukuntasunak erakusten duela etxekoandre baten nolakoa. Dena jasota zegoen, dena garbi eta gauza bakoitza bere tokian.

Ama nire ondoan eseri zen. Aita musika-gelan sentitzen nuen, telefonoz hizketan.

Lasai, Werner, dena ondo aterako da, amak.

Lasai nago eta ez da ezer ondo aterako!, etorri zitzaidan burura, baina ez nuen ahorik zabaldu.

Aitaren galtza batzuk altzoan jarri, brusan sartuta zeukan orratza hartu eta galtzen patrika ertzeko urradura errepasatzen jarraitu zuen amak. Suaren hotsa eta aitaren telefonoko jardun urrutiarena, ez zen besterik entzuten. Etxea, munduko hotsetatik aparte.

Ondo ezagutzen nuen amaren zerbait egiten jardun behar egunerokoa, baina aerodromotik bota ninduten egunaren biharamuneko mugimenduak ez zituen ohikoak. Gorputza hotzez mankatua balu bezala mugitzen zituen besoak, eskuak, hatzak. Ematen zuen nik ikusi edo sentitu ezin nezakeen izakiren bati mina eragiteko beldurrez ari zela; sukaldeko mahai, aulki eta alasek baino izaera hauskorragoa zuen zerbait edo norbait zeukala aurrean, eta ez zuela hura gogaitu nahi.

Seguru asko, nigatik errezatzen ariko zen josten zuen bitartean.

Soldaduen Amonarekin gogoratu nintzen, baina lausoki, ametsetako irudikapen batek baino trinkotasun gutxiago zuen-eta beti puntua egiten aritzen zen emakumearen oroitzapenak. Beste bizitzaren batean ezagututako pertsona bat, horra: hutsala egiten zitzaidan haren ahalegina, hutsala ahaleginaren atzeko asmoa ere.

Suaren noizik behingo zapartak baino hots handiago batek atera ninduen neure kabutatik. Amak ere begiak jaso zituen galtzetatik, batera eta bestera begiratzeko. Sustoak susto, ordea, eskuak orratzari helduta eta begien gidaritzarik behar ez balu bezala segitzen zuen galtzen patrikako ertza errepasatzen. Bion begiradak gurutzatu ziren. Txorikume habiatik erori berriari eskaintzen zaion errukizko maitasun barea ikusi nuen amaren begietan. Eginahalak egiten ari zen ez nendin konturatu zenbateraino zegoen kezkatuta.

Zoru ezkoztatu berrian josi nuen berriro begirada.

Judua nintzen. Ama ez. Aita ere ez. Eta ezpalek noizean behin ateratzen zituzten zirti-zartek areagotu egiten zuten, estali bainoago, gurasoek bezperan jaiotza-agiriko J hartaz esan zizkidaten hitzen oihartzuna. Gauza bera egiten zuten objektuek eta gorputzek, egunaren argi motelak, kaletik zetozen hotsek.

Judua haiz, alfer lana duk giza naturaren legeen kontra joatea, horixe esaten zidaten hots guztiek aerodromotik bota nindutenetik.

Aitak telefonoz hizketan jarraitzen zuen pianoaren gelan. Ahots gordina zuen, baina apal ari zen hizketan. Nitaz. Nik ez entzuteko moduan. Inork ezer esan ez bazidan ere, susmatzen nuen zer egin asmatu ezinik ibiliko zela naturaren eta gizonaren legeen kontrako lehia hartan. Berak arioak ziren, ni ez. Beren arazo bakarra neu nintzen. Oso arazo larria. Aerodromokoak argitara ekarri zuen horrenbeste denboran gordean izan zutena; horixe gertatu zen, eta orain irtenbideren bat aurkitu behar zuten niretzat –berentzat!, pentsatzen nuen nik orduan.

Goiz hartako enegarrena zen aitaren telefono-dei hura. Entzungailua esku batean, besteaz keinuak egiten zituen airean, solaskideari zerbaiten eskean ariko balitzaio bezala. Lantzean behin, ni nengoen aldera begiratzen zuen. Lapitz bat hartu zuen, auskalo zenbatgarren aldiz hura ere, telefono-mahaitxoaren gainetik, eta zerbait idatzi zuen paper-mutur batean. Buru-mugimendu txikiak egin zituen beste aldekoaren esanak onetsiz.

Telefonoa pausatu zuenean, eskuak igurtzi zituen galtzetan, izerditan balitu bezala. Gugana hurbildu zen. Bizarra gaizki eginda zuen; begiak, berriz, irten samarrak, gorrituak.

Amak burua jaso zuen pixka bat, josteari utzi gabe:

Berririk?, galdetu zion.

Aitak burua mugitu zuen ezezkoan:

Paseotxo bat egiteko premia dut. Eguerdirako itzuliko naiz, eta pa txiki bat eman zion.

Amak nigana jiratu zuen burua. Irribarretxo bat saiatu zuen:

Joan nahi duzu aitarekin? On egingo dizu.

Amaren begiradagatik, berebiziko garrantzia zuen nire erantzunak, goiz osoko nire mututasuna urratuko bainuen. Eta bide batez, aitarekin hitz egiteko balio zezakeen paseotxoak, hori kalkulatzen ari zen ama; hartaraino, ezagutzen nuen.

Aitak ere ulertu zuen amaren intentzioa, berehala erantsi baitzuen, une hartan sentitzen ez zuen normaltasunaren itxurak eginez:

Zatoz, amona Erikarenetik pasatuko gara; jantzi jaka eta goazen.

Bezperan aitarekin izan nuen portaeraren ondoren, barrenak eskatzen zidan emateko poz hori aitari, baina ezin nuen. Gainera, ordu arte lagun izandakoak etortzen zitzaizkidan behin eta berriro burura. Batez ere, Hermann. Jakin ote du, jakiten duenean nola erreakzionatuko ote du... Inoiz topo egingo bagenu...

Pentsamenduok burutik kentzeko modu bakarra zegoen: sekula topo ez egiteko erabakia. Ez, ez nintzen arrisku horretan jarriko, ez nien aukera hori emango, batez ere Hermanni. Sekula ez.

Hargatik, eta zirkunstantzia larri haietan kapaz izan nintzen tonurik adeitsuena saiaturik, eskerrak eman nizkion aitari gonbitagatik, baina ezetz, nahiago nuela etxean. Etsipenezko zirkin labur bat ikusi nion aitaren aurpegiari, baina ez zidan amona Erikaren etxera joateko gonbita errepikatu.

Ate aldera egin zuen aitak herren txikian eta, laster itzuliko naiz esanda, kalera irten zen.

Amari hasperen bat atera zitzaion. Ni are errudunago sentitu nintzen. Neu nintzen guztion egonezinaren giltza, eta madarikatua ni! pentsatzen nuen gurasoei ematen ari nintzen nahigabeengatik. Ongia egiten duenari *bihotz noblea* esaten zaio. Halakoak nituen gurasoak, nobleak, kalkulurik gabeko eskuzabaltasunez jokatzen zutenak. O, o, zein estanpa ederra. Baina ez nintzen kalera irteteko gauza. Nekez uler zezaketen zergatik, eta nik ere nekez esplika nezakeen lagunak ikusteari nion beldurra. Une hartan nuen herrarik handiena zen, zalantzarik gabe. Poliziari, edo besoko horia eramatera behartuko ninduen legeari baino handiagoa.

Orduagatik, Hermannek gymnasiumean behar zuen. Nik ere han behar nuen, eskola-egun arrunta izanik, baina gurasoek erabaki zuten hobe nuela, badaezpada, eskolara ez joatea, eta *badaezpada* hark gurasoen izu guztiak laburbiltzen zituen. Hermannekin topo egiteko aukeran pentsatze hutsak nire izuak irudikatzen zituen bezala. Bai, ordu hartan Hermannek eskolan behar zuen, eta guretik urruti bizi zen gainera. Oso zaila zen, beraz, elkarren parez pare gertatzeko egokiera. Halatan ere, aukera hutsak urdaila nahasten zidan. Nire bizitzako irudi guztiek Hermannerenean egiten zuten bat. Hermannen irudia gaineratzen zitzaien beste guztiei, baita Elsbethen irudiari berari ere. Gure paranoia guztiek borrero bakar bat izaten dute mehatxu. Pertsonifikatu egiten dugu gure izuaren iturria. Nire kasuan, Hermannen irudiarekin batera, Klausena edo frau Gerdarena edo Andreas Keunena etortzen zitzaizkidan burura, baina Hermannengan biltzen ziren nire beldur eta egonezin guztiak. Ikusten ninduen egunean, diosala ukatu eta bizkarra erakutsiko zidan? Edo zerbait esango zidan, eta, zerbait esatekotan, zer?

Judua haiz, judu nazkagarria!

Edo:

Gorroto haut!

Edo:

Salatu egingo haut sei puntako izarra ez eramateagatik!

Garai hartan, eta baita ondoren etorri ziren urte latzetan ere, askotan irudikatu nuen elkar ikusiko genuen momentua, eta aldizka gorrotoa, aldizka sarkasmoa eta gehienetan higuina ikusten nuen Hermannen alegiazko harrera haietan. Akabo nire mirespena eragin zuen dotoretasuna, akabo laguna, akabo lagunaren ondoan imajinatu izan nituen harmonia oneko ibilerak eta Alemaniaren ondrako lanak. Irudikapenetan, Hermann bakarrik agertzen zen hasierako momentuan. Gero, pixkana-pixkana, lagunak eta ezagunak gehitzen zitzaizkion irudikapenari, eta heroiaren koruarena egitea balegokie bezala, lagunek eta ezagunek txaloka hartzen zuten Hermannen nire kontrako jarrera. Irriak, irainak, burla-haizezko oihuak. Ederra festa! Elsbethek ez; Elsbethek ez zuen barrerik egiten. Isilik ageri zen eszena haietan, batzuetan lotsaz, gehienetan beldurrez. Eta hitz egiten zuen gutxietan, nirekin izandako harremana ukatzeko izaten zen eta negarrez hasten zen.

Pasatu zen hainbat denbora, ez nuke jakingo esaten zenbat. Ama, josi eta josi; ni, lurrera begira.

Ezin nuen bizitza imajinatu etxetik, hiritik kanpo. Zer egin zezakeen ni bezalako mutil gazte batek mila pusketatan lehertzeko zorian zegoen mundu hartan. Baina hirian geldituta, baldanagoa ikusten nuen nire egoera. Guraso izan gabe, nire kargu-egite hutsagatik beren bizia arriskatzen zuten batzuen etxean bizi behar nuen? Eguneroko bizitza arruntaren faltan eta gymnasiumean ikasteko aukerak galduta, hobe handik urruti (ez nengoen gymnasiumera joateko prest, ezta une hartan Nurembergeko legeak deuseztatu zituztela jakin izan banu ere). Baina bakardadearekin lotzen nuen etxetik kanpokoa. Eta, ez dakit zergatik, baita negu gordineko hotzak dakartzan eragozpenekin ere. Ez omen da sekula etxetik osorik alde egiten, oroitzapen eta sentimenduen zati inportante bat etxean gelditzen omen da. Nire kasuan, nintzela esan zidatena geldituko zen atzean. Ez ni.

Halako batean, maratila-hotsa sarrerako atean. Eta aitari entzun nion esaten ziola norbaiti:

Aurrera.

Aitak atea itxi orduko, neure aurrean nuen amona, besoak zabalik. Zutitu egin nintzen. Elkar besarkatu genuen.

Adorea, laztana, adorea, esan zidan amona Erikak, Alpeetako alemanaren doinuan.

Gero, airea usaindu zuen. Laberaino joan zen eta atea zabaldu zuen. Sagar errearen usaina barreiatu zen. Eta opil egosi berriarena.

Itxura ederra din, esan zion amari.

Ondo egina dago?, amak.

Egin arina zagon oraindik. Beste bost bat minutu beharko din.

Amona Erikak labea itxi zuen. Su-zuloko zirrindola txikiena zabaldu zuen sutarako kakoaz. Gero, kakoaren puntaz, txingarrei eragin zien sua bizitzeko. Amona laurogei urteen atean zegoen, baina kemen handiz ekiten zion egiten zuen guztiari –ibiltzeko, hitz egiteko, munduko gorabeherei erreparatzeko moduari–. Sasoian zegoela demostratzeko, dudarik gabe. Ez zegoen sekula geldirik, bizi-poz harekin ematen zuen bizkarra erakutsi nahi ziola azken orduari. Amak atseden hartzeko erregutzen zion, usteko bere esku eginkizun astunenak.

Amona Erikak, ordea, galdera batekin erantzuten zion amari:

Herio datorrenean, ez din atzera bueltarik izango, eta ez datorrelako ere, hura noiz etorriko bizi behar al dut?

Amonak sua bizitzea lortu zuen. Bi ezpal txiki erantsi zizkion eta su-zuloa estali zuen.

Gugana etorri zen berriro. Aulki bat ni nengoen tokira hurbildu, nire aurrez aurre eseri zen eta soinekoa atondu zuen belaunetan. Aurpegia hartu zidan bi eskuen artean:

Adorea!, esan zidan berriro. Adoretsua izan behar duzu.

Hizketan hasi zen. atsegin. Sentitzen zuela gertatutakoa. Nire kargu egin zirenetik, gurasoek ez zutela nire ona beste deus bilatu. Zor handia niela. Ez ninduela beldurtu nahi, baina egoera latza zela benetan.

Pausa egin zuen, aitari begiratu zion. Eta gero niri:

Onena, Alemaniatik irtetea, bota zidan bat-batean, nire erreakzioari erreparatzen ziolarik.

Baina nik zirkinik ere ez.

Hau guztia pasatu arte. Deabruak eramango ahal ditu madarikatu horiek!, esan zuen erretxin. Harrituta gelditu nintzen: egun hura arte ez zuen sekula nazien kontrako ezer esan nire aurrean.

Jaiki, aulkiari atzera bultza egin eta labe ondora itzuli zen.

Honezkero egingo zunan, amonak amari.

Labeko atea zabaldu eta sagar-tarta atera zuen.

Hozten jarriko dinat.

Sukaldeko mahaian utzi zuen tarta. Nire ondora itzuli zenerako, aita egoera politikoaz ari zen. Handia zela atzerriko presioa, Nurembergeko arrazen gaineko neurriek protesta handiak eragin zituztela Europako kantzelarietan, Estatu Batuetako komunitate judua hariak mugitzen ari zela, Hitlerrek ez zuela askorik iraungo...

Lehen amonarekin bezala, orain aitarekin harritu nintzen: lehendabiziko aldia zen benetan pentsatzen zuena pentsatzen zuen bezala esaten zuela nire aurrean. Gainetik pisu handi bat kendu izan baliote bezala ari zen.

Kontu praktikoetara pasatu ziren, eta poliziaren arriskua aipatu zuen amona Erikak. Ez ahazteko Andreas Keunekin. Aerodromoan gertatu zena jakin bezain laster, mendekua hartu nahiko zuela denen aurrean barregarri utzi nuelako.

Zer esan nahi duzu?, galdetu zion amak izututa.

Hemen ez zagon batere seguru, erantzun zion amonak. Gero, niri begiratu zidan: goazen nire etxera, Werner, han seguruago egongo zara.

3

AMONAREN ETXEKO ALDABA jo zuten. Gurasoak ere han zeuden ni bisitatzera etorrita, eta elkarri begiratu zioten, zer egin ez zekitela. Istant bateko estura izan zen, laster amonaren ahotsa entzun baikenuen bera zela esaka.

Amak zabaldu zion atea. Igandetako harizko jaka eta gona tolesduna zeramatzan. Pauso labur azkarretan egin zuen jangelarainoko bidea. Gonaren tolesen farfailaren atzetik joan zitzaion ama, ate nagusia itxi eta gero.

Egin beharreko agurrik doienak egin ondoren, harizko jaka aulki baten bizkarrean pausatu eta paperezko zorro bat hustu zuen mahai gainean. Pikuak. Gero, kikara bat atera zuen arasatik.

Gustura hartuko nuke kafe bat, amonak.

Nabarmena zen zerbait esan nahi zigula. Amak kikara bat bete zion kafe egin berriaz. Kafea beroa zegoen eta amonak putz egin zion. Gurasoak urduri zeuden, amonak zer esango. Presarik gabe, kafea hartu zuen eta kikara harraskara eraman. Aitari begira hitz egin zuen:

Kurt-i deitu diot, gertatutakoa kontatu eta laguntza eskatzeko.

Kurten izena entzute hutsak begiak arranpalo utzi zizkion aitari. Brastakoan erantzun zion, ia manera onen neurria galtzerainoko tenorean:

Erotu egin zara, ala? Burugabekeria, horrek ez du beste izenik. Kurt! Zentzuzko erabakia, bai horixe, gure semea gaizkile baten kargu uztea.

Gaizkilea? Bo, bo, justiziak frogatu ez duena egotzi behar al diozu zeure lehengusu txikiari?

Amonaren erantzun petralagatik, aitak apalago hitz egin zuen:

Triestegatik ere ari naiz, aitak. Hiri arriskutsua da. Gatazka guztien muga-mugan dago.

Horrexegatik, horrexegatik, amonak. Zer nahi duzu, semea Suitzara bidaltzea? SSetako espiez beteta dago hura, gizona! Zein da ihes dabilen judu bat joango litzatekeen azkeneko zuloa, zein da judu baten bila arakatuko luketen azkeneko bazterra? Gainera, Kurt ez da ba azken hamar urteotan bertan bizi? Lagunduko digu, ezin digu fabore hori ukatu.

Gurasoak eragozpenak jartzen hasi zitzaizkion amonari. Batez ere, aita. Amak, eragozpenak jarri baino, aitaren argumentuak onesten zituen berebiziko kezka erakutsiz bere keinuekin.

Kurti eta Triesteri buruzkoak ziren aitaren koska asko. Justiziarekin arazoak izandako norbait, errugabea izanagatik ere, nire babesle egokiena ote zen; orain bai orain ez, bateko eta besteko nazioen atzapar luzeen mende egondako hiri bat toki egokiena ote zen ni bezalako bat nabarmendu gabe bizitzeko. Amonak, ordea, objekzio guztiak ezeztatzen zituen hartutako erabakian fede osoa duen baten konbentzimendu pitzadurarik gabeaz.

Amonak argudia zezakeen: Ez daukagu lagunduko ligukeen beste inor; baina, horren ordez, Kurtek ez digu hutsik egingo esaten zuen behin eta berriro.

Gurasoei mingarria zitzaien aitortzea amonak ezkutatzen zuen errealitate gordina –ez zeukaten norengana jo–, eta aitak, gero eta estutuago, pasaportearen auziari heldu zion. Halaxe deitu zion, *pasaportearen auzia,* eta espresio harekin agiri ofizial bat faltsutzearen arriskuak biltzen eta ezkutatzen ari zen, pistola bat liburu eder hustu batean ezkutatzen den bezala. Kontu labainkorra zen: agiria faltsutuko zuen norbait aurkitzeaz gainera, dirua aurrez entregatu behar izaten zen, nonahi entzuten ziren ez diru eta ez pasaporte gelditutako juduen istorioak. Baina hartan ere amonak ez zion tokirik utzi pasaportea lortzeko egitekoen eztabaidari –ez kezkatu, lasaiago biziko zarete ez jakinean, esan zigun–. Azkenik, aitak bidaiaren arriskuei buruz jarritako objekzioak ere, muga guztiak zorrotz begiratuak zeudelakoak alegia, kontrabiderik gabeko erantzuna jaso zuen amonarengandik:

Nirekin egingo du bidaia.

Amonak ez zien erreakzionatzeko betarik eman. Ondo pentsatua zeukala guztia, eta bidaiaren nondik norakoei buruz erabakita zeuzkanak argitu zizkien xehetasun ugari emanez, bai bideari zegozkionak, baita ekonomikoak ere.

Bestela, zer? Izar horia paparrean duela ikusi nahi duzue mutila?, amonak, eta lorontzi bat puskatu ondoren errietatik libratu nahi duen haur batek bezala begiratu zidan, esan nahirik bezala egoerak behartu zuela auziaren muina hain garbi agertzera.

Ordu arte familiako inork ez ninduen hain gordin jarri nire benetako egoeraren aurrean. Burua makurtu nuen.

Gainera ez da denbora askorako izango, erantsi zuen amonak, Hitlerren aurkari guztiek erregimenaren luzaro iraun ezinaz zuten itxaropen berarekin.

Bat-batean, amona zutitu egin zen, lanean hasteko presa sentitu izan balu bezala. Gauza gutxik gogobetetzen zuen, sinestuna izanagatik ez zen sinesmenak itsutzen zuen emakume bat –nik hala gogoratzen dut, behintzat–, baina behin zerbait argi ikusiz gero, ez zuen ezergatik ere atzera egiten.

Amona Erikak harizko jaka hartu zuen aulkitik. Gero, nigana hurbildurik, kolpetxo bat eman zidan sorbaldan, eta nik une hartan inondik ere ez nuen kezka bat arintzen saiatu zitzaidan:

Aldi laburrerako izango da, esan zidan, laster itzuli ahal izango duzu etxera. Eta gero kokotsa jaso zidan hatz puntaz: Adorea, mutil, adorea, eta jan piku horiek, oraintxe daude-eta onenean!

Gero, egin beharreko agur doiak egin zizkigun eta etxetik irten zen.

Modu ezohiko horretan izan genuen amonaren asmoen berri, eta dagokionari dagokiona: amona Erikarengatik izan ez balitz, ezin dut imajinatu zein bide hartuko zuen nire bizitzak.

Nik entzutez ezagutzen nituen Kurt eta Trieste, bi hitzok misteriozko aura bat zuten niretzat erdi lanbrotan gogoratzen nuen istorio bati esker: opera-kantari baten atzetik Italiara alde egin zuen aitaren ahaide aberats batzuen semea omen zen Kurt. Etxetik alde egin eta handik bizpahiru urtetara kantaria bortizki hilda aurkitu zuten Milango Scala antzokitik hurbil eta Kurt egin zuten errudun. Kartzelan eduki zuten hainbat denboraz, baina ez zioten, antza, hilketa leporatzeko moduko frogarik aurkitu eta aske utzi behar izan zuten. Ordutik, Triesten bizi zen. Kantaria hilda baitzegoen, inork ez zuen ulertzen zergatik ez zen etxera itzuli. Behin aitari entzun nion konpontxo egingo zuela faxistekin, bestela ez zela ulertzen aske gelditu izana hain aise, baina amonak berehala isilarazi zuen aita, zuk zer ote dakizu esan, eta Kurten prestutasuna goraipatuz. Iloba ere ez izateko, amona Erikak bere semeari baino begirune gehiago zion Kurti.

Baina kontakizunaren hari nagusira itzuliz: egun haien jiran, gurasoek amonari utzi zioten iniziatiba, ez amonaren planak konbentzitu zituelako, ezer hoberik bururatzen ez zitzaielako baizik. Eta ezer hoberik bururatu izan balitzaie ere, nekez lortuko zutelako hain emakume adoretsuaren iniziatiba berdintzea.

Ematen zuen gurasoak ni bezain sorgor zeudela taxuzko ezer erabakitzeko. Haiek adoretzeagatik edo, amonak beren esku utzi zuen nire ekipajea osatzea, eta gurasoek ez baitzituzten auzoen susmo txarrak piztu nahi, hiriko aldirietan erosi zituzten Italiarako beharko nituenak. Amonari dagokionez, hiruzpalau egun egin zituen hara eta hona, ez zigun esan non, baina bagenekien zertan. Kanpoan pasatzen zuen egun osoa. Ama geratzen zen nirekin. Amona ez zen ilundu arte itzultzen. Bere ibilerei buruzko berri gutxi ematen zuen, baina beti baliatzen zuen ama lasaitzeko albistetxoren bat. Gero, erne ibiltzeko esan, eta etxera bidaltzen zuen.

Bat-batean, goizetan irteteari utzi zion, eta borrokarako hezi den txakur lotu baten moduan pasatzen zuen eguna, telefonotik gehiegi urrutiratu gabe. Ia astebete egin zuen horrela, gero eta urduriago, eta egoera hark gurasoak ere guztiz urduritzea ekarri zuen: laster hasi ziren elkarren arteko sesio txikiak eta ez hain txikiak, momentu batzuetan ematen zuen amona zela nire egoeraren erruduna.

Goiz batez, ama bakarrik etorri zen. Zerbait larria gertatu zela salatzen zion aurpegiak:

Zure lagun hori… Hermann…

Esaldia airean utzi eta begira geratu zitzaidan.

Zer gertatzen zaio Hermanni?

Gaur goizean Annette kalean gelditu, eta galdetu ez dio ba zergatik ez daraman besoko berria! Neska gaixoa!

Eta negarrez hasi zen. Lantuen artean, amak kontatu zuen behin baino gehiagotan sumatu zutela etxekoen nondik norakoak zaintzen.

Hermann ehiza-zakur! Ez ninduen harritu, eta ez ninduen nengoen baino abailduago utzi. Aitzitik: amorrazioa eragin zidan, eta horrek bizirik nengoela esan nahi zuen.

4

Ahotsean eta ibileran eta elkarri begiratzeko moduan antzematen zitzaien egonezina, infernu baten moduan bizitzen ari ziren denbora hura guztia, baina niri ez zitzaidan ezer esatea ateratzen, ez nien kontsolamenduzko edo lasaitasunezko hitzik egiten. Honi edo hari buruzko iritzia eskatzen zidatenean ere, ez nien ezer erantzuten. Ezertxo ere ez. Zer esan behar nien? Ez neukala pentsatzeko ere indarrik? Erabaki zezatela nahi zutena. Sar nintzatela Italiarako trenean edo bota nintzatela trenera, berdin zitzaidan. Nire jarrera borondate-gabeak tirabira asko eragiten zizkien.

Aita ere bisitan etorri zen batean, ukondotik oratu zion amonari ia egunonak ere emateko betarik hartu gabe:

Pasaporte faltsu baten bila gabiltzala jakiten badute, gureak egin du.

Elkarri begira geratu ziren biak. Halaxe egon ziren pixka batez. Begi-bistakoa zen aita damu zela, ez bakarrik erantzukizun guztia amonaren esku utzi izanaz, baita ezin zuelako ere amonak egindako lanen arriskua ezagutu eta kontrolatu. Niri, aldiz, iruditzen zait amonak ahultzat zuela aita, iniziatibarik gabetzat, aita uzkurra baitzen, esana dut lehenago ere, eta ez baitzuen erabakimenik erakusten. Agian horregatik harritu zen amona aitaren ateraldiarekin.

Amonak begiradarekin seinalatu ninduen. Inolako gordintasunik gabe eta astiro mintzatu zen:

Eta pasaporterik gabe, aldiz, honenak egin du.

Ematen zuen tupustean sekulako nekea pilatu zitzaiola gorputz-atal guztietan.

Aitari begirada odoldu zitzaion. Sekulako lehia jokatzen ari zen haren buruko edo bihotzeko leizeren batean. Segundo batzuek pasatu ziren. Gero, ahots dardarati batez, barkamena eskatu zion amonari.

Ez, niri ez eskatu barkamenik, amonak. Eskatu semeari.

Eta esaldia esaten zuelarik, amona ate nagusiraino joan zen ibilera abaildu batez.

Nora zoaz?, estutu zitzaion ama.

Pasaportearen bila. Oraindik egin ez badute, bere horretan uzteko eskatuko diet.

Eta besterik gabe, alde egin zuen.

Zer egin, nora begiratu ez genekiela geratu ginen gu. Amak negarrari eman zion, aita egunkari baten atzean ezkutatu zen birao pare bat bota eta gero. Neuri ere alde egitea pasatu zitzaidan burutik. Horixe nuela onena. Aerodromora joan nintzenetik, egunak neramatzan nirekin zer egingo zuten jakin gabe. Besteen mende. Polizia noiz agertuko, gurasoek-eta zer erabakiko, eta, okerrena zena, neure ahuleziaren esklabo. Ez nintzen ezer, ez nuen etxekoen bizitza hondatzea beste deus ekarri. Aitaren hitzak entzuten nituen gogoari mailuka. Pasaporte faltsu baten atzetik gabiltzala jakiten badute, gureak egin du. Batez ere azkeneko hitzak entzuten nituen: gureak egin du, gureak egin du, gureak egin du... Etxetik alde egingo nuen, bada. Judu-agiriak eskatuko nituen udaletxean. Legea beteko nuen zernahi eta nornahirena zelarik ere legea. Ez nintzen lehena izango. Ezta azkenekoa ere.

Halatan bada, amonak niretzat prestatutako gelara joan nintzen beharrezkoenekin puska bat osatzera. Biharamun goizean goiz alde egingo nuen, gurasoak artean lotan zeudela baliatuz.

Ohean etzan nintzen. Gurasoak eztabaidan sentitzen nituen. Aitaren zakarraldiren batek ama negarrez jarri zuen. Begiak itxi nituen. Ez neukan haien hitzak entzun beharrik zertaz ari ziren jakiteko. "Bestela zer? Izar horia paparrean duela ikusi nahi duzue mutila?", esan zuen amonak, baina "nik diodana onartzen ez duenak arriskuan jarriko du mutilaren geroa", hori zen benetan adierazi nahi izan zuena. Amonak baliatu egin ninduen. Borondate hoberenaz, egia da, baina baita kalkulu gupidarik gabeaz ere, esaldiaren gordinak ez baitzuen bere proposamena aurrera ateratzea beste helbururik. Kausa bat nintzen, bada. Beren iritzien araberako eraikin morala. Batzuek defendatu eta besteek suntsitu egin nahi zuten koska bat. Ez dakit orduan konturatu nintzen horretaz –kausa bat bihurtu izanaz, alegia–. Ez dakit orduan kontzientziarik banuen ere ez nintzela kausa handiago baten barneko koska bat besterik. Seguru asko, astiro-astiro osatzen aritu naizen arrazoibidearen hasiera izan zen hura, ez besterik. Nolanahi ere den, harrian grabatuta bezala geratu zait amonak izar horia aipatu zueneko eszena, eta horrek zerbait esan nahiko du.

Gurasoak isilik zeuden ordurako. Bakeak eginda edo haserre, baina hitzik egin gabe. Isiltasunak berdintzen ditu haserrea eta bakea. Bi-biak. Ez zuten errieta askorik egiten, denbora asko pasatzen zuten isilik, baina horrek ondo konpontzen zirela esan nahi du? Ez dakit. Bikote baten elkarbizitzak errezela bat du beti erdian, bataren zein bestearen pentsamendu eta sentimendu benetakoak ezagutzea galarazten duen muga iraganezina. Nola ulertu errezelaren beste aldekoaren erreakzioak eta sentimenduak, ez dakigu-eta geure propioak ere ulertzen eta zehazten?

Isiltasun erabateko hura eraman ezinik, ohetik jaiki, mahaian eseri eta iheserako asmoak zehazten hasi nintzen paper-mutur batean. Poliziarenean nire egoera erregularizatu eta gero, lana bilatu beharko nuen, banuen ostatu merke batean hilabete bat pasatzeko adina diru aurreztuta. Hiritik alde egiteaz, berriz, ez nuen dudarik, den-dena ari zitzaidan esaten hiritik ahalik gehien urrutiratzea nuela hoberena. Alemaniako mapa irudikatu eta amets egiten hasi nintzen, inoiz burutuko ez nituen proiektuak abian jartzen.

Bat-batean, ordea, juduen batetik bestera ibiltzeko eragozpenak etorri zitzaizkidan burura. Momenturen batean jarri al nintzen jipoitu nituenen larruan? Gogoratu al nintzen Sebastianekin, edo Hermannek umiliatu zuen amona besamotzarekin edo orain gogoan ez dudan beste hainbatekin? Min ematen dit aitortzeak, baina ez.

Oraindik ez nintzen judu, oraindik ez nintzen nire benetako egoeraz jabetzen, oraindik aleman odol garbi batek bezala pentsatzen eta jokatzen nuen!

Negarra hurbil nuen.

Nire historiak isiltasuna behar luke aterpe: judua nintzela jakin nuen artekoak kontatzerik merezi ez duelako, eta ondorengo nire jokabidearekin aurretik egindakoa barkatzeko meriturik egin ez dudalako. Ez dakit, bada, zergatik ari naizen. Idazten ari naizela ez dut kontsolamendurik aurkitzen, samina baizik. Orduan? Ez da mendekua. Justizia ere ez. Orduan? Ez dakit. Idazten ari naiz zergatik ari naizen jakin gabe, hori da egia. Jakin gabe nora noan eta non emango diodan akabera. Denbora galtzen ari naizen sentsazio osoz. Eta bukatzen dudanean, hor galduko dut idatzitako guztia. Ez da lehendabiziko aldia. Elsbethek oparitutako koadernoa Triesten kendu zidaten. Galduak ditut hainbat eta hainbat orri ere hara-hona egindako ibileretan.

Zuzen-zuzen kontatzen ari naiz guztia, neure kabutakoei izkina egiten saiatu naiz, ez nendin ez naizen bezalakoa ageri. Ez dakit lortu dudan. Gogoan dut txikitan egin nuen eta gurasoek sarritan gogorarazten zidaten bihurrikeria batez. Bazen sukaldean fruta-ontziaren azpiko zapi koloretsu bat. Bertan landa-etxe bat eta hainbat animalia ageri ziren. Geldi-geldirik zeuden animaliak, ez zuten, nire gusturako, bizirik. Behin, gurasoak siestan zeudela uste dut, guraizeak hartu eta animalien eta landa-etxearen irudiak moztu nituen ahal nuen egokienen. Gero, zapian han eta hemen zeuden animaliak elkartu egin nituen nik, ardiak ardiekin, eta horrela. Txakurra jarri nien atzetik, bilduta egon zitezen. Mundua ordenatzen aritu nintzen. Gurasoek, ordea, zertan ari nintzen ikusi zutenean, zigortu egin ninduten, baina nik ez nuen zigorra ulertu.

Amonak etxean zeuzkan liburuen artean begira jardun, bat hartu eta irakurtzeko ahaleginean hasten nintzen. Alferrik. Ez nintzen kontzentratzen, eta ez soilik liburu asko eta asko erlijioari buruzkoak edo elizaren historiarekin zerikusia zutenak zirelako. Baziren bestelakoak ere, amonak bisitatutako hiri eta lurraldeei buruzkoak batez ere: Erroma, Milan, Venezia, Tirol, Paris, Bretainia... Amonaren etxean egin nituen egunetan ez nuen liburu bakar bat ere irakurtzerik lortu. Ez nuen ezta buruan askotan ibili nuen beste lan bat ere burutzea lortu: Elsbethi letra batzuk idaztea. Behin, amona pasaporte bila atera zen arratsalde hartan izan zela uste dut, orri bat hartu eta idazten jarri nintzen. Lehendabiziko lerroa bukatu aurretik ere alferrikakoa iruditu zitzaidan ahalegina. Hala ere, denbora dezente egin nuen hitz egokienak paperera ekartzen, hasieran Elsbethi idatzi nahi niolako eta gero diziplinaz gehiago beste ezergatik baino. Ezin nuen eta ezin nuen. Gogora zetorkidan, esate baterako, Elsbethek gorroto ziola Hermannen juduenganako herrari, eta horrek adoretu egiten ninduen idaztera, baina berehala etortzen zitzaidan Hermannen herra gorrotatzeak ez zuela Elsbethek juduak estimatzen zituenik esan nahi, eta hori pentsatzeak paralizatu egiten ninduen.

Hartan nengoela, atea jo zuten. Gurasoenean nengoenean, eskailera-mailetako karraskek beti adierazten zidaten norbait zetorrela beheko solairutik gora, baina amonarenean ez zegoen eskailerarik. Han ez nituen hotsak bereizten. Orria bota nuen zakarrontzira. Ama zen.

Pasa naiteke?

Ez nuen inorekin hitz egiteko gogorik, baina pasatzeko erregutu nion. Normaltasun itxura egin behar nuen. Ez zezatela sumatu zerbait prestatzen ari nintzela. Aulkia eskaini nion. Amak, nahiago zuela zutik. Ez zidala denborarik lapurtu nahi.

Denbora? Munduko denbora guztia daukat gymnasiumera joateari utzi diodanetik, hori erantzutea bururatu zitzaidan, baina ez nion ezer esan.

Isilik egon ginen pixka batez. Deserosoa zen egoera. Leihoa zabaldu nuen. Pinu-erretxinaren usaina ekarri zuen aireak.

Barkatu aitaren hitzak, amak.

Ez dago zer barkaturik, nik, ahal nuen lasaien.

Ez zintuen mindu nahi.

Badakit.

Guretzat ere ez da erraza.

Ez, ez da, etorri zitzaidan mingain puntara. Ez nuen ezer esan.

Gelan sartu zenetik ez genion ia elkarri begiratu. Gaizki pasatzen ari zen, ez neukan haren aurpegira begiratu beharrik hori jakiteko. Gaizki pasatzen ari zen, bai, esan nahi zuena esan ezinez. Eta, batez ere, nik ezertarako biderik ematen ez niolako.

Esku-ahurrari begiratu zion, han markatuak balitu bezala egin beharreko pausoen seinaleak. Une hartan konturatu nintzen ama ez zela etorri aitarengatik barkamena eskatzera. Horretara bakarrik ez, behintzat. Nire asmoen berri atera nahi zidan. Zer pentsatzen nuen amonak hartutako erabakiaz. Prest ote nengoen Triestera joan eta pasatu beharreko larrialdi guztiak pasatzeko.

Brastakoan, galdera bat egin zidan eta nire susmoak egiaztatu:

Zer pentsatzen duzu zuk?

Zer erantzun asmatzen ari nintzela, norbaitek ate nagusia jo zuen. Arnasari eutsi genion. Amonaren ahotsa sentitu genuen gelako leiho irekitik. Ordu batzuk lehenago baino ahots alaiagoa iruditu zitzaidan. Nire irudipen bera izango zuen amak ere:

Berri onekin datorrela ematen du.

Eskua nire bizkarrean jarri eta bultzadatxoa eman zidan aterantz.

Amona Erikak gelatik irteten ikusi ninduenean, zerbait atera zuen harizko jakaren patrikatik poz-errainuzko aurpegi batez:

Ernst Lange jauna, ongi etorri aleman pasaportedunon mundura, eta pasaporte bati eta *permesso di soggiorno* bati eragin zien airean.

5

AMAK BI MUSU EMAN DIZKIT; aitak, aldiz, bostekoa, baina ez du nire eskua askatzen. Inork ez du hitzik egiten, dena isiltasunean gertatzen ari da. Aitak oso begirada nekatua du. Ematen du ez duela aspaldi handian lorik egin, eta ez ditu ni kontsolatzeko hitz egokiak bilatzen. Ez dit ezer esan. Arnasa sakon hartu, eta nire eskua askatu du. Amak alkandoraren lepoa atondu dit. Unea deserosoa da, ez berak ez nik dakigu zer egin. Bat-batean, amak besarkatu egin nau eta negarrez hasi da. Espero nuen erreakzioa izan du, baina ustekabean harrapatu nau hala ere. Maleta lurrean utzi eta amaren besarkadari erantzun diot. Denbora dezentez egon gara horrela, elkarri loturik eta ahoa zabaldu gabe. Annetteren zotinak sentitzen ari naiz nire gibelean.

Ama negarrez hasi zelako egin zitzaidan korapiloa eztarrian? Ez dakit, ez nuke asmatuko benetan sentitu nuena zehazten. Amaren negarrak eragindako erreakzioz hunkitu nintzen, eta ez berariaz. Hala da. Hala izan zela uste dut, behintzat. Itxura hutsa ez den hoztasun batez emandako besarkada batek itxura hutsa ez den erreakzio emozional bat eragin dezake. Hala eragin zidan niri. Hori da guztia, ez naiz hasiko izan ez zena esaten. Ez du zentzurik. Atsegin joka nezakeen, nahiz hartarako gogorik izan ez. Sentitzen ez nuena erakutsi. Irribarretxo bat, sentimendu handiko bi hitz, esker oneko zirkinen bat. Ezin izan nuen baina.

Ama besarkatzerakoan ez nuen hitzik esan, baina ez eztarrian korapiloa egin zitzaidalako.

Ez horregatik bakarrik, behintzat.

Zergatik, orduan, hainbeste buelta hain gertaera arruntari? Zergatik egiten zait hain astuna gertatu zena gertatu zen bezala kontatzea? Ez, ez zen pena izan gurasoak agurtzerakoan sentitu nuena. Berez, ez zitzaidan askorik kostatu familia agurtzea. Ez nuen txera berezirik sentitzen etxeagatik, atzean uztera nindoan guztiagatik. Neurri batean, lasaitasuna hartu nuen, banekien-eta alferrikakoa zela atzera begiratzea. Handik aurrera nire kemenen maizter izango nintzen: ez nion ezer zor izango inori, neure buruaren jabe izango nintzen, eta barrena esaten ari zitzaidan ordu arteko iritzi eta jokabide moralak eten behar nituela. Edo, gutxienez, bazter utzi, neure bizitza antolatu arte.

Goazen, amonak.

Lasaitua hartu zidan barrenak, maleta hartu nuen berriro. Aitak atea zabaldu zuen. Hego-haizearen bafada epelak jo zidan aurpegian. Pinu-erretxinaren usaina. Eguzkia gorenean zen eta argiak, zeru guztiz urdinetik, isla bizi distiratsuak sortzen zituen teilatuetan eta bidean.

Orain amak eta orain aitak, ozen:

Ondo ibili; zaindu amona, e?; kontuz hoztu mendi horietan.

Zelatan egon zitezkeen auzoek ondo entzuteko moduan ari ziren biak, niri ergelkeria hutsa iruditu zitzaidan modu batez, egun batzuk lehenago hasitako azpi-lanaren haritik:

Amonak Alpeak ezagutu nahi ditu, aitaren familiako adar bat hangoa baitu, baina haraino joateko laguna behar...

Hori edo antzeko amarruzko beitaren bat bota omen zuen amak okinarenean.

Alpeak! Neu ere joango nintzateke!, egin omen zuen hasperen okindegiko bezero batek.

Eta amak pasadizoa kontatu zuenean munduko balentriarik handiena egin izan balu bezala, auzo lotsa sentitu nuen. Ama, inor engainatu nahian. Hunkigarria benetan.

Taxian sartu ginen. Irribarre-edo halako bat saiatu eta eskua jaso nien gurasoei eta Annetteri autoaren leiho irekitik. Ez nituen gehiago ikusiko, ideia hori etorri zitzaidan burura. Adio aleman familia bateko partaide izatearen pribilejioari: hori ere une horretantxe etorri zitzaidan burura.

Bizirik jarraitzen nuen, hala ere. Ikusten nuen, entzuten nuen, usaintzen nuen. Umeak umetokian ezin du zilbor-hesterik gabe bizi eta jaiotakoan, berriz, zilbor-hestea eten behar zaio itoko ez bada. Horra.

Amonak abiatzeko agindua eman zion taxi-gidariari. Eskua erretiratu nuen eta leihoa itxi, gasolioaren usainagatik.

Ez nuen atzera begiratu.

Astebete igaro genuen amonak eta biok berez egun doian egin zitekeen bidaian. Alpeetako herriren batera iritsi, eta ostatua hartzen genuen, ez dotoreegia, ezta arruntegia ere. Gero, hara eta hona pasatzen genuen eguna bazterrak ezagutzekoak egiten. Eguraldiak uzten bazigun, belarretan esertzen ginen kremadun opilak jatera, eta freskagarriak hartzen genituen. Akazia zuria eta intxusa bereizten ez zekiten bi hiri-haize emango genuen; mendi-txangoan zebilen amona aberats eszentriko bat eta bere iloba kaikua. Pasaportea eskatu ziguten tokietan, poliziek zein ostalariek errutinazko arreta eskaini zioten bai amonaren pasaporteari, baita neureari ere. Halarik ere, urduri jartzen nintzen pasaportea erakutsi behar nuen guztietan, eta amonak errieta egiten zidan:

nire ardura bakarra bere amonarekin aspertuta dabilen gazte kezkarik gabe baten itxurak egitea zela esaten zidan beti.

Oso argi dut Brenner-en trenera igo ginenekoa. Italiara eramango gintuen tren huraxe hartzea genuen astebetez luzatzen ari ginen bidaia haren helburu bakarra, eta ez nengoen neure onean, banekien-eta kontrabandisten, espien eta desertoreen bidea zela, baita nazionalsozialistengandik ihes egin nahi zuen judu askorena ere. Trenak ikaragarrizko zarata egiten zuen eta amona isilik zihoan, bere baitara bildua. Erdi lotan, agian. Behin baino gehiagotan pasatu zitzaidan burutik nire benetako gurasoengatik galdetzea amona Erikari. Baina minduko ez ninduten kontuak eta hitzak, zer esango zidan besterik?

Hobe, bada, leihotik begira segitzea, handik ikusten nituenekin uxatzeko gogoeta oro.

Orain, arranoek-eta habia egiteko egokiagoak ziren amildegi eta troka izugarrien gaineko pasabideetatik igarotzen ginen; hurrena, trenak ez zuen oinezko batena baino abiadura bizkorragorik hartzen; gero, trenak txistu jotzen zuen tunelen bat zetorrelako, edo borda-multzo baten paretik pasatzen zelako, edo animaliak zebiltzalako trenbidetik hurbil; geroago, hodei ilun trinkoek sekulako abiada hartzen zuten hegazkinen antzo, eta gailur elurtuen beste aldean ezkutatzen ziren.

Kopeta kristalean nengoela, polizia bikote bat sartu zen gure konpartimenduan. Trena gelditzen hasi zen. Hain jarri nintzen urduri, non pasaportea lurrera erori zitzaidan. Azkar batean makurtu nintzen. Amona sentitu nuen hizketan, arin eta neurritasun kosmopolitarekin, polizietako bati eskatuz lagun ziezaiola leihoa ondo ixten. Polizia-bota bat ikusi nuen pasaportea hurbiltzen zidala. Lurretik jaiki nintzenerako, amona poliziei kontatzen ari zitzaien nondik gentozen, zein mundu laburra nuen nik, nondik nora ibili nahi genuen Italian.

Lehendabizi, Trentora. Handik, Paduara. Eta halaxe bidaia osoan, Erromara heldu arte. Katolikoak gara.

Poliziek alde egin zutenerako galgatua zegoen egoera, ez amonaren haserrea:

Nori bururatzen zaio haizeak astindutako lili batek baino dardara gehiago egitea! Zer nahi duzu, zure etorkizuna bertan behera hondatzea? Bizkorragoa zinela uste nuen.

Isilik nintzen bizkorren. Zer, bestela? Amonak hizketan jarraitu zuen, ahapeka eta hasieran baino otzanago, jokatzen ari ginen arriskuez. Nik ez nion jarduna eten, baina entzun ere ez. Begiak bildu nituen. Lo egitea gogoak munduaz beste egitea baita, lo asko egiten ari nintzen bidaia osoan.

Begiak itxi nituen. Gogoa oroitzapen batetik bestera jauzika, Elsbeth etorri zitzaidan. Eskua hartu nion. Nire eskua estutuz erantzun zidan. Belaze epelean eseri ginen. Luzaz egon ginen eskuen estutua gozatzen. Lotsatuta geunden, eta, hasieran, inguruko soroei begiratzen genien. Hartan, Elsbethek irribarretxoa egin zidan, desenkusazko keinu batez:

Egia al da? Judua zarela esan didate.

Amonaren garrasitxo batek esnatu ninduen. Ez nenkien non nengoen ere.

Zer ari da gertatzen?, amonak.

Trena, trakako zalapartatsu batzuk eman eta gero, guztiz gelditu zen. Langile bi ikusi nituen leihotik, pikatxoi banarekin trenera igotzen.

Trenbidea konpontzen ari direnak beste norabait eramateko geldialdia, esan nion amonari.

Trena ez zen, ordea, berriro abiatzen. Argia joan zen. Ez ginen pasillora irten, ez ginen lekutik mugitu. Zer gertatzen zen galdezka nabarmentzea baino, hobeto geunden konpartimenduan. Hartan geundela, trumoi-zartada baten eztanda. Bat-batean iluntzen hasi zuen, negu gordineko arrats behera bat balitz baino azkarrago eta trinkoago. Beste trumoi-zartada batek jo zuen. Brastako batean, sekulako ekaitza lehertu zen goiak eta beheak dardararaziz. Eraso handian ekin zioten haizeak lehendabizi, hurren neurriko elur maluten erauntsiak gero. Haizea eta hotza sartzen ziren indarrean bagoiaren zirrikitu guztietatik eta laster batean elurra pilatu zen leihoko ertzen kontra. Ez kanpoko argirik, ez trenarenik, doi-doi ikusten genuen elkar. Amonak ez zuen ezer esaten. Beldurrez egon behar zuen hark ere. Otoitz egiten, baina.

Bismarckenaren antzeko bibotea zuen itxura oneko gizon bat agertu zitzaigun konpartimenduan. Adeitsu, kapelaren ertza jaso zuen gu agurtzeko. Amona txartelen bila hasi zen instintiboki. Gizonak, irribarrez, lasaitzeko erregua egin zigun eskuaz.

Brennerreko geltokian ikusi zaituztet txartelak erosten, baina utikan, ez naiz tren-begiralea, gutxiago polizia, eta irribarretxoa egin zuen, baina ez indiskrezioaren desenkusa eske, gaizkiulertua gozatzen baizik. Saltzailea zela. Italiako emakume-jantzi luxuzko sentsualak eramaten omen zizkien Alemaniako emakume aurreiritzi gabeei; Alemaniako gerruntze luterano estuenak, Italiako emakume vatikanozaleenei. Hori guztia, barrezka eta azalkeria handi batez esaten zuen, eta amonari begirada kendu gabe.

Aurreko guztiak baino hurbilago erori zen tximista batek airea erre zuen eta amonak izuzko oihua egin zuen.

Ez larritu, *signora,* ustezko saltzaileak. Udaberriko ekaitzok zalaparta handikoak izaten dira, maitale jeloskor bat burura etorritako guztia esaten hasten denean bezalakoak, baina arrisku handirik gabeak. *Quattro nocci piccoli in un sacco grande.* Ez du bi ordu baino gehiago iraungo.

Ez zuen polizia edo espia baten aparteko itxurarik, baina espiei ez baitzaie zer diren nabaritu behar, ez nengoen eroso. Zergatik sartu zen gure konpartimenduan? Zer bilatzen zion berak baino hogei bat urte gehiago izango zituen emakume bati?

Amona Erikak, ordea, atsegin osoz segitzen zion solasa, eta gizonak esertzeko baimena eskatu zionean, amona leiho ondoko paretaren kontra arrimatu zen gerruntze-saltzaileari tokia egiteko. Hizketan segitu zuen gizonak, orain hemengo kontuez eta gero hangoez, zerez asea ugari duen oiloa artaletik artalera ibili ohi den moduan.

Gizonak ahots ederra zuen, sarkorra eta katuaren ilea bezain leuna. Ahotsari etekin asko aterako ziola pentsatu nuen. Ez bakarrik gerruntzeak saltzerakoan. Kurt etorri zitzaidan gogora: Italiara alde egin omen zuen ahots eder baten atzetik. Eta horrekin loturik, aukera bururatu berri batek kilima egin zion nire irudimenari eta entretenitu ere egin ninduen: lipar batez, amona imajinatu nuen Bismarckena bezalako bibote baten atzetik, behin irakurri nuen ipuin batean jendea sudur baten atzetik ibili zen bezala.

Gizonaren ahots sarkorrak atera ninduen sorraldi dibertigarri hartatik:

Alemaniaren eltzea txikiegia duk aleman guztiei jaten emateko. Eltzea handitzen ez badugu, irentsi egingo gaitiztek eta gureak egingo dik. Zorionez, Hitler zeukaagu. Eta hi bezalako mutilak.

Egun batzuk lehenago hitzok entzuteak harrotu egingo nindukeen. Ez ninduen harrotu, inarrosi baizik, eta atezuan jarri. Ez nekien amarruz ari zen; zerbait zekien niri buruz: zori hutsa ote zen hura guztia niri esaten aritzea; nire zoroak ote neraman entzuten edo ikusten nuen oro nirekin lotzera... Gezurra erantzunda, igarri egingo zidan. Egia esanda, berriz... Zein zen, ordea, nire egia eta zein nire gezurra? Nork hitz egin behar zion saltzaileari: aerodromotik pasatu aurreko mutilak, edo Adlerhausen begiak zabaldu zizkiotenak, edo bi mutilon gorpuzkinekin alkimiak sortutako golem batek?

*Odeon*en Paul Wegener-en *Golem*a ematen zutenekoa etorri zitzaidan gogora: nik pelikula ikusteko asmoa agertu orduko, juduen irudimen gaixotuak asmatutako ergelkeria bat duk golema, bota zuen Hermannek, eta, zinera joan ordez, juduak autobusetatik jaitsarazten igaro genuen arratsaldea.

Oroitzapenak oroitzapen, ez nengoen saltzaileari hitz egitera behartua. Isilik geldituta, mutil uzkurra nintzela pentsatuko zuen. Nik hori oldoztu eta amonak saltzaileari horixe bera esatea, bat:

Barka iezaiozu, oso mutil uzkurra da.

Nire buruan ez bezalako oihartzun makurra hartu zuen espresioak amonaren ahotan, gutxietsia sentitu bainintzen, nahiz amonak nahi zuen harexen bila nenbilen neu ere: saltzailea ahantz zedila nitaz. Alferrik, ordea. Saltzaileak nire mututasuna baliatzen ari zen ele eta ele jarduteko Alemaniako egoerari buruz, gazteon erantzukizunaz, etorkizunak guretzat gordea omen zeukanaz, alemanen arranoak buru bakarra behar ote zuen ala bikoitza.

Ez dakit egun hartan justu, baina eguntsu haietan hasi nintzen sentitzen ordutik utzi ez nauten zorabiotxoak. Buruko min deitu litezkeenak, ez, baina askotan sentitzen dut –bolada batzuetan, ia egunero– buru-arintasun halako bat noizean behingo ziztada ez oso zorrotzekin. Ezin izaten dut kontzentratu, buruari oxigenoa faltatuko balitzaio bezala da. Halakoetan, begiak ixteak lasaitzen nau. Edo bekaina kizkur-kizkur egiteak. Baita ardoa edateak ere. Baina orduan ez zitzaidan ardoa gustatzen.

Bekaina kizkurtu nuen, bada.

Saltzaileak kolpetxo bi eman zizkidan belaunean nire arreta bereganatzeko, eta, bigarren kolpean, hantxe pausatu zuen eskua.

Badakik, mutiko, behin gure adinera helduz gero, sentimenduak bakarrik geratzen zaizkiguk, saltzaileak, txera atsegin batez.

Haren eskuak nire belaunean jarraitzen zuen eta hantxe jarraituko zukeen baldin noizbait konpartimenduko argia piztu ez balitz. Trenaren abiada bizkortzen hasi zen, gero eta arnasots zalapartatsuagoarekin. Amonak ikara batean zabaldu zituen begiak. Saltzaileak eskua apartatu zuen nire belaunetik. Amonak leihoa pixka bat jaitsi, besoa atera eta kristal-ertzetan pilatutako elurra kendu zuen. Garbi-usain zorabiagarri batek hartu zuen konpartimendua eta bat-batean eguzkiak irten zuen bete-betean, eta paisaia elurtu berriak, edertasun paregabez, argi-keinu bizi etengabeak eragiten zituen eguzkiaren begi jolastietan.

Saltzailea zutik jarri zen. Pozten zela gu ezagutu izanaz. Amonak eskerrak eman zizkion ekaitzak iraun zuen bitartean gu bezalako beldurti ezjakin batzuek lasaitzeaz arduratu zelako.

Gizonak keinu bat egin zuen eskuaz airean, garrantzia kentzeko amonaren esker onari.

Plazer on, esan zuen gero, eta alde egin zuen.

Ekaitzaren ondoren ez genuen beste eragozpenik izan eta onik igaro genuen Austriaren eta Italiaren arteko muga, eta onik iritsi ginen Bozen-era ere. Onik iritsi ginela diodanean esan nahi dut ez zitzaigula inolako ezustekorik gertatu, ez poliziaren bisitarik ez gisako ezer, baina amonak bazuen zerbait, kezkaren bat edo auskalo zer, gogoa iluntzen ziona. Bozen-eko geltokian ordu erdiko atsedenaldia iragarri zuten. Halakoetan beti jaisten ginen trenetik, baina amonak besotik oratu zidan:

Ez, ilobatxo, bakarrik egingo dut hemendik aurrerako bidea. Saltzaile-edo delako horrek gure susmoak egin ditu, konturatuko zinen. Bapo. Merezi duen ordaina emango diogu.

Lehendabiziko asmoaren arabera, Trenton banatu behar genuen, nik Triesteko bidea hartzeko, eta amonak Ventimigliako mugakoa, handik etxera itzultzeko. Bada, Trenton, mugatik urruti samar, amaitzekotan ginen, eta ez Bozanen, amona eszentrikoaren eta iloba kaikuaren komedia. Hala jokatuta, inor ez zen konturatuko non galdu zen iloba kaikua.

Asmoz beste egin zuen, bada, amonak:

Ni irteten naizenean seguru nago saltzaile irtirin hori nire atzetik etorriko dela, ikusiko duzu. Bo. Zuk zeure maleta hartu eta aire hemendik. Sarri izango dituzu trenak Triestera. Aski denbora duzu Kurten hitzordura iristeko.

Eszena dramatikoenek ere beti izaten baitituzte fartsazko osagaiak, barren-irriari eutsi ezinik nengoen. Baina nola esan amonari saltzaile irtirina ez zebilela bere atzetik, ni bezalako mutil gazteen peskizan baizik? Musu eman zidan amonak. Gero, azkar batean, gerrikoa seinalaturik, beti aldean izan!, esan zidan galtzen gerri barrenean berak jositako poltsatxoagatik. Ni konturatzerako, amona joana zen konpartimendutik. Leihotik begira egon nintzaion. Ez zen jiratu, une hunkigarria behar zuen hartan ere bere buruari ezarritako segurtasun-arauak errespetatu zituen.

Jende dezente zebilen geltokian, asko eta asko militar-jantzian. Ganadu-tren bat ere bazegoen nasetako batean eta simaurraren usaina heltzen zitzaidan, nahiz leihoa itxita egon.

Bost minutu pasatu ziren. Saltzailearen arrastorik ez. Etsitzen hasita nengoen. Okerrenak pentsatzen. Denbora dezente pasatu zen trenetik jaisten ikusi nuen arte. Gure bagoirantz hartu zuen. Ez nekien zer egin. Bat-batean, ordea, polizia bat hurbildu eta zerbait eskatu zion. Biek egiten zituzten keinuengatik, dokumentuak edo horrelako zerbait. Kontua da bi gizonak, ez harmonia txarrean, geltokiko polizia-gunera joan zirela.

Maleta harturik, bagoitik jaitsi eta trenak noiz alde egingo egon nintzen txartelen aretoan. Amona ikusi nuen trenera igotzen, saltzailea eta polizia ere ikusi nituen gauza bera egiten.

Trenak alde egin zuen halako batean Trentoko bidean aurrera.

Triestera zihoan lehen trenagatik galdetu eta txartela erosi nuen.

6

ARRATSALDEAN ETA ALDITXARTUTA iritsi nintzen Triestera. Bidaiaren amaia. Maleta bagoiko saretotik jaitsi, eta trenetik irten nintzen. Amonak gerrikoaren barren aldean jositako poltsatxoa haztatu nuen. Han zeuden dirua eta Kurten helbidea: pasaporte eta *permeso di soggiorno* faltsuekin batera, mundura lotzen ninduten aingura bakarrak.

Geltoki aurreko plaza zabalari begiratu nion. Langar-lainoak ez zuen ezer ikusten uzten hamar metro baino urrutiago. Inor gabe gogoratzen dut plaza; lanbroak guztiz hartua.

Plaza zeharkatu eta, ordu asko baineramatzan ezer jan gabe, kale-kantoi bateko taberna terrazadunean sartu nintzen, euri-zirinaren ihesi. Baldan jantzitako gizakote bat zegoen geltokira ematen zuen beirate handitik hurbil. Paper batzuk zituen mahai gainean eta pipa bati eusten zion hortzekin. Marmar etengabean ari zen bere buruarekin. Agurea kenduta, neu nintzen tabernako bezero bakarra.

Mostradorera joan eta zer zuten jateko galdetu nion emakume txiki urduri bati. Erantzun zidan, hasieran italieraz eta gero alemanez, tripaki-zopa zela egun hartako eltzekoa. Ez nintzen oso tripaki zalea, baina aseak ez bezala begiratzen baitio goseak sagar mailatu bati, amen batean irentsi nuen atera zidaten platerkada ez oso ugaria. Hala ere, bazkari eder baten ase bera hartuta, kafe

esaera polita erabili ahal izateko

bat eskatu nion etxekoandreari. Grappa-tanta batzuk nahi nituen galdetu zidan. Eguraldiari kontra egiten lagunduko zidatela. Ez nekien zer zen grappa. Baietz. Kurten helbidea atera nuen gerrikoaren barreneko poltsatxotik eta Malcanton kaleaz galdetu nion. Tabernatik hamabost minutura doi zegoela. Pare bat ordu geratzen zitzaizkidan Kurten hitzordurako.

Zerbitzariak kafea prestatzen zidan bitartean, beiratera hurbildu nintzen. Langarrak, euri sarri bihurtzen ari baitzen, gero eta indartsuago jotzen zuen kristalen kontra, eta eskua pasatu behar izan nuen beiratean portu aldera begiratzeko. Ganduak lausotuta ikusten ziren bihitegiak, garabiak, nasak eta, urrunago, ontzien mastak.

Gizakoteak marmar petralean segitzen zuen. Espia bat emango nuela pasatu zitzaidan burutik. Mostradorera itzuli eta tragoa egin nion kafeari. Edariaren garratzak eztarria erre zidan, eztul egin nuen. Grapparekin bustitako kafearen lakartasuna eztarrian.

Kikara hustu bezain aise, botila seinalatu nion zerbitzariari.

Ostera kafearekin?, emakumeak.

Ez, hortik, nik, berriro botila seinalaturik.

Edariak ez beste guztiak kitzikatzen zidan gogo iluna –eguraldiak, kristaletako ganduak, tabernak eta hitz gutxiko tabernariak, gizakotearen bakarrizketak–. Boteredunen pozbide eta segurtasuna galdurik, zoritxarrez eta mehatxu guztiez inguratutako bizitza baten jabe izatera igaro nintzen oso egun gutxiren buruan. Ispilu baten aurrean banengo baino argiago ikusten ari nintzen nintzena: gizajo bat, horixe, zimitzek hartutako manta zahar latz batean bilduta. Zoritxarraren hondoa jo duenak ez du zoritxarraren akaberan sinesten.

Gizakotea burrundara ateratzen hasi zen ezpainekin, hegazkin-hotsak imitatuz. Burua atzeratu, begirada jaso eta hegazkinarena egiten zuen. Taberna zabala zen eta gizakoteak bere hegazkinei eragiten zizkien akrobaziak imajinatzen nituen nik. Hartan nengoela, eskuaz hasi zen hegazkinaren joan-etorriak imitatzen, eta ra-ta-ta-ta!, egin zuen agureak, tu-tanta lodiak irteten zitzaizkiolarik hortz zikinen artetik:

Fascisti di merda! Ra-ta-ta-ta! Abasso! Abasso!

Umberto, *taci!*, egin zion errieta zerbitzariak. Tabernatik bota beharko zaitut azkenean!

Gizakotearen begirada mahai gainean planeatzen hasi zen. Ezpainekin ateratako burrundara itzaltzen eta itzaltzen joan zen, harik eta guztiz isildu zen arte. Zerbait idatzi zuen mahai gainean zeukan paperean.

Kopa eta bidaiakoak harturik, mahaietako batera joan nintzen, gizakotearengandik hurbil samar. Tragoa jo nion kopari. Gorputza pixka bat jiraturik, gizakoteari begira jarri nintzen disimuluz. Lokietako ilea urdintzen hasia zuen, eta buru gainekoa, berriz, guztiz soiltzeko bidean. Bizar zuri egunetan egin gabeak aurpegiko zurbila nabarmentzen zion, eta hortzak, aldiz, beltz-beltzak zituen, piparen eraginagatik seguru asko.

Marmarrean hasi zen berriro bere kasa, begiak tabernako beiratea bezain argi-lauso. Bere artean mintzo zen arren, ahotsa ozena zuen, lodia, eta primeran aditzen zitzaion. Hitz eta espresio solteak ulertzen nizkion noizik behin:

Cattiva pioggia... Il sole di Spagna... Tempo di guerra, tempo di merda...

Gymnasiumean ikasitako italiera akademikoak nekez laguntzen zidan gizonaren jardunaren erdia ere ulertzen, baina ulertutako laburra aski nuen jakiteko zertaz ari zen eta bere hegazkina non egiten ari zen *ra-ta-ta-ta!*

Hartan, ahapeka zerabilen txalamatikari utzi gabe, begiratu egin zidan. Bekainak jasotzeko moduagatik, ematen zuen ez ninduela ordu arte ikusi. Gero, nire maletan pausatu zuen soa.

Ongi etorri munduko hiririk tristeenera, agureak.

Hori bai, ondo ulertu nuen Triestekoek beren hiriaz beti egiten duten txiste gordin hori, gizonak ez baitzidan Triesteko eran hitz egin.

Jaiki eta nire mahaira etorri zen. Zerbitzariak ni bakean uzteko agindu zion.

Ez dio axola, berdin zait, nik zerbitzariari.

Entzungo zion norbait behar zuen gizonak. Ni neukan. Hitz egin zezala. Berak bere zoroarenak kontatzen zizkidan bitartean, nirearenak isilduko zizkidan. Ez zen tratu txarra munduko hiri tristeenean egina izateko. Irribarre egin nion. Nazionalsozialismoak erakutsia zidan higuina zor niela agure hura bezalakoei, baina gogokoa nuen nik haren jardun eroa, eta han nengoen ni mozkor zahagi-azal bat iruditzen zitzaidan urlia batekin parez pare.

Tragoa jo nion ostera kopari.

Gairen bat atera nuen gero, Triesten beti halako eguraldia egiten al zuen edo antzeko hizpideren bat. Agureak nongoa nintzen antzemango zion italieraz egiteko nire moduari, aleman nahiko garbian hasi baitzitzaidan:

Alemana haiz, austriarra, suitzarra? Ikusten diat bai, ez haizela hemengoa. Baina hemen nor da hemengoa? Ni, ez. Baina hemen jaio ninduan, e?, eta hemen bizi izan nauk beti.

Arrapalada batean esan nion pasaportean nire jaioleku gisa agertzen zen hiriaren izena (Alemaniatik urrun nengoen; teorian behintzat, ez nuen zertan kezkaturik, baina nire egoera kontuan hartu behar etengabeak atezuan nindukan baita horditu itxurako gizakote batekin hitz egiterakoan ere), eta, gaiaz beste egiteko, arrapalada are arinagoan galdetu nion non ikasi zuen alemana.

Agureak toxa bat eta tabakoa biltzeko papera atera zituen brusaren barneko patrikatik, esaten zuelarik:

Triestekook belarri ona diagu hizkuntzetarako! Beste erremediorik, hainbat herritako gorotzen bidegurutze honetan! Pare bat astez, guztiz erakargarria egingo zaik hiri hau, bisitari guztiei gertatzen zaiek, baina gero hemendik alde egiteko amorratzen egongo haiz. Badakik? Munduaren uzkian gaudek eta ipuin batek ziok zulo honetan ospatuko dela Azken Judizioa!

Tabako-orri bat paperean bildu, ertz biak busti eta batu, eta zigarro bildu berria eskaini zidan, sekretu militar bat ematen ariko balitzait bezalako zeremoniaz. Ez nintzen ezetz esatera ausartu. Su eman zidan pizgailu metxadun baten punta sutua nire zigarrora hurbilduz. Gero, bere pipa bete zuen tabako-orriarekin eta atxiki luze bat eman zion.

Isilik eta tarteka ahokada bat ke boteaz egon ginen. Oso gogoan dut tabernako eszena guztia, eta ni zigarroa eta bera pipa erretzen egon gineneko denboratxo hura dut bereziki gogoan, aerodromokoa gertatu ondorengo lehen lasaialdiaren gisa oroitzen baitut. Unean unekoa bizi beharraren zaporea eskaintzen zidan zigarroari egindako atxiki bakoitzak, unean uneko gozamen txikien laburtasuna gogoratzen zidan ke-bihurren iraupenak. Bai, horixe dakar norberaren bizitzan garrantzi handia izan arren egunerokoak diren ekintza xaloei buruz hitz egiteak: ezin bestekoa duela erretorika. Baina trumilka eta nahasian datozkidan eta bata bestearen atzetik ematen ari naizen oroitzapenotan munta duen kontua da gero eta gusturago nengoela, eta batez ere lasaiago, Umbertoren konpainian.

Orduan ez banekien ere, Talmudek aholkatzen duena betetzen ari nintzen zintzo-zintzo: ezagutzen ez duzun hiri batera bazoaz, bakardadea arintzen dizun lehendabiziko pertsonarekin fidatu behar duzu.

Bakardadea, horixe arindu zidan Umbertok Triesteko hainbat istorio kontatuz, eta gauza bera egin zuen Triesten bizi izan nintzen denboran berarekin egon nintzen guztietan ere.

Umbertok klask egin zuen mingainarekin. Begietako distiragatik, agerikoa zen gustuko zerbait zerabilela buruan. Espero ez nuen gai bati heldu zion:

Hik ba al dakik Freud hemen bizi izan zela aldi labur batez?, eta pausa txiki bat egin eta gero, baina nire erantzunaren zain egon gabe: Eta zertara etorri zen?

Begiak zabaldu nituen, Freuderengatik bainoago, gizonaren kontatzeko irrikagatik (egun batzuk lehenago ez nuen ezer jakin nahiko Vienako doktoreari buruz: lizuna eta degeneratua zela, haren liburuak erre zituztela plaza publikoan, judu arriskutsuen artean arriskutsuena zela, horra zer zen Freud niretzat eta nire belaunaldiarentzat).

Agureak berak erantzun zion galderari, Freudenganako mirespena erakutsiz:

Aingiren sexua aztertzera etorri zuan. Weiss doktoreak lagundu zioan. Eta politena zuan nik harrapatzen nizkiela biei behar zituzten guztiak. Bost piezako, psikoanalisi-saio bat irabazten nian. Laurehun aingira aztertu zitiztean bi lagunek Freud hemen egon zen denboran. Atera kontuak.

So egin zidan ni kontuak ateratzen hastea espero izan balu bezala. Ez nion, jakina, ezer esan. Oroitzapen politen bat etorriko zitzaion burura, begiak argi-argi jarri zitzaizkion behintzat:

Ikasi nahi duk aingirak harrapatzen? Aski dituk kanabera bat eta txiki-txiki egindako itsaski-buruen apasta on bat. Inoiz Freudekin topo egiten baduk, esaiok nik irakatsi diadala. Nik, Umberto Saba aingira-zaleak. Poztuko zaik nire berri entzunda.

Segidan, kontatu zidan aingirek asko irauten dutela uretatik kanpo eta ez dela harrigarria gauez aingiraren bat bilatzea ihintzak edo euriak bustitako belazeetan sigi-saga, lamiak eta sugeak bezain isilpean eta limurtzaile. Kontatu zidana egia zen ala Umbertoren irudimenak asmatua, ez dakit eta bost axola, sekula ez dut Umbertok esaten zizkidanak egia ziren konprobatzeko premiarik izan.

Umberto ume bat bezala ari zen barrez eta txantxetan, atertu gabe hizketan:

Zergatik dute emakumeek guk ez bezalako botoidura? Badakik hik, badakik?, Umbertok. Eta inoiz edo behin ahalegina egin badut ere eman zizkidan argibideak gogoratu nahian, botoidurari buruzko galdera oroitzen dut, ez erantzuna.

Aldian behin toxa ateratzen zuen eta zigarro bat egiten zuen niretzat, bere pipa betetzen zuen gero. Pozik geunden biok.

Tupustean, kanpoko atea zabaldu zen alderik alde, eta haizea eta euriarekin batera, nire adin moduko mutil bat sartu zen, besapean zerbait zeramala lur-zaku batean bilduta.

Mutilak ez zuen txintik ere esan. Agureak ate aldera jiratu zuen burua. Desgogoz. Itxi ate hori, mila deabru!, esan zuen gero Umbertok, baina esaldia bukatu zuenerako atea itxita zegoen, atzera bueltakoaren indarrez.

Popatik! keinua egin zion mutilak Umbertori. Begi maltzurrak zituen, so egiterakoan munduarekiko ezinikusia barreiatzen zutenak.

Mutila mostradoreko izkina batera joan zen, egunkari bat atera zuen zakutik eta mostradorean utzi zuen. Gero, etorri bezala joan zen: hitzik esan gabe.

Oso ahapeka, ordu arte ez bezalako zuhurtziaz, hitz egin zidan Umbertok egunkari banatzaileari buruz:

Ziraun hori OVRAkoa duk. Egunkariak banatzen ditik irakurleak zein albisteren bila dabiltzan jakiteko. Nik denbora asko zeramaat egunkaririk irakurri gabe, ulertuko duk zergatik.

Ez nekien zer zen OVRA, ez nion ulertu zertaz ari zitzaidan. Errepikatzeko eskatu nion, baina, argitasunak eman beharrean, konspiratzaile baten moduan mintzatu zitzaidan:

Ibil hadi tentu handiz. Eta egunkaririk irakurri behar baduk, lekukorik gabe.

Alferrik nuen gehiago saiatzea, Umberto itzaltzen ari baitzen eta halako isilaldi sorgor batean sartzen. Bere baitako maskorrean ezkutaturik, ematen zuen damu zela nirekin jardun izanaz. Konturatu nintzen edalontzia hutsik zeukala aspalditik. Zutitu eta mostradorera joan nintzen. Umberto seinalaturik, edaria eskatu nuen. Etxekoandreak ezetz, agureak edan zuela aski. Saio dezentea egin behar izan nuen, emakumea konbentzitzeko.

Edaria ateratzen zuen bitartean, begiratua egin nion egunkariari. Espainiako gerran erretako hiri baten berri ematen zuen. Hiriaren izenak ez zidan deus esan. Erreketaren berri zehatza zekarren informazioak, baina argazkian ageri ziren etxe-multzo baten hondakinek harritu egin ninduten: ez ziruditen erreketa normal batek eraginak, ematen zuen zerutik erori zela sua etxe haien gainera.

Edariarekin itzuli nintzenean, Umberto basoari begira egon zen. Gero, ezezkoa egin zuen buruaz. Nik zutik jarraitzen nuen, iritsia baitzen Kurtengana joateko ordua, eta agurea agurtu nahi nuen.

Edariari uko egin izanak mirariren bat obratuko zuen Umbertorengan, ordu arte baino kementsuago hitz egin baitzidan eserita egon nintzen aulkia seinalaturik:

Eser hadi, eseri, gazte. Egunkariari begira ikusi haut. Infernuko lana, horixe egin ditek alemanek. Hi ez haiz horietakoa, bestela ez hintzen Triestera etorriko maleta tzar hori hartuta.

Atezuan jarri nintzen. Ez zion hitz egiteari uzten. Ematen zuen betidanik ezagutzen ninduela. Den-dena zekiela nitaz. Den--dena imajinatzen zuela, behintzat.

Ez zakiat zerk ekarri hauen hona, ez diat ezer jakin nahi, hobe izango duk hiretzat eta baita niretzat ere, Umbertok. Ez didak esan nola deitu behar diadan, esadak izen bat, berdin zaidak hire benetakoa den.

Pasaporteko izena eman nion ahal nuen hoztasun osoz: Ernst. Ernst Lange. Gero, pozten nintzela elkar ezagutu izanaz, pozik eseriko nintzatekeela berriro, baina presaz nintzela.

Bostekoa eman eta gero, kaleko atea hartu nuen.

7

FRESKURAK ON EGIN ZIDAN, burua uste baino buiatuagoa baineukan grapparen eraginez. Artean argia zen, baina euri sarriak moteldua.

Tranbia baten zarata gailendu zitzaion euriarenari. Oso azkar zetorren eta, abiaduragatik, zabuak egiten zituen. Nire parera iristean, ordea, abiadura mantsotu zuen, bideak bihurgune itxi samarra egiten baitzuen. Astiro samar igaro zen, bada, nire aurretik. Neska batek gidatzen zuela ikusi nuen. Ez zituen hogei urtetik oso gora izango. Noizik noizera, ibilgailuaren kanpaitxoari eragiten zion, aire biziaz, abisu emateko. Han hurbil gelditzen bazen, tranbia hartuko nuela pentsatu nuen. Pauso batzuk ere egin nituen tranbiaren atzeko balkoira igotzeko esperantzaz. Tranbiak, ordea, ez zuen tabernako etxekoandreak niri esandako bidetik hartu, justu kontrakotik baizik.

Euria xehe ari zuen, guztiz bustitzen ari nintzen, pausoan-pausoan ura sentitzen nuen oinetakoetan, baina ez zitzaidan axola. Ez nuen ezer sentitzen, ez nuen berebiziko kezkarik. Egoera hartan izan nezakeen aldarterik onenean nengoen: ez dut esango askatasunaren gailurrean sentitzen nintzenik, baina esan dezaket etsia kendua nuela gainetik. Hori frogatzeko, aski dut esatea pasaporteko nire izen berria errepikatzen nuela, Lange, Ernst Lange, benetakoa bezain laua edo lauagoa gerta zekidan. Ondo iltzatua gera zedin nire memorian.

Neke handirik gabe aurkitu nituen bai Malcanton kalea bai Kurten etxea. Amona Erikak emandako helbideak bigarren solairua markatzen zidan. Egurrezko eskailera ilun eta erpin batzuetan gora hartu nuen. Hormetako kareak kresal usaina zuen. Bigarren solairura iritsi nintzen. Ez zen ezer ikusten. Hormak haztatu behar izan nituen ateak non zeuden jakiteko. Bakarra zegoen. Etxebizitza bakarrekoa zen, bada, bigarren solairua.

Bi aldiz eragin nion aldabari. Zain egon nintzen.

Inor ez.

Harrigarria badirudi ere, nik ez nuen momentu bakar batez ere aukera hura aurreikusi. Horregatik, biluziago sentitu nintzen, eta Malcanton kaleraino eraman ninduen baikortasun guztia desegin zitzaidan brastakoan.

Amona Erikak emandako hitzorduaren data-orduak eta gainerako xehetasun guztiak errepasatu nituen. Dena zuzen zegoen nire aldetik, baina atea, amona Erikaren oharren arabera Kurten etxekoa behar zuena, ez zuen inork zabaltzen.

Berriro deitu nuen.

Urduritasuna gailendu zitzaidan eta gogoeta ilunenak etorri zitzaizkidan burura. Negarrez hasteko gogoari eusten ari nintzen. Han nengoen ni, gazte aleman sasoiko bat, goitik behera bustita, bihotzaren taupa bizia entzuten nuela eta munduaren ipurdian usnaka. Nora joan, zer egin behar nuen? Ez neukan ezertan pentsatzeko kemenik.

Maleta paretaren kontra jarri eta haren gainean eseri nintzen. Mela-mela eginda nengoen eta baita izerditan ere, bertan egosterainokoa baitzen eskailera haietako bahituran pilatuta zegoen bero hezea.

Iluntasuna aipatu dut lehentxeago. Isiltasuna gehitu behar zaio iluntasunari: ez zen ezertxo ere entzuten. Ez sukaldeko ontziterien hotsik, ez bestelakorik. Etxebizitza guztiak hutsik egongo zirela pasatu zitzaidan burutik. Baina kaletik ere ez zen euriarena beste hotsik heltzen. Ematen zuen zoriak mundutik guztiz aparteko eremu batera bota ninduela.

Umbertorekin gogoratu nintzen. Tabernara itzul nintekeen, baina auskalo non egongo zen agurea. Ezagutuko ninduenik ere ez zen kontu segurua. Gainera, tabernara nindoan bitartean, Kurt ager zitekeen. Pentsatu nuen: Nik tabernara joan-etorri egiten dudan bitartean Kurt agertzen bada, zerbait larria gertatu zaidala pentsatuko dik ez banau hemen ikusten; eta poliziari deituko balio nire desagerpenaren berri emanez? Aukera hark, normala den bezala, are gehiago inarrosi ninduen. Bertan geldituko nintzela erabaki nuen. Bestalde, non hobeto, inor bizi zenik ere ematen ez zuen aterpe bakarti hartan baino? Beste bihurdika bat eman nion aurreko pentsamenduari: Ez, Kurt ez duk agertuko, alferrik ari nauk esperantza hauspotzen. Kurtek ez ninduen ezagutu ere egiten. Zer interes zuen niri laguntzeko? Zergatik erantzungo zion aspaldi ikusi ez zituen eta bere bizitzako unerik zailenetan ezertan lagundu ez zioten senide urrutikoen eskabide bati? Gutxien-gutxienez, arazo desatsegin bat nintzen ni Kurtentzat. Ez zekien ni judua nintzenik, amona Erikak hori esan zigun behintzat, baina hala ere: izan behar zuen susmo txarren bat, pentsatu behar zuen telefonoz esan ezin den zerbait larriagatik bidali nindutela Triestera. Sinesgaitza zen, bada, Kurtek nire kargu egin nahi izatea, bere senean zegoen batek ezin zuen halako lanik hartu.

Gehiago lasaitzen ninduen Kurt zikoitz batengan pentsatzeak, nire etorkizuna Kurt mozolo baten eskuetan irudikatzeak baino.

Errendituta nengoen eta lo premian: nekeagatik, egun osoko emozioen eraginez, edan eta erretako guztiagatik, etorkizunari buruzko oldozpen ilunak nerabiltzala buruan. Atseden baten ondoren hobeto erabakiko nuela zer egin, eta egun argitan ez nituelakoan gaueko larritasunak hain beltz gogoratuko, gaua bertan egitea deliberatu nuen. Horrela, ia konturatu gabe eta nik bilatu gabe, neure buruaren jabe izateko tenorean nengoen.

Begiak itxi nituen. Bizirik hago behintzat, esaten nion neure buruari. Ez nuen atzera begiratu nahi, ez nintzen etorkizuna irudikatzeko gauza. Bizirik hago behintzat, bizirik hago, errepikatzen nuen neure burua kontsolatzeko.

Ez ninduen negar egiteko gogoak errenditu, bai, ordea, logurak.

Ez dakit zenbat denbora egingo nuen maleta gainean lo, baina, halako batean, eskaileretan gora zetozen urrats batzuek esnatu ninduten. Erne jarri nintzen. Urratsek lehendabiziko solairutik gora hartu zutenean, eztula egin nuen, gora zetorrenak nirekin estropezu egin ez zezan.

Nor dabil hor?, entzun nuen gizaseme baten ahotsa, lehendabizi italieraz eta gero alemanez.

Kurt?, irten zitzaidan.

Giltza-hotsak entzun nituen eta gero ate baten kirrinka. Etxe barruko argiak ni nengoen eskaileraburua ere argitu zuen. Gizon gihartsu bat neukan aurrean, ez oso altua. Argibideak eskatzen ari zitzaidan begiradarekin.

Eskutitz bat idatzi zizun amona Erikak, nik.

Gizonak sorbaldak jaso zituen:

Amona Erika? Bo, bo, nor da hain izen xelebrea duen amona hori?

Zoruak irentsi behar ninduela iruditu zitzaidan. Amonaren izen-abizenak, gure arteko ahaidetasuna, nekien guztia esan nion hala ere (orain konturatzen naiz ez nuela zuhurtzia handirik erakutsi), eta gelditzen zitzaidan aukera ia bakarrari eutsi nion segidan, ariman pilaturik neukan sentimendu errukarrienarekin eutsi ere:

Nahastu egingo nintzen.

Isilik, goitik behera aztertu ninduen. Buruari eragiten zion ezker-eskuin eta ero baten aurrean balego bezala begiratzen zidan.

Aurrean neukan gizonak ez zekien ezer gutaz!

Gutxitan bizi izan dut halako une nahasia. Onena, ahalik gutxien hitz egitea eta handik lehenbailehen desagertzea. Nora, ez nekien, baina hura ez zen leku segurua niretzat.

Maleta hartu nuen. Barkatzeko, okerren bat behar zuela egon eman zidaten helbidean.

Eskaileretan behera hastekotan nintzela, supituan gizona barre zantzoka hasi zen gogotik:

Baina nora hoa? Hor kanpoan sekulako euri-jasa ari dik, Lange jauna!

Pasaporteko izena entzuteak sekulako taupa eragin zion nire bihotzari. Bazuen nire berri!

Kurt?, galdetu nuen gau hartan bigarren aldiz, behar-beharrezkoa bainuen bistakoa zenaren konfirmazioa.

Dei iezadak *zio,* Kurtek. Nahiago baduk, deitu *zio* Angelo. Baina beti *zio.* Iloba bat datorkidala Alemaniatik, hala esan zieat ezagun guztiei. Ez deskuidatu: *zio* Angelo. Eta *zio* esaten zuen aldiro, ia modu komikoan markatzen zuen zeta.

Beraz? Zertan aritu zen ordu arte? Zergatik ez zidan estreinakoan erantzun, zergatik pasarazi zidan une batzuk lehenagoko estura krudel hura? Ezergatik ez. Edo, beste modu batera esateko, Kurten dibertitzeko era bitxiagatik. Triesten egin nituen hilabeteetan egokiera asko izan nuen une hartan ulertzen ez nuenaren lekuko izateko: beste inorengan aurkitu ez dudan umore klase bat zuen Kurtek –*umore* hitza badarabilt, Kurtek ere halaxe deitzen ziolako da–. Umore gordina. Jendearen biziera eta une ahulenak muturreraino eramaten zituena, haiei punta ateratzeko.

Nolanahi ere den: niri sinestarazi eta gero munduak ez zuela txokorik ni bezalako batentzat, Kurtek, artean barre zantzoka eta keinu teatralak eginez, etxera sartzeko gonbita egin zidan.

Sartu nintzen, bada, eta Kurtek, atea ixteaz batera, argia itzali zuen, esaten zuelarik: bonbillen argiak eltxo madarikatuak erakartzen ditik. Pentsatu nuen arrainaren usain desatseginak ere izango zuela zerikusirik eltxoen presentziarekin. Bat-batean, kandela baten argia egin zen, eta, Kurtek hura eskuan zuela, egin genuen pasilloan aurrera. Barrua eta burua nahasmendu sekulako baten mende nituela sartu nintzen sukaldean.

Kurtek mahaiaren erdian utzi zuen kandela, eta su-mihiaren dardara baretu egin zen.

Sukaldean beste inon baino trinkoagoa zen arrain-usaina. Kurtek arraina atera zidan afaltzeko. Eta baita ardoa ere, ez zuela jatorduetan alkohola hartzeko ohiturarik esan eta gero. Hurrena, egitekoak zituela, eta alboko gela batera erretiratu zen.

Egia esateko, ordurako gose nintzen, hiruzpalau ordu lehenago jandako tripakien inolako aserik gabe, baina arrainaren usainak atzera eragiten zidan. Aingira izan zitekeela bururatu zitzaidan. Arnasa hartu eta arrain zati bat sartu nuen ahoan. Gehiegi egina zegoen eta lehor-lehorra. Ahoan bueltaka erabiliagatik ere, puska ez zen xehatzen, ezin nuen arrain-bola lehor hura irentsi. Begiak itxi eta tragoa eman nion ardoari, arraina irensten laguntzeko. Ardoa beltza bezain trinkoa zen. Ia grappak bezala erretzen zuen eztarria.

Irrati baten dialari eragiterakoan ateratzen diren hotsak iruditu zitzaizkidan. Sukalde ondoko gelatik zetozela ematen zuen. Beste arrain zati bat sartu nuen ahoan eta beste trago bat ardoari. Beste zati bat eta tragoa. Halaxe lortu nuen platera hustea.

Kurt sukalde ondoko gelatik itzuli zenean, ez zen gehiago dial-hotsik entzun.

Hik huen hik gosea arrain lehor hori guztia bukatzea lortu baduk, esan zidan barre zantzoka. Eta gero: Zer iruditu zaik Lloyd-cittá?

Ez nuen galdera ulertu.

Triestegatik ari nauk, berak.

Argibideak ematen hasi zitzaidan: ordu batzuk lehenago Umbertok *Trieste* eta *triste* lotu zituen bezala Trieste munduko hiririk tristeena zela esateko, Kurtek *Lloyd* eta *Trieste* lotu zituen, horrela markatu nahiz aseguru konpainia ezagunak zuen garrantzia Triesteko burtsan eta portuan, Triesteko bizitza ekonomiko osoan.

Halaxe ezagutu nuen, bada, Triesteri buruz esaten den bigarren topiko erabiliena:

Hiri osoa Lloydi begira bizi duk, esan zidan. Eta segidan galdetu zidan: Gustatu zaik batere? Hiria esan nahi diat.

Nik, ez nuela Trieste ezagutzeko aukera handirik izan. Geltokitik irten eta, euria ari zuenez, taberna batean egon nintzela hitzordura bitarteko denbora guztian, agure baten konpainian. Agureagatik galdetu zidan. Deskribatu nuen, agurearen izena ere eman nion.

Hara, hara, gure Umberto ezagutu duk-eta! Jatorra tipoa, bai behar ere! Bazagok hemengo parkeetan Umbertok baino merezimendu gutxiago egindako jendearen bustorik.

Eta nik ezer esaterako, Kurtek:

Kontatuko zian Freudena eta belazean ibiltzen diren aingirena.

Nik, baietz, eta barre egin genuen.

Kurtek ez zuen ni Triesteraino eraman ninduen gaia ateratzen, ez zuen interesik erakutsi ez familiaren berriak ezagutzeko ezta nire asmo edo desirak ere, eta, azkenean, ia etxean sartu nintzenetik buruan nerabilen galdera egin nion, zuzenean eta garbi:

Pentsatua duzu zerbait niretzat?

Bekainak jaso zituen. Espero behar zuen noiz edo noiz nik galdera hura egitea, baina jarri zuen aurpegiak aditzera ematen zuenez, munduko konturik bitxiena aipatu nion.

Denbora dezente hartu zuen erantzuteko. Tarte horretan malko handi bat askatu zion kandelari eta hatz artean erabiltzen zuen jira eta buelta, Golem txiki-txiki bat zertzen ariko balitz bezala.

Ikusiko diagu, hi ez larritu, Kurtek halako batean.

Eta hitz horiek esan eta gero, Umbertoren gaia ekarri zuen ostera solasera, naturalak izan nahi zuten tonua eta keinuak erabiliz:

Umbertok kontatuko zian gizakion sorrerarena ere.

Ederki konturatu bainintzen Kurtek ez zuela nire etorkizunari buruz hitz egin nahi, hark berriro ateratako gaiari heldu nion nik gogoz kontra badarik ere, eta ezetz, Umbertok ez zidala halakorik kontatu.

Harritzekoa zela, Kurtek. Triesteko geltoki aurrean egoten zela askotan, trenez iristen ziren bisitari arrotzei istorioa kontatzeko. Eta hori esan eta gero, Umbertok Triestera iritsi berriei kontatzen omen zien istorioari ekin zion Kurtek:

Humanitatea familia handi bat duk, Adan eta Evarengandik jaio den familia handi zabala. Sortzaileak buztinaz moldatu zian Adan, eta gero, buztinari hats eginik, bizitza eman zioan. Hik badakik hori guztia, jakina, baina seguru nagok ez dakiala Talmudek dioena.

Ezpainak bildu eta, isilik, zain gelditu nintzen. Sortzailea buztinarekin nola, halaxe ari zen Kurt kandela-malkoaz jolasean. Halako batean, ordu arte antzeman ez nion eta solemnea deituko nukeen seriotasun batez mintzatu zitzaidan:

Sortzaileak munduko parte askotatik jaso omen zian buztin hura, horrela gizaki guztiok etxean bezain eroso sentitu gaitezen munduko parte guztietan.

Azkeneko hitzek asko hunkitu ninduten, niri ongietorria egiteko modu bat izango zela pentsatu bainuen.

Nekatuta egongo haiz eta loaren premian, Kurtek.

Afaltzeko erabilitako ontziak jaso, eta, Kurtek hala eskatuta, harraskan utzi nituen, han pilatutako beste hainbat ontzi erabiliren gainean. Gero, kandela harturik, leihorik gabeko gela txiki batera eraman ninduen. Lastaira bat zegoen lurrean.

Ez duk oso erosoa, baina gaztea haiz, Kurtek.

Zapatak erantzi nituen. Busti-bustiak zeuden. Kurtek periodiko zahar bat ekarri zuen, eta, zatiak bil-bil eginik, zapaten barruan sartu zituen, zapatetako hezea paperak har zezan.

Euria aditzen nuen borborka zulatua behar zuen tutu batetik erortzen. Haren hotsak ez zuen, ordea, guztiz estaltzen atzera--aurrera zebilen irrati-dial batena.

Kurten ekintzei buruz ezin konta ahal aieru eginez eta lastairako zimitz ugarien konpainian hartu ninduen loak.

8

BIHARAMUN BERANDUAN esnatu nintzen, hazkuraz zimitzengatik eta gihar guztietako minez zoru gainean botatako lastaira meharraren eraginez. Denbora hartu nuen non nengoen jakiteko. Handia zen zarata, bezperan ez bezalakoa: ontziteriaren soinua, katuren baten marraoa, kanpai-hotsak eta portuko sirenen eta oihuen zarata-ore trinkoa.

Bizitza.

Italian nengoen. Salbatuta nengoen. Zeri deitzen zaio, ordea, salbatuta egotea? Eta edozer delarik ere, zertarako? Ezin nuen inolako bizitzarik imajinatu. Bospasei hilabete pasatzeko adina diru eta Kurtek agian eskainiko zidan lana, ez nuen beste etorkizunik. Hala ere, ezeren ardurarik sentitzen ez duen barne-lozorro halako bat lortzen ari nintzen apurka-apurka: memoria atzean uztea erabakita iritsi nintzen Triestera, iraganak ez zidan arrangurarik sortuko.

Hori uste nuen, behintzat.

Ohean agondu nintzen. Burua astun neukan, bezperako grappa eta ardoaren eraginagatik eta gaizki lo egin izanagatik. Noizean noiz hotzikarak sentitzen nituen gainera. Begi-bistakoa zen bezperako bustiak erasan egin zidala (oinetakoak, artean zeharo lehortu gabe, lastairaren albo batean zeuden, barruan sartutako periodiko puskekin), baina, aldi berean, itotzen ari nintzen leihorik gabeko gela txiki hartan.

Ohetik jaiki eta pasillora irten nintzen. Ez zen etxe barruko hotsik entzutzen, kanpotik zetozen guztiak. Ez nekien zein ordu zen, baina bai egunak aspaldi argitu zuela, eguzkia bete-betean sartzen baitzen pasilloan eta etxe osoan.

Kurt?, egin nuen dei ez oso ozen.

Deia egin bezain agudo, Kurtek emandako aginduarekin gogoraturik, *zio* Angelorengatik galdetu nuen sukaldera joanda, eta baita Kurtena behar zuen logelako atean ere. Ohe txiki jantzi gabe bat zegoen atearen pareko hormaren kontra, leiho handi samar bati begira. Mahaitxo bat, berriz, ohearen ondoan. Ohearen aurrez aurre, armairu handi bat, hiru ateetako bat erdi zabalik. Gauean entzundako irrati-hotsekin gogoratu nintzen. Gelan ez zegoen oheaz eta mahaiaz gainera armairua beste altzaririk. Irratiak bertan behar zuela-eta, armairuan begiratzea pasatu zitzaidan burutik. Armairu hartan izango zituen gordeta maitale opera-kantariaren oroitzapenezko hainbat gauza ere. Kurt ez zegoen etxean, nekez izango nuen hura bezalako aukerarik.

Ez nintzen ausartu, ordea, eta bainugelara joan nintzen. Txikia zen eta zernahi gauzaz betea: komun baterako trepeta arruntez gainera, kanabera bat eta arrantza-otarre bat, aldizkariak, bizikleta baten gurpila, botilak eta orain gogoratzen ez ditudan beste lanabes asko zeuden bertan. Komuna eta trastelekua zen, beraz. Aurreko hormaren goiko partean, leiho txiki batek pendiz handiko teilatutxo batera ematen zuen. Gortina lizundu bat korritu nuen dutxatzeko. Tutua herdoilduta zegoen eta dutxaren zorua, zikina; nahiago izan nuen, bada, aurpegia eta hortzak konketan garbitu, nahiz hura ere zikina zegoen eta bertako tutua, herdoildua.

Logelara itzulirik, janzten hasi nintzen. Arropa guztiek, barrukoek zein kanpokoek, bi letra txiki gorri zeramatzaten. E.L.

Barretxoa atera zitzaidan pentsaturik nire ama-amonek hartutako lan haren guztiaren helburua ez zela nik arroparik ez galtzea, nire nortasun berria beti oso presente izatea baizik.

Maleta hustu nahi nuen, baina ez zegoen arropak non gorderik. Angelok besterik eskaintzen ez zidan bitartean, maleta izango nuela armairu, eta huraxe txukuntzen ari nintzela –ordena da etxeko pitxirik ederrena, esaten zuen amak–, Elsbethek oparitutako egunerokoa ikusi nuen hondoan. Etxetik irten nintzenetik ez nuen egunerokoa ukitu ere egin, eta Elsbethekin, berriz, oso bakanetan oroitu nintzen. Hartaz ohartzeak –eta amak esan ohi zuenaz gogoratzeak– ez zidan sentimendu berezirik eragin.

Jantzi eta gero, sukaldera joan nintzen. Leihoa zabalik zegoen, baina gauean bezain trinko sentitzen zen arrain-usaina, eta ontziek, berriz, gauean utzi bezala segitzen zuten harraskan. Harrikoa egitea pentsatu nuen, baina kiratsak atzera eragin zidan. Hartan, paper-mutur idatzi bat eta giltza bat ikusi nituen mahai gainean, bezperako kandelaren ondoan. *Angelo* zioen paper-muturreko firmak, eta oharrak abisatzen zidan ez zela eguerdia arte etorriko. Abisuak hartaz ezer esaten ez bazuen ere, giltzak etxekoa behar zuen. Patrikan sartu nuen.

Bezperan Kurti buruz egindako aieru berak etorri zitzaizkidan. Ezer gutxi nekien berari buruz. Gogoan nuen aitak erreparo handia erakutsi zuela amona Erikak ni Kurtengana joateko aukera aipatu zuenean. Kurt onik libratu bada, konpontxo egin duelako faxistekin, hitz horiek edo oso antzekoak esan zituen aitak. Baina ezkutuko irratiak aitaren ustearen justu kontrakoa iradokitzen zidan niri. Pare bat orduz egon nintzen Kurtekin, gehiago ez, eta eragin zidan inpresioagatik, sator-lanen batean ari zelakoan nengoen ni, eta ez agintariei ipurdia miazkatzen:

irrati baten botoiari batera eta bestera eragiterakoan ateratako hots kirrinkariek ez zuten niretzat beste argibiderik. Ezta eltxoen aitzakiarekin kandela baten argitan egoteak ere. Ezta Kurt deitu ordez *zio* Angelo deitu beharrak ere. Agian ez ziren aski arrazoi Angelo Mussoliniren edo auskalo zeren kontrako konspiratzailea zela esateko, baina uste osoa nuen denborak arrazoia emango ziola senak esaten zidanari.

Aieruek gosea areagotu zidaten. Sukaldeko armairuetan begiratu nuen. Galleta bigundu batzuk aurkitu nituen eta pote bat ezti, baina kaferik edo halakorik ez. Basokada bat ur edan nuen lehendabizi, eztiz bustitako galleta batzuk jan nituen gero. Segidan, goragaleari kontra egiteko arnasa sakon harturik, harrikoa egin nuen ahalik lasterren.

Azkeneko ontziak eskutrapu histu batez lehortzen ari nintzela, giltza-hotsa. Kurt izango zela pentsaturik, sukaldeko atetik begiratu nuen. Emakume gizen bat sartu zen etxean. Ez zuen hitzik egin. Nire ondotik igaro zen. Esne minduaren usaina zerion. Ez zidan begiratu ere egin. Sukalderaino joan, aurreko mantal txiki bat bere gerri oparoan lotu eta nik garbitu berri nuen harraskako ontziteria garbitzen hasi zen berriro. Gero, bainugelako lanak egin zituen eta etxe osoa pasatu zuen, orain erratzaz, orain hautsak kentzeko trapuaz. Ez zuen ordubete egin guztira: tarte hartan, ez zion utzi lana egiteari eta bere gorpuzkote oparoaren gizenak bilin-bolon dantzatzeari. Etorri bezala alde egin zuen, isilik eta ni han ikusi izanaren seinalerik eman gabe: Kurten etxean egon nintzen boladatxoan bizpahiru aldiz ikusi nuen emakumea, eta ez zuen sekula hitzik egin.

Emakumeak alde egin zuen, bada. Ni kalerako prestatzen hasi nintzen eta, une hartantxe, hotsak sentitu nituen berriro kanpoko atean, oraingoan deika ari zen norbaitenak. Harrituta nengoen hango bat-bateko joan-etorriarekin eta, bestalde, ez nekien atea ireki behar nuen ala ez, Angelok ez baitzidan horri buruzko argibiderik eman.

Kask-kask jo zuten berriro.

Apri, sono io!, esan zuen gizonezko baten ahots marrantatuak.

Pentsatu nuen beharbada emakumeak etxea pasatzerakoan ateratako hotsak entzun izango zituela. Atea zabaldu nuen.

Atekoak, buruan zeraman lastozko kapela erantzirik, egunonak eman zizkidan. Ondo jantzita zegoen, negozio gizon bat ematen zuen. Burua aurreratu eta etxe barrura begiratu zuen.

Angelo?, hark, estualdian dagoen baten tonu kezkatsuan.

Angelok goizean goiz alde egin zuela etxetik, ez nekiela noiz itzuliko zen. Esan ziezadala bere izena eta neuk emango niola berak nahi zuen mandatua nire osabari.

Nik osaba aipatu eta gizona niri begira-begira geratzea, dena bat:

Angeloren iloba alemana izango haiz?, eta nik ezer erantzuterako, jiratu eta diosala doi-doia eginik, alde egin zuen.

Zain egon nintzen. Oin-hotsak itzali ziren. Leihotik begiratu eta gizona ezkaratzetik irteten ikusi nuen. Bistatik galdu nuenean ere, begira segitu nuen. Beharbada, nire errezeloek ez zuten inolako funtsik, egoera ezohiko batek eta toki ezezagun batek sortutako egonezinaren fruitu ziren agian, baina nire irudimenak ibilera bihurriak egin zituen gizona galdu zen kale bihurrietan barna.

Handik puska batera, hamarrak jo zuten elizaren bateko kanpaiek. Kurtek utzitako giltza sarrerakoa zela konprobatu eta kalera irten nintzen, poz handirik gabeko beste egun hutsal horietako bat nola edo hala pasatzeko asmoarekin.

Erromatar antzoki baten hondakinen inguruan kiribildutako kaleek nire hiriko kaleek ez bezalako xarma erakusten zuten, leihoetatik zintzilik zeuden arropengatik, etxekoandreek leihotik leihora egiten zituzten deiadarrengatik, edozein bazterretatik ageri ziren katuengatik, hormetako karea jaten zuen kresalaren usainarengatik.

Kaioen kurrixka etengabeak entzuten ziren. Zuzenean portura joateko asmoarekin hasi nintzen ibiltzen, baina ez nuen batere norabide zuzena hartu, pausoek aldapatxo batera eraman bainінduten eta aldapatxoak, berriz, pendizean eraikitako etxetarte estu eta harresi baxu goroldiotsuen arteko harmailetan gora, harik eta hiri gaineko muino-muinoan zegoen San Giusto izeneko eliza aurreko plaza zabalera iritsi nintzen arte.

Han goiko airea hiri barrukoa baino freskoagoa zen, akaziak loretan zeuden, uda bidean ginen. Zerua, aldiz, urdin garbia zegoen, bezperako langarraren inolako arrastorik gabe. Zoruko putzu ugariek bakarrik oroitarazten zuten ordu batzuk lehenagoko euri sarria.

Usoak nonahi, salto txiki zalapartariak eginez hurbiltzen zitzaizkidan nik zerbait ematea espero balute bezala, eta nik pauso bat eman orduko, atzera egiten zuten haiek, baina nigandik urrutiratu gabe. Itxura zarpaileko eskale hankabakar bat ikusi nuen San Giustotik irten eta usoei ogi-apurrak jaurtitzen. Pentsatu nuen gizakia edonora eta edozer egitera irits daitekeela: bere neurriko kapa josten du beti eta zulo beltzenean ere gauza da bizitza ez doakiola hain gaizki sinesteko; egoera miserableenean bizi denak ere bizitza aurrera ateratzeko modua egiten du, bere neurrira erabakitzen du zer den errespetatu beharrekoa eta zer ez. Halakoak nerabiltzan neure baitan. Ez nintzen konturatzen nire egoera zegoela eskalearen aitzakiaz pentsatutako burutazio horien atzean. Edo agian bai, agian konturatzen nintzen, erdi oharkabean bazen ere, eta beste kontu arruntago bat nuen, beharbada, arazo: ohartzen nintzenik ez nuen aitortu nahi.

Plazaren amaierako balkoi zabalera hurbildurik, luzaz egon nintzen portura begira, aurrez aurre neuzkan ontzietatik zein zen gerraontzi eta zein merkataritzakoa erabakitzen. Ez nuen inoiz portu bat ikusi nobeletan eta zinean baizen, baina aurrean neukan estanpa ez zitzaidan nekazari-giroko eszena bat baino arrotzagoa. Erakargarriagoa eta misterio gehiagokoa, bai behar ere, baina ez urrunagokoa. Portu askoren irudiak nituen buruan, liburuetatik eta zinetik jasoak. Aurrean neukanak denak ezabatzen zituen. Edo, hobeto esanda, denak hartzen zituen bere baitan: portu hura nik ezagutzen nituen portu guztien berrespena eta ispilua zen, han zeuden balearen arrantza eta piratak, hura zen abenturetara irten eta uharte galduetara heltzeko abiapuntu. Eta nire irakurketek-eta eragindako malenkonia hura areagotzen zuen zertzelada: portua nahiko garbi ageri zen, baina ez itsasoa, gandu mehe-mehe batek hartua baitzuen haren gaina.

Portutik norabide guztietara barreiatu nuen begirada, eta ideia bitxi bat otu zitzaidan: hiria uharte bat zela. Trenez iritsi nintzen Triestera, banekien ez nengoela urez inguratuta, baina ez dakit garbi zergatik, uharte baten moduan irudikatu nuen Trieste han goitik, San Giusto plazatik.

Ez dakit zenbat denbora egin nuen portura eta hirira begira. Muinoko airea gero eta freskoagoa zen eta alde egitekotan nintzen unean, talde baten kantu-hotsak heldu zitzaizkidan. Berrogei bat mutil izango ziren, denak alkandora beltzak jantzita. Eliza aurreko plazara iritsi, denak lerroan jarri, besoak luzatu eta, kantatzeari utzi gabe, elizan sartu ziren apaiz bat aurretik zutela.

Eszenak eta muinoko freskoak erasan egin zioten nire ordu arteko aldarte badaezpadakoari, eta han abiatu nintzen aldapan behera, koska handienetan belaunen ahultasuna nabaritzen nuela eta Angelori buruzko kontuak kabutan nerabiltzala (ia oharkabean, Angelo izena Kurtenaren tokia hartzen ari zen nire baitan). Oraingoan, ordea, kontuok ez ziren nik ikusi ez nuen irrati baten inguruko susmoak, Angelok nirekin izandako portaera bakanaren gainekoak baizik. Batetik, buru-buztanik gabeko txantxa gordin batekin errezibitu ninduen. Bestetik, niretzat egitekoren bat pentsatua ote zuen galdetu nionean, ez zidan niri buruzko asmorik aurreratu, ez ezer esan. Auskalo zein maitale-klaserengatik den-dena utzi eta hilketa-kasu batean inplikatua egon zen gizon arrotz baten mende neukan nire etorkizun guztia.

Ni, berriz, ez nintzen ni, pasaporte eta *permesso di soggiorno* faltsu batzuetan ageri zen izen arrotz bat baizik. Inor ez. Desesperatuak egon behar zuten nire gurasoek halako zerbait onartzeko. Ez ninduten ikusten, ezagutzen ez nuen hiri bateko portu aldera nindoala, pentsamendu ilunak baztertu ezinik eta gero eta hotzikara sarriagoak sentituz! Gero eta joago nengoen, trenpe txarraren maizter. Ez nuen, ordea, Angeloren etxera itzuli nahi, orduak eta orduak bertan bakarrik egiteko aukerak ez ninduen-eta asetzen. Hirira jaitsi eta kafesne bero bat hartuko nuen. Egunkariren bat erosiko nuen. Paper-dendaren batean sartu eta, postalen bat erosteko aitzakian, italiera praktikatuko nuen dendariarekin. Hitz gutxitan: orduak entretenituko nituen. Edozer gauza, etxera bildu eta han neure buruari galderak egiten eta neure barruko harren lardaskan egotea baino. Kalean alde batetik bestera, ez nuen lortzen kezka eta iluntasuna gainetik kendu eta kontu arruntagoak pentsatzea; baina etxe zuloan sartuta, zailagoa izango nuen.

Ikusi nuen lehendabiziko tabernan sartu nintzen. Zur ilunez estalitako hormak zituen. Mahaiak ere, zur ilunez eginak. Lokalak leihorik ez zuenez, sarrerako atea eta mostradorearen gaineko bonbilla zituen argi-iturri bakarrak. Jenderik ez bazegoen ere jende asko egona izango zen, zigarro-kez beteta baitzegoen. Handia zen zoko-usaina. Alde egitekotan nintzela, hitz egiterakoan ere zigarroa ezpainetatik kentzen ez zuen gizon txiki beltzaran bat ikusi nuen zer nahi nuen galdetzen zidala ke artetik. Kafesne bero-beroa eskatu nion. Eskatutakoa atera zidanean, barruan marmelada zeraman opil txiki bat eskaini zidan. Ez nintzen, ordea, gose; eta gose izanda ere, ezetz esango nion.

Zerbitzariaren atzean ispilu handi bat zegoen. Arretaz aztertu nuen neure burua. Nekatu itxurak zaharrago egiten ninduen, baina ni nintzen. Nor nintzen, ordea, ni?, hori zen ispiluak berdinduko ez zidan koska.

Bat-batean, mutil koskorretako oroitzapen bat etorri zitzaidan burura (nire judu izaera deskubritu berriak azaleratutako oroitzapena, dudarik gabe): igande batez, mezetatik irten eta paseoan gindoazela, gurasoek aspaldian ikusi ez zuten emakume batekin egin genuen topo. Orain horretaz eta gero hartaz ari zirelarik, emakumeak niri begiratu zidan eta antza hartzen hasi zen:

Begiak, aitarenak, kokotsa eta aho-aldea amarenak...

Ba, ez, begiak nireak dituela esaten dute denek, amak, harrotasunez.

Edozein umerentzat garrantzirik gabea den pasadizo hark ondo azaltzen du zer nolako ispilu deformatuen galerian kondenatuta bizi izan nintzen ni. Alemana nintzela uste izanda bizi izan nintzen hainbat urte, harik eta judua nintzela deskubritu zidaten arte. Aleman-agiri aizunei esker alemana izaten segituko nuen (aizuna, baina alemana). Benetan nintzena ezkutatu eta ez nintzena nabarmenduz bizitzea zen, bada, arrisku guztiak saihesteko modua. Ihes egiten duen presoak menderatu berri duen kartzelariaren arropak janzten ditu oharkabean pasatzeko. Bestela, zer?

Barrezka hasi nintzen, ozen hasi ere, pentsaturik agian gurasoekin gertatu zitzaidan koska bera gerta zekidakeela egunen batean *zio* Angeloren lagunekin ere:

Hara, hau duk beraz hire iloba! Ezagun dik bai kopetan! Eta baita ibileran ere!

Zerbitzaria neukan aurrez aurre nik eskatutako kafesnearekin, zigarroa ezpain artean zuela. Ero batekin balego bezala begiratzen zidan. Barrea bridatu, eta edariaren beroak utzi zidan bezain lasterren hustu nuen katilua.

Edariaren beroak adoreturik, kalera irten eta portu aldera abiatu nintzen kresalak erretako kale meharretan aurrera. Pianola baten musika mekanikoa entzuten zen hurbil samar. Musika abaildua: ematen zuen ez zuela aurrera egiteko gogorik.

Artean eguerdia izanagatik, puta dezente zegoen atari eta kale-kantoietan. Bezerorik, apenas. Rothstrasse-ra lehenbizikoz joan nintzenekoaz gogoratu nintzen. Bospasei lagun ginen, denok ere katu ederrarekin. Emakumez beteriko taberna batean sartu eta edatekoa eskatu genuen. Erreparoak jarri zizkiguten, oso mozkor geundelako eta baita mukizu batzuk ginelako ere. Oilartu ginen, zer edana atera ziguten. Aldian behin, bezeroren batek neska bat hartzen zuen besotik indarrez eta zurubi ilun batean gora igotzen ziren. Gu, ordea, nesken titietara begira eta haien izterrak ukitzen kontentatu ginen, mozkortuegi geundelako eta, urduritasuna disimulatzeko, edan eta edan segitzen genuelako. Handik oso egun gutxitara joan nintzen ostera Rothstrassera, egin nituen bisita gehiago ere, baina beti bakarrik eta ez lehendabizikoan bezain mozkor.

Oroitzapenotan murgilduta, puta bat irten zen horma zarpiatutako ezkaratza ilun batetik, eta brastakoan hartu ninduen, tranbiaren astinaldi batek nire gainera bota izan balu bezala. Zerbitzuaren prezioa esan zidan. Nire ezezkoa prezioaren desadostasuntzat hartuko zuen, ezen ia erdira jaitsi baitzuen hasierako eskaria. Kare zaharrarena bezalako usaina zerion haren ahoari.

Aleman itxian hitz egin nion, ezer uler ez ziezadan.

Alemana! Aleman bertutetsu bat!, neskak. Sekula txortan egin gabea, seguru!

Nahiko zakar kendu nuen neska gainetik eta ahal izan nuen lasterren alde egin nuen handik, neskaren madarikazioak eta gainerako puten zirtoak belarrietan nituela –ez nituen erdiak ere ulertu eta ulertu nituenek ez diote ezer eransten kontakizun honi.

Zeharbide ilun batetik portu aurreko kale zabal eguzkitsura iritsi nintzen. Jende asko zebilen bertan, bakarka edo taldean. Uniformedunen ugariak harritu ninduen. Eta uniformeen kolore ugaritasunak: gorriak, urdinak, berdeak, kakiak, grisak. Uniformedun guztiek ibilera patxadatsua zuten: ematen zuen paseatzea zutela lanbide.

Nasatik nasara ibili nintzen bertan zeuden ontzi tzarrei begira, bertako martxa eta trafiko zalapartatsuaren miraz. Hartan nengoela, gogoa portukoak ez ziren gorabeheretatik guztiz aldenduta, goizean etxera etorri zen gizon kapeladuna ezagutu nuen norbaitekin errietan. Egiten zituen esku-imintzioengatik, bere onetik aterata zegoen. Kapeladunarekin zegoena bizkarra emanda zegoen, kostatu egin zitzaidan Angelo zela ohartzea. Gizon kapeladunak zerbait seinalatzen zion hatz erakusleaz, ontzi bat edo ontzi inguruko zerbait, ez dakit garbi. Halako batean, Angelok ukondoetatik oratu zion gizonari eta atzera-aurrera ibili zuen nahiko bortitz. Gero, eskua jaso zuen. Momentu batean pentsatu nuen Angelok jo egingo zuela, baina astinaldi hark eta mehatxuzko keinuak gizon kapeladuna baretu egin zuten. Gero, buru-zirkin bat egin, hitzen bat edo beste Angelori esan, eta alde egin zuen.

Ez nuen Angelo eszena haren lekukoa izan nintzela konturatzerik nahi. Jiratu eta etxerantz abiatu nintzen.

9

HOTZEZ DARDARKA NAGO. Amak, ardura handienaz, manta igo dit kokotseraino, esaten didalarik akordatzeko familiarekin, eta nik baiezkoa egiten diot buruaz, gogoan izango ditudala beti, baina ama dezepzionatu egin da, iruditu zaio ez dudala kemen handirik jarri nire hitzetan, eta gainera nik, orain izerdi patsetan bainago, manta brastakoan apartatu eta eskua luzatu dut, eta hor noa Elsbethekin zingira txiki batean bainatzera. Jolasean hasi gara, elkarri ura botatzen. Hotzezko zirkin dardaratiak egin ditut eta besoak gurutzatu ditut bular gainean. Neska barrezka hasi zait eta lastozko kapela argi bat jarri dit buruan eguzkiaren lamatik babesteko. Bet-betan, Elsbeth ez da Elsbeth, Angelo baizik, eta ez dago zingira batean, Triesteko portuan baino. Eskua jaso eta gizon kapeladuna, alegia ni, mehatxatzen ari da:

Hil egingo haiz!

Kopetan esku bat sentiturik, izerditan eta intziri txikiak eginez esnatu nintzen.

Akabo, hil haiz!, entzun nuen hurrena.

Aurpegi baten isla gandutua neukan aurrean, ahoa zabalik eta barre zantzoka. Angeloren ahotsa. Lasaitzeko agindua entzun nuen algaren artean; sukarrak eragindako amesgaizto bat izan nuela:

Ez, motel, ez haiz oraingoz hilko, broma bat zuan, ondo bizirik hago!, esan zuen Angelok, apur bat serioxeago, baina artean trufa-doinua guztiz baztertu gabe. Badakik? Triesteko jendea osasuntsua duk. Tisi-kasu batzuk kenduta, ezer ez. Beno, bai, hemen zoro asko zagok, beste inon baino gehiago, baina berek ez ditek uste gaixotasun bat denik, heure eskarmentuz ikasiko duk horri ere tamaina hartzen.

Angelok eskua erretiratu zuen nire kopetatik eta, besterik esan gabe, alde egin zuen. Gela nahikoa ilun zegoen, baina atetik sartzen zen argi doiak min egiten zidan begietan.

Begiak itxi nituen.

Sukarrak edo dena delakoak hartuak zizkidan barrena eta gorputz osoa. Kirioetaraino. Eta gaitzak ez zuen bertatik alde egiteko inolako trazarik. Burua pisu eta mingarri neukan, bularra hartuta. Komunera jaikitzen nintzen aldiro, giharrak makal eta indarrik gabe sentitzen nituen. Inoiz ez nuen hain sukar-kolpe bortitzik sufritu. Hargatik, kezketan nengoen ez ote nuen gripea baino gaitz larriagoren bat harrapatu. Diote etxetik urruti izandako gaixoaldietan sentitzen dela gehien familiaren falta. Nik ez nuen halako sentipenik. Etxetik alde egin nuenetik, aski nituen jatorduetarako mahaia, etxepe bat eta ohe ahalik txukunena. Ez nuen aitaren edo amaren beharrik nire bizitza antolatzeko, ez ninduen ezerk lotzen etxera. Eta Angelok gripea aipatu hutsarekin niri tifusa etorri zitzaidanean burura, eta baita tuberkulosia edo pleuresia ere, gurasoekin gogoratzea baino aurreragoko lana izan nuen: eldarnio betean, errepaso egiten nien behin eta berriro azkeneko egunetan egondako tokiei, ahora eramandako jakiei, ukitutako gauzei.

Urrats batzuk sentiturik, begiak zabaldu nituen. Angelo zen berriro, oraingoan katilu bat eskuan:

On egingo dik, eta erantsi zuen: Gripe asko zabilek bazterretan, baina hi mutil sasoikoa haiz. Aleman-aleman bat, zer arraio! Bi egun, eta berri-berri eginda jaikiko haiz.

Katilua hartu nuen. Bero-bero zegoen. Edariak, berriz, esnea ematen zuen, baina esne ilundua. Eta iluntasuna ez zen kafeak eragina. Kontuz-kontuz, ezpainak hurbildu nituen katilu-ertzera. Usain sarkorra zerion, sunda gazi-gozo halako bat. Probatu nuen. Zirkin desatseginen bat egingo nuen, zeren Angelok esan baitzidan:

Tira, ez hadi mizkina izan, bakailao-gibelaren olioa baino hobea duk-eta. Eztia eta koñaka erantsi zizkioat esne bero-beroari. Ez zagok gripearen kontrako erremedio hoberik.

Angelok edabearen onurak goresten zizkidan bitartean, nik katilukoa hartzen jardun nuen, astiro-astiro eta zapore mingotsa jasan ezinez, harik eta guztia bukatu nuen arte. Laster, beroa sentitzen hasi nintzen biriketatik gora, baina bero atsedengarria. Begiak bildu nituen berriro. Aldartea gero eta atseginagoa nuen, lo-kuma eragiten zidana. Hortik aurrera zenbat denboraz egon nintzen lo, ezin dut esan.

Esnatu nintzenean, ilun zen eta askoz ere hobeto nengoen, burua arinago nuela eta gorputz-ataletako mankaziorik gabe. Berandu behar zuen izan, ez nuen-eta kaleko hotsik sentitzen. Entzuten nituen bakarrak, Angeloren gelatik zetozenak. Irratiarekin edo dena delakoarekin ari zen berriro, baina hotsak aurrekoan baino motelduago iristen zitzaizkidan. Angelok hotsak ez entzuteko neurriren bat hartuko zuela pasatu zitzaidan burutik. Tarteka, gainera, morsearenak bezalako kolpetxo lehorrak entzuten nituen, haiek ere apalduak. Nik apenas ezagutzen nuen morsearen kodea. Udako akanpalekuetan irakatsi zizkiguten hasi-masiak nekizkien, besterik ez. Noizbait, ordea, kolpetxo batzuk identifikatu nituen, puntu-puntu-puntu-marra-puntu-marra, transmisio baten bukaerakoak, eta ordutik aurrera ez nuen morse-hotsik entzun. Irratiarenek, ordea, beste pixka batean ere segitu zuten, harik eta haiek ere guztiz itzali ziren arte. Angelok komunerako joan-etorria egin zuen. Gero, isiltasun erabatekoa jabetu zen etxeaz.

Angelori buruzko susmoen hausnarrean hartu ninduen berriro loak.

Ez dakit zenbat egun egin nituen gaixo. Sukarrik gabe eta neure onera etortzen hasi nintzen egunean, deliberamendu osoz jaiki nintzen egun hartan bertan argituko nituela Angelorekin nire etorkizuneko lan eta zereginak. Bera, ordea, ez zegoen etxean eta, gehienetan bezala, ez zidan utzi inolako oharrik. Guztiz gogaitu ninduen beste egun oso bat egoera hartan pasatu beharrak. Denbora dezente neraman, ez dakit zenbat egun, Angelo apenas ikusi gabe, apenas ezer jakin gabe berari buruz. Gaixoaldiko egunak kontatuta, ia hilabete zen Triestera heldu nintzela. Aldi hartan guztian ez ginen denera bospasei ordu baino gehiago egon elkarrekin.

Oso ondo ulertzen nuen Angelorentzat ez zuela batere atsegina izan behar ni bezalako baten kargu egin beharrak. Aspaldi ikusi ez zuen ahaide urrutiko batek hala eskatu ziolako, horregatik nengoen ni Angeloren etxean; hori zen, behintzat, nik ezagutzen nuen azalpen bakarra, baina bat-batean guztiz barregarria iritzi nion argibide horri. Bere senean dagoen inork ez du urlia ezezagun baten ardura hartzen, are gutxiago urlia hori judua bada, pasaporte faltsua badu, bere nazioko legeen ihes baldin badabil. Zergatik hartu ninduen Angelok etxean, zergatik zaindu ninduen gaixo nengoen bitartean, zergatik zegoen prest nire kargu egiteko, ez nekien. Nik ezagutzen ez nuen zerbaitek egon behar zuen Angelok eta amona Erikak itundutakoaren atzean. Seguru asko, pentsatzen nuen nik, amona Erikak dirua eskainiko zion nire kargu egin zedin. Hipotesirik sinesgarriena zen, bururatzen zitzaizkidan senidetasuna bezalako gainerako arrazoiak ahultzat jotzen nituen-eta. Ez ginen aberatsak, baina entzuna nuen Alemaniatik ihes egiteko beren pitxi eta ondasun urri guztiak saltzen zituzten juduen istorio bat baino gehiago. Beste halako istorio baten protagonista tristea izango nintzen ni, eta, ikusita Angelok ez zuela ageriko lan finkorik, pentsatu nuen oso ondo zetorkiola amona Erikak emandako dirua. Horregatik hartu zuela nire ardura.

Pentsatzen nuen, halaber, bigarren kontu bat erantsi behar zitzaiola diruarenari: ordainaren eskasa. Angelok ostatu ematen zidan, nire osaba zela esaten zuen bazterretan, baina ez zuen hortik aurreragoko ezer egiteko itxura handirik: oso neurri erosoa hartua zion nire ardurari, Triestera iritsi nintzenetik egunero ikusten ari nintzen kontua zen. Gaixoaldiaz kontatu dudanagatik, inork pentsa dezake esker txarreko baten susmoak zirela egun haietan egiten ari nintzenak, baina Angelok hiruzpalau goizetan ekarri zidan koñakaz bustitako esne beroa edo gau beranduan prestatzen zidan zerba-pure tristea izan ziren haren zainketa bakarrak. Ez zitzaion bururatu mediku bati deitzea; ez zidan botika bakar bat ere ekarri.

Hi mutil sasoikoa haiz. Aleman-aleman bat, zer arraio!, esan zidan sukarrarekin topatu ninduenean, eta aleman-alemana ez nintzen izango beharbada (biziki eskertu nion nire judutasuna ez aipatu izana), baina banintzen mutil sasoikoa, eta horrek sendatu ninduen, ez Angeloren zaintzak.

Goiz batez, pentsamenduok buruan, atzera-aurrera hasi nintzen etxeko geletan, Angeloren ibileren edo haren bizitzaren berri emango zidan arrastoren baten bila.

Sukalde ondoko egongelan sartu nintzen. Batere baliorik gabeko altzari zaharrez eta trepetez beterik zegoen. Egongelako tiradera guztiak, han-hemen pilatutako kartoizko kaxak, ezer gordetzeko balio zezakeen oro miatu nuen. Gogoan ditut aldizkari ilustratu baten hiruzpalau ale; azken urtean Milanera bitan joan zela adierazten zuten bi tren-txartel; baita hainbat pelikulen afixa txiki koloretsuak ere, tartean *Shangai Express* filmarena. Tren-txartelak Milanerako ote ziren edo beste nonbaiterako, ez nago oso seguru (agian nire subkontzienteak opera-kantaria eta Milan lotu ditu), baina *Shangai Express* zegoela afixen artean, bai, oso gogoan dut hori, bertako irudiak Elsbethekin izandako eztabaida bat ekarri baitzidan gogora. Elkarrekin ikusi genuen filma. Niri ez zitzaidan gustatu; Elsbethi, aldiz, asko. Horretan gera zitekeen kontua, baina nik nortasunik gabeko pelikula zela esan nion, eta, nire zoritxarrerako, Marlene Dietrich eta Clive Brook-en arteko elkarrizketa baten adibidea jarri nuen nire desadostasuna argitzeko:

Brookek galdetzen dionean Marleneri zertara doan Shangai bezalako hiri arriskutsu batera, Marlenek zer erantzuten dio? Kapela bat erostera! Txolina behar du!, argudiatu nion.

Elsbethek, ordea, ironia eta gatza goratu zituen nik erantzun hutsal bat ikusten nuen tokian, eta kemen handiz hitz egin zidan, ia haserre:

Brookek ez die Shangaiko arriskurik aipatu trenean doazen gizonezkoei. Zertarako? Baina Marleneri, bai, nola ez, emakumea baita. Eta zer egin behar du Marlenek? Konpartimenduko beste gizonak bezain ausarta dela esaten hasi eta bere burua zuritzen ari delakoan gizonezkoen irri gaiztoak eragin? Ez, ez. Kapela bat edo beste zernahi erostea, emakumeok ez dugu besterik buruan, hala uste duzue gizonezkoek. Eta Marlenek azpiak ateratzen dizkio uste zabaldu horri: kapela erostearen ironiaz, Brooken aurreiritzia eraisten du.

Harrituta gelditu nintzen hitz zaparradarekin. Ez dakit, ordea, harriduraren tokian ez ote zuen nire desadostasuna ikusi, minduta esan baitzidan:

Baina uste dut alferrik ari naizela, konturatu naizenez zeu ere Brook bezalakoa zara-eta!

Jiratu eta alde egin zuen. Haserre pasatu genuen ia astebete.

Afixak bere tokian utzi eta miaketarekin segitu nuen. Aurkitu nituen, jakina, ahaztu zaizkidan beste gauza asko ere, baina Angeloren nortasuna edo bizitza argitzen lagunduko zidana, ezer gutxi. Azkenerako utzia bainuen ikusminik handiena sortu zidana, bazter batean erdi haustuta zegoen zurezko maleta baten aurrean makurtu nintzen. Hainbat europar hiritako izen eta ezkutuak baitzeramatzan itsatsita, irrikaz zabaldu nuen maleta, opera-kantariaren ospe-egunen eta Angelorekin izandako harremanen albiste emango zidaten kontu interesgarri asko aurkitzeko esperantzan.

Barruan ez zegoen artilezko jertse lodi bat beste ezer.

Urduri nengoen, gustatzen ez zitzaidan zerbait egiten ari nintzelako, eta baita Angelo une batetik bestera ager zitekeela pentsatzen nuelako ere. Baina jakin-mina handiagoa baitzen egonezina baino, Angeloren logelara joatea deliberatu nuen. Ohe gainean zegoen egunkari batekin entretenitu nintzen pixka batez. Egun batzuk lehenagokoa zen, Triestera iritsi nintzen egunekoa seguru asko, Espainiako gerran erretako hiriaren berri ematen baitzuen. Pixka bat entretenitu nintzen berria irakurtzen. Errepublikazaleek erre eta bonbaz lehertu zutela zabaldu zuten. Albisteak ez zuen datu tekniko askorik ematen.

Egunkaria utzi eta gaztaina koloreko armairutzarrera hurbildu nintzen, baina eskaileretan gora norbait zetorrela iruditurik, geldi-geldi egon nintzen hainbat denbora. Nire bihotzaren taupadak, ez nuen beste deus entzuten. Lasaiago, armairuaren ateetako baten kakoari tiratu nion, giltzatu gabe aurkitzeko itxaropen urriaz. Gontzek kirrinka egin zuten, atea zabaldu nuen. Une hartan ere opera-kantaria nuen ikusmin nagusi, Angelok armairutzar hartan gordetzen zituelakoan bere maitalearen argazkiak; haren oroigailuak; opera-kantariaren hilketaz eta Angeloren kontrako epaiketaz berri ematen zuten egunkari-zatiak. Baina armairuan aurkitu nuenak –arropa, oinetakoak, aleman-italiera hiztegi bat eta interes gutxiko liburu batzuk alemanez– ez zidan deus esaten, salbu motxila batek eta mendiko trepeta batzuek. Haiek ikusita, Angelok mendizalea behar zuela ondorioztatu nuen. Armairuaren beste bi ataletan ere ez nuen Angeloren nondik norakoak argituko zizkidan edo opera-kantariaren berri emango zidan ezer aurkitu.

Harrigarriagoa zena: ez nuen irratirik edo morse-gailurik ere aurkitu.

Orduan? Zerk sortuak ziren hainbat gautan entzun izan nituen hotsak? Armairuaz gain, logelan ez zegoen halako trepeta tzarrik ezkuta zezakeen beste ezer. Den-dena miatu nuen –hormak, zokaloak, zoruko oholak–; begiratu nuen horma batean esekita zegoen Il Carso mendi harritsuen argazki tzarraren atzean ere; ondo begiratu nituen etxeko gainerako gela, zirkilu eta bazterrak. Ezer ez. Miaketa hasi aurretik baino nahasiago nengoen: gauez entzuten nituen hotsak nire irudipenak izan zitezkeen. Den-denak ere susmoak eta usteak, noiz urduritasunak eta noiz sukarrak eragindakoak. Bat-batean, ordea, izuak hartu ninduen, ankerkeriarik handiena pasatu baitzitzaidan gogotik: Angelo burutik eginda zegoen. Triestera iritsi nintzen egunean nitaz ezer ez zekienarena egiteko gauza izan bazen eta baita txantxa harekin niri sortutako abailduraz trufatzeko ere, gai izan baldin bazen sukarretan nengoela barre algarak egiteko ere *hil egingo haiz!* esaka, berdin imita zezakeen irratiaren hotsa edo morse-gailu batena niri adarra jotzea beste helbururik gabe. Zer zen bera, dibertitzeagatik edozer egiteko prest zegoen urlia bat? Kaskarina ala, okerragoa zena, kaskotik egindako bat? Hausnar eta hausnar hasi nintzen hipotesiaren ertz guztiak begiratzen: kaskarin bertan-goxo bat ez da ihes dabilen baten kargu egiten, baina bai kaskotik egindako bat. Halatan, pixkana-pixkana, Angelo ero baten irudia habia egiten hasi zen nire baitan. Onenean, txoro axolagabe bat zen. Txarrenean, berriz, ero arriskutsu baten mende nengoen.

Ezin nuen atzera egin: arriskutsua zen bai gurasoentzat eta bai niretzat ere elkarrekin harremanetan jartzea, eta baztertua genuen bai telefonozko baita gutunen bidezko komunikazioa ere. Giroa argitu arte, behintzat, hala esan zion amona Erikak amari. Uste osoan zeuden nazioarteko presioak Hitler kikiltzea ekarriko zuela, nazionalsozialistek behera egingo zutela eta laster elkartuko ginela berriro. Nik, ordea, ez nuen jada etorkizuna etxerako itzuleran ikusten, ezta miraririk handiena gertatuta ere. Aurrera begiratu behar nuen, Triestera iritsi nintzen egunean Angelok esan zizkidan Talmudeko hitzak gogoan:

"Sortzaileak munduko parte askotatik jasotako buztinarekin egin zitian Adan eta Eva, horrela gizaki guztiok etxean bezain eroso sentitu gaitezen munduko parte guztietan".

Ez nuen jada etxerik, ahal nuen erosoen bizi nahi nuen munduan.

Aerodromotik bota nindutenetik behin eta berriro atzeratzen ari nintzen erabakia hartu nuen Angeloren gelaren miaketa bukatutakoan: neure buruaren jabe izan behar nuen. Horretarako, ordea, lana bilatzea zen nire lehen egitekoa. Hori lortu bezain laster, alde egingo nuen Angeloren etxetik. Lan egin, neure kontura bizi, hori zen nik behar nuena. Ezin nuen, ordea, arinkeriaz jokatu, Angelok ez zuen ezer susmagarririk antzeman behar nire portaeran.

Egun hartan, Angelo ez zen gauerdia arte etxeratu. Irakurtzen ari nintzen ni. Nire logelara etorri, zer moduz nengoen galdetu, eta nik ezer erantzuterako, brastakoan bota zidan:

Lana bilatu diat hiretzat.

Lanaren nolakoak argitu zizkidan gero. Bere lagun batek ikaztegia zeukan, nonbait, portu inguruko sotoetako batean. Ulertu nionez, industria-oletarako ikatza zekarten merkatalontzien sotoetan beti geratzen zen fabrikek nahi ez zuten, baina etxeetarako nahikoa ona zen, ikatz-kondar xehatua. Angeloren lagunak ikatz huraxe erosten zuen oso prezio onean. Hor hartuko nuen nik parte, ikaztegiko sarrera-irteeren kargu egingo nintzela esan baitzidan Angelok: merkatalontziko sotoan pisatutako ikatzak ikaztegira iritsitakoan ere pisu bera zuela kontrolatu behar nuen; segidan, ikatza zakutan sartu eta zakuetan hogeita bosna kilo zegoela begiratu behar nuen; azkenik, bai etxez etxe banatzen zen ikatzaren horniketaz bai haren kobrantzaz ere arduratuko omen nintzen.

Lanak ardura laburrekoa ematen dik, baina erne ibili behar duk, beti galtzen baituk ikatza bidearen tarte batean ez bada, bestean. Uste duk gai izango haizela?, Angelok.

Gaua eldarnio batean pasatu nuen, lan hartarako gai izango nintzen asmatu ezinik, ikaztegiko langileek nire kontrola nola hartuko zuten beldurrez.

10

AGINDUTAKO ORDUA BAINO LEHENTXEAGO agertu nintzen lanera. Ikaztegia etxepe batean zegoen, Madonna del Mare elizatik hurbil. Angeloren laguna ez zen agertzen. Atzera eta aurrera ibili nintzen espaloi estuan. Kale-kantoi batera iritsirik, portuko garabien lepo luzeak ikusten ziren, ontzien zamaketa-lanean. Kalearen beste muturreko kantoiak, berriz, usoz betetako plaza txiki batera ematen zuen. Han inguruan behar zuen aste batzuk lehenago ezagutu nuen puten kaleak.

Portuko lanen zaratak hartua zien gaina hiri txikitan ohikoak izaten diren goizeroko hots arruntei, eta baita kaioen kurrixkei berei ere.

Beste espaloian zegoen denda txiki bati erreparatu nion. *Libreria antica e moderna* zioen ate gaineko idazkunak. Kalea zeharkatu eta erakusleihoan ikusten ziren liburu ugarien anabasari begira egon nintzen. Zaharrak ziren gehienak, maiztuak, eta italieraz zeuden asko, baina ez guztiak. Baziren alemanez ere eta ez zen ingelesezkorik edo frantsesezkorik falta. Pentsatu nuen liburu-denda hura marinel bakarti askoren portu txiki bat izango zela. Maratilari eragin nion, denda irekita aurkitzeko esperantza gutxirekin. Artean goiztxo zen, itxita zegoen.

Niri agindutako hitzordua baino ordu erdi beranduago iritsi zen Angeloren lagun ikazkina. Berrogei bat urte, erratz-kirtena bezain mehea eta tentea. Zigarrokin bat zeraman ezpain artean. Ilea harrigarriro beltza zuen, kizkurra.

Hi izango haiz Angeloren iloba, izan zen haren agurra. Tonuagatik, ez zuen nire erantzunik espero. Isilik gelditu nintzen. Ikazkinak ez zidan beste deus esan. Patrikatik giltza bat atera eta ikaztegiko ate zurezkoa ireki zuen. Sartu egin ginen.

Kanpoan bero egiten bazuen ere, ikaztegia fresko zegoen. Argi bakarra atetik sartzen zena baitzen, denbora dezente behar izan nuen begiak hango erdi ilunpera ohitzeko. Altuera laburreko lokal txiki bat zen. Ezker-eskuin, oholesi ikatzez belztuak zeuden, hormen kontra pilatutako ikatzari eusteko. Ez zuten, ordea, zeri eutsi handirik, urria baitzen, eta oso xehatua, ikaztegiko alde bietan ikusten zen ikatza. Hormetako karea belztua zegoen, belztuak eta ikatz-hautsez beterik hormetako zartadura ugariak ere.

Angeloren lagunak iltze batetik zintzilik zegoen bisera bat jarri zidan buruan. Atzean zapi beltz bat zeukan josita, zakuak bizkarrean hartzerakoan ikatz-hautsa ez zedin kolkotik behera sar. Paper-mutur bat pasatu zidan gero, eta bazter batean botata zeuden zaku batzuk seinalatu zituen:

Berrogei zeudek guztira. Ondo bete eta gero, helbide hauetara eraman behar dituk; baina tentuz ibili, zaku huts guztiekin itzuli behar duk, ez egin kasurik jendearen aitzakiei. Zernahi egiten ditek zakuekin gelditzeko. Berrogei zeudek, ez ahaztu.

Kalamu-zuntzaz egindako zaku normal-normalak ziren, histuta zeuden, zikinak, zulatzen hasiak, eta hala ere arreta osoz zaindu beharreko altxor izugarri baten aurrean banengo bezala ari zitzaidan ikazkina. Ematen zuen sekulakoa zela nire erantzukizuna, sekulakoa negozioa, sekulakoa egiteko hark ekarriko zidan pagotxa.

Paper-muturrari begiratu nion. Bezeroen zerrenda zen, letrari letra josten doi-doi dakien baten baldartasunaz idatzia. Bat-batean, argia urritu zitzaigun. Emakume baten ahotsa entzun nuen gibelean:

Zer, beste gizajotxo bat engainatzen? Baietz hori ere aurreko mutilak bezala oilartu!

Jiratu nintzen. Emakume bular-harro bat ari zen atetik, agiraka itxuran, baina adarra joz. Ikazkinak mehatxu egin zion ukabila airean dantzatuz:

Ez ezan ahorik zabaldu, honaino iristen dun-eta grappa--kiratsa!

Emakumeak esku bat sartu zuen brusa barrenean eta bularretako bati eragin zion gora eta behera, gora eta behera, lizuna baino gehiago komikoa zen mugimendu batez, eta esaten zuelarik:

Baietz hori ere aurreko morroiak bezala oilartu! Tira, ez hadi zekena izan, eta paga iezadak zerbitzu on baten ordaina: gandorra otzan-otzan duela itzuliko diat.

*Porca putanna*ka ekin zion ikazkinak. Emakumeak barre zantzoka alde egin zuen. Hura atean agertu aurreko argi bera itzuli zen orubera. Ikazkinak biraoka segitu zuen hainbeste denboran.

Ikaztegian ez zegoen zakuak pisatzeko edo ikatza garraiatzeko deus, ikusten ari nintzen ezerk ez zuen zerikusirik nik bezperan imajinatu nuenarekin. Eta, ikusten ari nintzenari errematea emateko, Angeloren lagunak alde egin zuen bat-batean, ezer gehiago esan gabe eta ni soto hartan bakarrik utzita.

Bezperako lo etenetan imajinatu nituen ikaztegiko lanak eta nire kontrolpeko lankideak! Hitzordura garaiz iritsi beharraren urduritasunez egindako erbi-loa! Zakur-ipurdiko ametsak!

Bezeroen zerrendari begiratu nion. Ez nuen paper-muturrean ageri ziren kaleetako bakar bat ere ezagutzen, eta ezagututa ere!, zakuak garraiatzekorik gabe, zer egin behar nuen? Zakuak bizkar gainean banan-banan garraiatzen hasita ere, buruhausteak, ez nekien-eta zer esan behar nien bezeroei edo zerbait kobratu behar nien ere.

Gogoaz heste eginik, pala eta zaku bat hartu eta oholesi barruan sartu nintzen. Palaren xaflari oinarekin bultzaka, ikatzez bete nuen. Esku batez palari eusten niolarik, zakua zabaltzen ahalegindu nintzen besteaz. Ikatza zakura isurtzen hasi nintzen apurka-apurka. Alferrikako lana: erdia baino gehiago kanpora erori zen. Beste ahaleginik ere egin nuen, baina ez naiz deskribatzen hasiko, gogoratze hutsak oraindik ere lotsa ematen dit, modu barregarri batez aritu bainintzen zakua bete ezinik. Pala baztertu eta zakua eskuz betetzen hastea ere pentsatu nuen, atera kontuak. Ez baitzegoen zakua nik bakarrik betetzeko modu itxurazkorik, umiliatuta sentitzen nintzen.

Ez, ez nuen neure burua ikusten zaku bat ikatzez bete, bizkarrean hartu eta hiriaren beste muturrera eramaten, batean eta bestean halako kalea non zegoen galdezka ibili eta gero. Ez nuen neure burua egiteko hartan ikusten. Ezta ordubetez ere. Arazoaren ertz guztiak ikusten hasita, ez nekien Angelok ezagutzen ote zuen ere nolakoa zen benetan ikatzaren negozio-edo hura.

Nire patua madarikatu nuen, Angelo eta ikazkina madarikatu nituen, jaio nintzen eguna madarikatu nuen.

Aitor dut negar egiteko zorian nengoela. Handik alde egin nahi nuen, baina eragozpen txiki bat neukan: ikaztegiko giltza sarrailan utzi zuen ikazkinak, eta ezin nuen inora joan giltza atean eta ikaztegia zabalik utzita. Agindutako lana betetzen hasita ere, arazoak ez zuen konponbiderik, nik zaku bat hartu eta zerrendako lehen bezeroarengana joanda ere ikaztegia zabalik geratuko baitzen. Askaezina zen, bada, korapiloa. Beharbada, amarru bat zen, ni umiliatu eta halatan ni mendean edukitzeko.

Utikan, ordea, nireak izan behar ez zuten kezkekin arduratzeari! Ezta ikaztegi hartan lapurtzeko ezer balego ere…

Angeloren etxetik pasatu, nire gauzak jaso eta beste norabait alde egiteko erabaki biziak hartua zidan barrena. Aurki, beste zerbaitek lagundu zidan hartutako erabakiarekin lasaitzen: ez nekien Angeloren lagun ikazkinak zer ordaindu behar zidan eta ezta ezer ordaintzeko asmorik zuenik ere.

Portu-hiri guztietan bezala, Triesten ez zen ostaturik eta apopilo-etxerik falta, leiho eta ezkaratz askotan ikusten ziren eskuz idatzitako iragarki txikiak, batzuk alemanez eta ingelesez, oheak eskaintzen. Ordu arte lehendabizi lana eta gero ostatua aurkitu beharko nituela pentsatu banuen ere, berdin egin nezakeen alderantziz, banuen-eta nahikoa diru lehendabizi ostatua eta gero lana bilatzeko.

Neuk antolatuko nuen, bada, bizitza berria, ez beste inork, eta gizaki berria izango nintzen. Gizaki berria, bai, gogoan dut espresio hori etorri zitzaidala burura, nahiz eta bi hitz horiek Alemanian utzitako giroa gogorarazten zidaten. Jaio nintzenetik, besteek erabaki zuten zer izango nintzen, berez nintzena ezkutatzeraino. Neraman izena ez zen nirea, ezta ordu arte eraman nuena ere. Nortasunik gabeko zer bat nintzen, ondo da, hainbat urtetan bere benetako gurasoen berririk izan ez zuen sustrairik gabeko landare bat, eta horrek ez baitzuen atzera bueltarik, ez nuen nire etorkizuna inoren esku utziko. Are gutxiago Angelo bezalako ero baten edo ikazkina bezalako birao-zaku desatsegin baten esku. Buruan irudikatzen nuen etorkizuna ez zen sekulakoa, baina bai bizitzen ari nintzena eta Angelorekin espero nezakeena baino hobeagoa. Etxetik alde egin nuenetik ez nintzen ba libre, ez nuen ba nahi nuena egiteko egokiera?

Burutaziook nire baitako animalia piztu zuten: txapela ikatzetara bota, ikazkinak emandako pala airean jaso eta aurreko hormaren kontra jaurti nuen amorrazio osoz. Palaren zartako metalikoarekin batera tabakoak kraskatutako ahots bat entzun nuen nire gibelean:

Zeruetako gorotza! Erotu egin al haiz?

Astiro-astiro jiratu nintzen. Ikazkina zegoen atean, orga baten endaitzak esku banatan hartuta eta haserre. Endaitzak utzi eta ikaztegian sartu zen. Biraoari birao ari zen, zaku hutsei begira eta zigarro bat zerabilela ezpainen ezker-eskuin. Hiraz gorri zegoen. Ni, berriz, izututa. Oihuka ari zen, esanez nahikoa denbora izan nuela zaku guztiak ikatzez betetzeko. Eta zer esaten ari zen erakustearren, ikatzetan erdi estalita zegoen burdinazko uztai bat harturik, zakuaren ahoan egokitu zuen. Gero, horman zegoen kako batean eta oholesiko beste batean eseki zuen zaku uztaiduna. Ahoa zabal-zabalik geratzen zitzaion. Pala hartu eta, haserre bizian, aski izan zituen hamar palakada zakua gainezka uzteko.

Ikas ezak, ikas ezak, tedesko urde-lerde zakil horrek, dena badakizuela uste duzue-eta!

Horiek izan ziren bota zizkidan hitzik leunenak.

Ezin bainuen gehiago eta damutuko ninduen ezer egin baino lehen, ikazkinari bizkarra eman eta ikaztegitik irten nintzen. Ikazkina, biraoka beti, atzetik etorri zitzaidan. Lepazamarretik heldu zidan eta joko ninduen baldin gizon batek galarazi izan ez balio.

Uztak mutila!

Taci, poeta di merda!, erantzun zion ikazkinak, eta nire alde irtendako gizonarekin mutur-joka hasi behar zuela ematen zuen, baina une hartan bizpahiru emakume, ez dakit nondik irten eta gero, ikazkinaren kontra hasi ziren, oihuka eta algaraka. Ez nuen esaten zutena ulertzen, ez dakit dialektoan ari ziren edo nik ezagutzen ez nuen beste hizkuntzaren batetan. Ikazkinak ez zien kontra egin nire alde irtendako gizonari eta emakume zirtogileei. Bultzada zakar bat eman zidan eta aske utzi ninduen.

Tedeskoak! Ezagutu ditudan guztiak hain jainko-uzkiak izan beharra ere! Azkenean Trieste ere zeuena dela pentsatuko duzue!, horiek eta gordinagoak esan zituen ikazkinak bere begi beltzak sutan.

Ikaztegi barrura sartu zen marmar batean. Emakumeen barre zantzoak itzaltzen hasi ziren. Portuko zalaparta nagusitu zen.

Horrelakoak dituk hiri triste honetako zorigaiztokeriak, entzun nion esaten nire alde irtendako gizonari.

Ahotsa ezaguna egiten zitzaidan. Burua jaso nuen. Hasieran ez nuen ezagutu, arropa-gaineko mantal gris zikin-estali horietako bat baitzeraman soinean eta bisera moduko kapela zapal bat buruan.

Irribarrez begiratzen zidan. Eta pipa bat zuen hortz artean.

Umberto!, atera zitzaidan.

Ez zen harritzeko hasieran ez konturatu izana Triesten ezagutu nuen lehendabiziko pertsona neukala parean, baina hartaz ez ohartu izana ez zen gertatu geltoki aurreko tabernan ez zeramatzan mantal grisa eta kapela zapalagatik bakarrik: bizarra egin berri, ondo deskantsatutako baten lasaitua zuten Umbertoren aurpegiak eta begiradak. Ez zuen nik ezagutu nuen agure bera ematen, aurrean neukan gizonaren itxurak zeharo aldatzen zuen lehendabizikoz ikusi nuenarena.

Ezusteko atsegin hari, beste ezusteko eder batek jarraitu zion: besotik harturik, kalearen beste aldeko liburu-dendara eraman ninduen. Pipa hustu zuen kresalak erretako paretaren kontra kolpetxo batzuk emanez, eta mantal grisaren goiko patrikan gorde zuen. Ateko maratilari eragin eta, sorbaldan kolpetxo bat jo eta gero, bultzada txikia egin zidan dendan sartzeko. Argiari eman zion eta lokalaren erdi-erdian zintzilik zegoen bonbilla bat piztu zen. Denda osoa, goi eta behe, liburuz gainezka zegoen, liburu-metak bazter guztietan: apaletan, lurrean, leihoetako kofaduretan (kanpoko argia sartzea galarazteraino), goiko pisura zeramaten eskailera-mailetan, Umbertok kontuak egiteko zerabilen idazmahaian eta ia ikusi ere egiten ez zen idazmakina handi baten inguruetan eta gainean. Ibiltzeko ere, lanak: beldurrez ematen nuen pauso bakoitza, uste bainuen aski izango zela liburu bakar bat ukitzea den-dena erortzeko domino-efektuaren eraginez. Erori, bai, baina nora? Eta erortzen hasita ere, erori baino, beste toki bat hartuko zuketen liburu guztiek, hori zen normalena. Baina, berehala ohartu nintzenez, pilaketa kaotiko hartan bazegoen antolamendu bat: gaien arabera osatuta zeuden liburu-metak. Bazter bateko kaosean, geografia eta bidaiak; beste batean, historia, Garibaldi eta Victor Manueli buruzko biografia askorekin; hangoan, filosofia... Poesiari eskainia zegoen kaos-bazterrik ugariena. Poesia klasikoa, poesia italieraz, poesia zernahi hizkuntzatan. Poetika eta estetika liburuak. Krestomatiak, antologiak, edizio kritikoak, eskuliburuak, separatak, kantutegiak, poesia klasikoaren edizio elebidunak, villanellen eta cicilianen eta stornelloen eta gisa horretako herri poesiaren bildumak...

Aerodromorako irrikak eta azken bi urteetan izan nuen kontzientzia alemanaren zamak bazterrarazitako literatur zaletasun biziberrituak aho zabalik utziko ninduen, Umbertok esan baitzidan:

Zer pentsatu behar nuke, liburuak gustatzen zaizkiala?

Baietz egin nion buruaz. Umbertok, orduan, liburu-dendaren istorio bitxia kontatu zidan:

Aurreko jabea oso zaharra zuan liburu-denda saldu zidanean. Izan zitian lokala erosteko nireak baino eskaintza hobeak, tartean Lloyd konpainiarena, baina inork ez zian liburuen negozioarekin segitzeko asmorik. Ni agertu nintzaionean, bazian nire zaletasun literarioen berri. Horregatik, nahiko modu onean saldu zidaan, bera hil arte liburu-dendari eusteko baldintzarekin. Nik, egia esango diat, agurea laster hilko zela kalkulatzen nian, hartara liburu guztiak Adriatikora bota, lokala txukun-txukun jarri eta garestiago saltzeko. Negozio biribila. Agurea, ordea, ez zuan hiltzen, eta ni, gauzak nola diren, negozio honekin zaletzen hasi ninduan. Badituk hamar urte denda erosi nuela eta bost agurea hil zela, zer iruditzen zaik?

Erantzunaren zain egon gabe, hainbat abarretan banatutako itaunketa bati ekin zion, orain liburu bat eta gero beste bat erakusten zizkidala: poesia irakurtzen ote nuen; Dickensen *Oliver Twist* nobelako Faginek baino bihotz gaiztoagoa zuela ikazkinak, eta halako giza gaiztoak ez direla lasaitzen mendekua hartu arte; kontuz ibiltzeko portuko OVRAkoekin, gupidagabeak zirela, ikaragarrizko garrasiak entzuten zirela haien ziegetan:

Arratoi-heste zornatuenak ere atseginagoak dituk OVRAkoak baino.

Ezagutu nuen egunean ere Umbertok OVRA aipatu zidan. Zer zen jakin gabe segitzen nuen. Baina ez neukan galdetzeko aukera handirik, Umbertok hizketan segitzen baitzuen, gaitik gaira, oiloa artalea jaten bezala. Hitzik tartekatzeko modurik ez nuen tenore hartan nengoela, begi zorrotzez begiratu zidan, zer pentsatzen ari nintzen igarri nahi balu bezala. Gero, hortz belztuak erakutsiz, esan zidan bazekiela zer neska-klase gustatzen zitzaizkidan, baina kontuz ibiltzeko:

Neska bat ikusten baduk tranbia bat gidatzen, ez hasi haren atzetik lasterka, emakumeak ikatza bezalakoak dituk-eta: oso onak sua bizitzeko, baina zikindu egiten haute, eta Umberto zerbaiten bila hasi zen liburuen anabasa hartan.

Pentsatu nuen: Geltoki pareko tabernatik ikusiko nindian, Triestera iritsi nintzen lehendabiziko egunean ikusi ere, tranbiako neska gidariari begira. Adarra jotzen ari zaidak, horixe duk.

Umbertok liburu txiki bat atera zuen pila batetik. Liburu-metak balantzatxoa egin zuen, ematen zuen orduantxe bertan hasiko zela denda bitxi hartako antolaketa prekarioaren hondamendia, baina liburuen dorrea, eroriko ez eroriko ibili eta gero, ez zen suntsitu.

Bitartean eta metaren orekari buruzko batere kezkarik gabe, liburutxo atera berriaren orri-pasa ari zen Umberto eta bertan kontatzen den istorioari buruzko hainbat argibide ematen:

Triesteko tranbietako bat gidatzen duen neska bati buruzkoa duk. Orain hamar urte hil zen nire lagun zahar baten obsesio bati buruzkoa. Hik badakik zer sentitzen duen zahar batek gaztetasunaren aurrean? Pasioa erruz eta inor seduzitzeko indarrik ez. Ai, zaharren pasioaren astuna! Zein barregarri gelditzen den gaztearen arintasunaren aurrean! Baina gazteena baino pasio benetakoagoa duk, ez zakiat ulertzen duan.

Hitzok guztiok esaterako, aurkitua zuen bila ibili zen orrialdea. Arnasa hartu eta irakurtzen hasi zen. Umbertoren ahots lodi hura ondo egokitzen zitzaion kontakizunari:

"Tranbia bat Sant'Andreako etorbide luzean aurrera zihoan. Gidariak, hogei urteko neskatxa eder bat, kale zabal haustu batean jarrita zeukan arreta guztia, eta atsegin zuen ibilgailua hain abiadura handian eramatea, non gurpilek kirrinka egiten baitzuten orratzetan, eta tranbia, jendez gainezka, zabuka zihoan".

Liburua itxi eta esku artean jarri zidan:

Hiretzat.

Liburua hartu nuen; Umbertoren eskuek nireak estutu zituzten. Isilik egon zen denbora puska batean. Ematen zuen bere baitako borroka batean ari zela, zerbait esan ez esan:

Adiskide, hik ba al dakik zer den hi bezalako mutiko batentzat ni bezalako gizon baten laguna izatea?

Umbertok ez zidan, ordea, halakorik esan: isilik segitzen zuen, eta haren eskuak dardara egin zuela iruditu zitzaidan. Nire eskua ez zen mugitzen. Banekien begiratzen banion, berea erretiratuko zuela. Ez nion begiratu, baina ez neukan zertan kezkatu: Umberto bere abegi ona erakusten ari zitzaidan, eta ni pozik nengoen Umbertorekin, gizon atsegin interesgarria iruditzen zitzaidalako. Horrek zer du txar?, galdetzen zidan ilunpetatik zetorkidan ahots batek, eta ezer ez!, erantzuten zuen ahots berak. Orduan, zergatik jarri nintzen bat-batean urduri? Zergatik ez nuen heziera onak agintzen zidana egin eta eskua erretiratu? Beste egokiera batean galderok egite hutsak urduriago jarriko ninduen. Ez nekien garbi zer gertatzen ari zen, hori da kontua.

Umberto izan zen eskuak erretiratu zituena, ez ni. Ordu arte begirada nigan jarria izan bazuen, liburu-dendako beste nonbait zeukan orain. Goiko pisura zeramaten eskaileren erpinera begiratu nuen. Umbertoren adin bertsuko emakume bat zegoen bertan, zorrotz begira. Gure begiak elkartu zirenean, jiratu eta goiko pisuan galdu zen.

Umbertok ez zuen ahorik zabaldu pixka batean. Begira neukan, etxe-zakur zahar batenak bezalako begi busti onberekin. Halako batean, hasperen egin eta esan zidan:

Nire emaztea zuan. Gauza bakarra eskatzen zioat Jainkoari: egunen batean Linak jakin dezala zein den handia beti gorde diodan leialtasuna.

Nik une hartan ulertu ez nituen hitz misteriotsu horien ondoren, isiltasun ia erabatekoan murgildu zen Umberto. Ez zuen ezer esaten eta nik ez nekien zer egiten nuen han, liburu haien guztien artean hautsa bera baino ezgaiago.

Liburuaren oparia eskertu nion, beharbada hamar segundo ere iraun ez zuen eternitate baten ondoren. Alde egin behar nuela, egingo niola bisita beste batean.

Liburu-dendatik irten nintzenean, ikaztegira begiratu nuen. Atea itxita zegoen. Ikazkina ikatz banatzen egon zitekeen. Edo ni bezalako gizajoren baten bila beharbada.

Egiten zuen beroak harritu ninduen. Zebilen haize gutxiak labe batetik irtena ematen zuen.

Etxerako bidea hartu nuen. Angelorekin hitz egin behar nituenak nerabiltzan buruan: zer esan, berak esaten zidanari zer erantzun, nola atera ataka hartatik. Umbertorekin pasatu nuen urduritasuna itzaltzeko modu bat zen. Ez dut esango zeharo lortu nuenik.

11

ANGELO NOIZ ETXERATUKO egin nituen ondorengo orduak. Umbertok oparitutako liburua hasi eta buka irakurri, sukaldean aurkitu nituen ogi apur batzuk eta salamia jan, ohean sartu eta loak hartu ninduen.

Ez nuen Angelorekin hitz egiterik izan biharamun goiza arte.

Kafesne bana hartzen ari ginela eman nion nire asmoaren berri. Angelok begiak erretiratu zituen katiluaren ondoan doblatuta zeukan atzeratutako egunkari zahar koipeztatutik, eta ezpainak hozkatu zituen. Pentsatzen egon zen pixka batez, begi nahiko atseginak nigan jarrita. Nire eskariak ez zuen harritu, bistakoa zen. Hori bada nahi duana, pisu galanta kenduko didak gainetik, halako zerbait esaten ariko zen bere baitan. Hori zen normalena, ni ez nintzen-eta lotura eta kezka beste deus Angelorentzat; bat-batean haren bizitza katramilatzera agertu zen lagun gogaikarri bat, horixe nintzen ni, ez beste ezer. Hobeto nengoen ostaturen batean, hori zen onena niretzat eta baita Angelorentzat ere.

Hori bada nahi duana…

Esaldia bukatu gabe utzi zuen, baina ez zegoen arrangurarik ez haren hitzetan, ezta esan gabe utzitakoen isiltasunean ere.

Katilua ezpainetara eraman eta kafesnea bukatu zuen lasai-lasai. Baina berriro egunkaria hartu ordez, niri begira gelditu zen, nire asmoak ezagutzeko irrikaz balego bezala.

Angeloren jarrera onbera ikusita, nire asmoen xehetasunak zehazten hasi nintzaion, zertan eman ez nituenak ere barne. Angelo zuzen eta zurrun eserita zegoen, niri entzutea beste lanik gabe. Ezagutu nuenetik, lehendabiziko aldia zen burua eta arreta ez zeuzkala beste nonbait. Horrek zama astun batetik libratu banintz bezalako sentimendu lasaigarri bat ernarazi zuen nire bihotzean: uste nuen baino arinagoa gertatzen ari zitzaidan guztia, maleta hartu eta eskailerak jaistea bezain erraza izango zen nire burutazioetan hain korapilatua iruditu zitzaidana.

Errealitateak, ordea, indar gehiago izaten du gure aurreikuspen eta ilusio guztiek baino: brastakoan, zakur batek ipurdian horzka egin izan balio baino biziago zutitu zen gizona eta kaiolatutako abere amorratu baten moduan hasi zen, aurrera eta atzera, ipurdia non zuen ere ez zekiela. Marmar hiratua zerabilen hortz artean, *Erika* edo *erantzukizuna* bezalako hitz ulergarri batzuen eta ulertzen ez nizkion hitz askoren arteko kalamatika bat osatuz.

Nik espero nuenik, ezer ez: ematen zuen bere buruarekin eztabaidan ari zela –edo amona Erikarekin, auskalo–. Hala ere, kontu bat, bai, behintzat atera nuen argi: nire presentziak ez zion batere axolarik.

Gero eta aldarte gaiztoago baten mende, begiak gorritzen ari zitzaizkion. Segundo batzuen buruan, ordea, atzera-aurrera ibiltzeari utzi eta niri begira gelditu zen. Begiak zuloetatik atera behar zitzaizkiola ematen zuen; lokietako zainak, guztiz irtenak, lehertu beharrean zeuzkan; eskuak, aldiz, ukabilduak eta atezuan.

Ulergaitza zitzaidan bat-bateko mudantza hura eta, okerragoa zena, beldurtzen hasita nengoen ez ote zitzaidan joka hasiko.

Supituan, ordea, begitartea aldatu zitzaion berriro, baina oraingoan barre-purrustada ero bat jaurti zuen barren-barrendik, eta leher gaizto egiteraino hasi zen irri karkaraka. Besoak gurutzatzen zituen sabelaren parean, gero saihetsei oratzen zien, barreak eragindako minaren keinuak egiten zituen eta salto txiki barregarriak hanka baten gainean. Barre-algara batek beste barre-algara bat eragiten zion, aurrekoa baino bortitzagoa, aurrekoa baino zanpantzarragoa. Ero bat ematen zuen, ero baten aurrean nengoen, Angelo ez zegoen bere senean, eta nik ezin nuen, ezta bultzaka ere, uste oso hori burutik kendu.

Egundaino halako zoramenik!

Ikuskizun desatseginen aurrean begirada apartatzen baitugu, begiak itxi nituen. Alferrik: Angeloren barre-zartak entzuten segitzen nuen, gero eta hurbilago, gero eta ozenago. Ez nuen ezer ikusi beharrik, ondo asko imajina nezakeen zer nolako zapart eta zarabandekin ariko zen laguntzen bere jardun baba-fartsa.

Hartan nengoela, Angeloren irrien hatsa sentitu nuen belarri ondoan, eta hatsaren beroarekin batera, ero batena baizik izan ezin zitekeen erretolika:

Urrearen ordez ikatza eman nahi diguten garaiak bizitzen ari gaituk, okari oka. Amarru beltzaren garaiotan, dagigun korrok! Ibiliaren ibiliz guztiz xehatu eta hausten den zaborrarekin konformatzen gaituk, hori duk inork aitortu nahi ez duen miseria. Erne, ordea! Ezagutu duk ikazkina? Zer da ba giza porru kaskarina! Bai, berehala konturatu haiz nolakoa den eta popako haizeak harrotu dizkiok, horrek asko esaten dik hire alde. Esnetan baino pozago nagok hirekin, berehala konturatu haiz nondik jotzen duen bora haizeak. Ikazkinak gure kontura aberastu nahi dik, baina hark saltzen duena baino ikatz gordinagoa behar diagu guk neguan Basovizza aldetik etorriko zaigun bora hotzari kontra egiteko.

Buru-buztan handirik gabeko jardun hari esker jakin nuen ikazkinak eragina zela barre-algara haien guztien zarrapata. Zanpantzarrak zanpantzar, kontua zen gauza bat nuela alde: Angelori ez zion berebiziko endredorik sortu nik lanari uko egin izanak. Itxura guztiek hori zioten behintzat. Ez nekien zergatik bidali ninduen ikazkinarengana, beharbada zor zaharren bat egongo zen tarteko, baina horrek gutxi axola zidan niri. Arin sentitzen nintzen, konpromisorik gabe eta nire bidea neuk egiteko moduan.

Bat-batean, Angelok ahotsa apaldu zuen, konfidentziaren bat egin nahi balit bezala:

Badakik zer pentsatzen ari naizen? Oraintxe esango diat argi-argi: odol noblea dugula erakutsi diok ikazkin horri. Zainetako borborrean ito ezin den odol baten jabe gaituk hi eta ni. Alemanak, aleman guztizkoak gaituk. Ez ditek ulertzen, ez ditek ulertu nahi, baina alde handia zagok gure eta beren artean. Italiarrak direla? Bo, bo eta bo! *Di tanto in tanto una briciola di genialità e poco piú.*

Odol alemanarena entzun nionean ez nuen ezer berezirik sentitu. Gogoan dut zuhaitz genealogikoarekin ibilitako lanak etorri zitzaizkidala burura. Nor ibiliko sustrai bila, eta erroak beste baso batean zituela ez zekien bat! Bada, Angelok egindako odolaren aipamen hark ez zidan ez kontrako ez aldeko erreakziorik eragin. Hutsalaren hurrengo hutsa sentitu nuen neure barruan, horixe, besterik ez.

Begiak itxita eta geldi-geldi segitzen nuen nik, kaioen kurrixkak bezalako hots desatsegin haien erauntsia noiz bukatuko; Angelok, ordea, hizketan eta hizketan, atertu gabeko jario ulergaitz baten zirimirian. Alfer gaiztoan egon nintzen ni Angeloren argibideren baten zain, nire nondik norakoan lagunduko zidan zerbaiten esperoan. Horren ordez, zer? Berak ere nekez ulertuko zuen berbaldi buru-buztanik gabe bat, horra. Jostorratzenak bezalako ziztada zorrotzak sentitzen hasita nengoen lokietan, zizt-zazt, zizt-zazt, zizt-zazt, ziztada ari zitzaizkidan bihurtzen munduarekin nituen eusgarri fisiko bakarrak.

Supituan, Angelok kolpe bat eman zidan bizkarrean eta hartu nuen sustoak ziztaden mina areagotu zidan:

Ikatza uzkitik sartuta baino kokoloago utzi duk putakume hori! Pozik ikusiko nioan aurpegia, bai horixe, ikazkin uzki-hozki hori popatik hartzera bidali huenean! Ederra!

Horiek esan eta gero, Angeloren ahotsa urrutiratzen hasi zen, haren barre-zantzoak eta ikazkinari buruzko lizunkeriak ere urruntzen, urritzen, apaltzen joan ziren, zeharo isildu arte.

Ezinezkoa zitzaidan lokietako mina ez zen beste ezertan kontzentratzea, denbora asko egin nuen buruko ziztaden mende. Baina apurka mina arintzen hasi zitzaidan, azken minutuetan egin zen isiltasun erabatekoak izango zuen hartan zer ikusirik.

Angelo alde egina izango zela pentsatu nuen.

Begiak zabaldu nituen.

Angelo bekoz beko neukan, zutik, niri begira. Zuri-zuri zegoen, trantze estu bat pasatzen ari balitz baino abailduago. Haren itxuran arrasto txikienik ere ez minutu batzuk lehenago barrezka lehertu behar zuela ematen zuen gizonarenik. Kokotsa dardarka; begiek, berriz, lauso-lauso, nigan finkatuta segitzen zuten, baina ni ez nintzen beste norbait edo zerbait ikusten ariko balira bezala.

Oroitzapen zaharretan galduta, negar egiteko gogoari eusten, so egonez so egin gabe: halaxe zegoen Angelo.

Opera-kantariaren istorioaz gogoratu nintzen. Gutxi nekien Angeloren ibilbidea guztiz bihurrituko zuen pasadizo hartaz, eta nekien guztia langartsua zen, baina ez zen aztia izan behar pentsatzeko gertakari hura mugarria izango zela Angelorentzat. Bizitza oso baten unerik gorena.

Zain egon nintzen Angelok zer egingo. Begirada galduarekin segitzen zuen, niri begira-begira egotea beste lanik ez balu bezala. Bat-batean, susmo gaizto batek astindu ninduen: Angelok hain gustukoak zituen antzezpen horietako baten aurrean nengoen! Adarra jotzen ari zitzaidan, edo, okerragoa zena, nire erreakzioak aztertzen!

Amorrazioz gainezka, berarenganaino joan eta ostikoka hasteko gogoa etorri zitzaidan:

Putakumea, putakumea, putakumea!

Nire onetik irtenda nengoen adar-jotzetzat nuen Angeloren jokabide alu harengatik. Hasiera-hasieratik, ni ezagutu ninduen arratsaldean nor nintzen ez baleki bezala jokatu zuenetik, pertsona mirrin ezkailua iruditu zitzaidan, baina etxetik alde egiteko asmoa agertu nionean antzeztu zidan jardun baba-zakilak ez zuen barkamenik.

Hartu hire gauzak eta hoa hemendik!, agindu nion neure buruari. Hobe nuen kaleko miseriaren gorria, etxe madarikatu hartan beste bi minutu gehiago egitea baino!

Jaiki nintzen, bada, baina berarengana joan eta ostikoka hasi ordez, nire gelara abiatu nintzen maleta egitera, zeharo erotu baino lehen. Angeloren ondotik pasatzerakoan, zinkurinen bat egin zuela iruditu zitzaidan, baina ez nion begiratu ere egin.

Behin gelan, Elsbethek oparitutako egunerokoa sartu nuen lehendabizi. Gero, nire arropak pilatzen hasi nintzen maletan, nolanahi eta narras, ez neukan-eta ezer txukun egiteko trenpurik. Amorrarazita nengoen, neure buruari atsedenik eman ezinik. Zoriak baztertua ninduen, neuk aurkitu beharko nuen neure zoria, neure neurrikoa. Eta txarrenean ere, ez nintzen une hartan nintzena baino zorigaiztokoagoa izango.

Halakoen eta ilunagoen hausnarrean ari nintzela, kanpoko atea jo zuten zakar. Deitzen ari zenak haserre zegoela ematen zuen. Angelok ez zuen ezer egin atea zabaltzeko. Ni adi-adi nengoen, Angeloren isiltasuna susmagarria iruditu baitzitzaidan. Atea jo zuten berriro, aurrekoan baino zakarrago. Ireki atea, bazakiat-eta hor hagoela! Angelok, erantzunik ez; ni, berriz, gero eta jakin-min handiagoz. Hirugarren aldiz ere jo zuten atea. Ederki, herorrek igarriko diok atarramentuari! Hori esan eta gero, lagun bakar batenak ematen zuten urrats-hotsak entzun nituen eskaileretan behera.

Zain egon nintzen. Ate joka etorrikoak ordurako urruti behar zuela kalkulatu nuenean, maleta hartu eta aterantz abiatu nintzen. Angelok sukaldean segitzen zuen, baina kanpoko ateari begira. Ez zuen begi-zirkinik egin, ezta ni ateraino joan eta haren begiradaren eta atearen tartean jarri nintzaionean ere. Hamabost minutu lehenago utzi nuenean bezain zurbil eta sorgortuta zegoen, sorbaldak hondoratuta, begiak beren baitatik irten beharrean. Orduan konturatu nintzen argitasun osoz: Angelo izututa zegoen, haren aurpegiak adierazten zuena ezin zitekeen antzeztua izan. Interpretazio itxurako trenpu-aldaketa gorabeheratsu haien atzean bazegoen ordu arte igarri ez nuen zerbait: izuak eragindako sufrimendua. Erotuta egon ala ez, minari zor zitzaizkion, ez beste ezeri, Angeloren zuhurtasunetik zorora eta haserretik irri-zartara bitarteko erreakzio burugabe haiek guztiak. Erotuta egon zitekeela, beharbada bai, baina eromena sufrimenduak eragindakoa zuela eta eromenak sufrimendua eragiten ziola, seguru.

Min zaharren usnaka zegoen Angelo.

Eskua maratilan jarria nuen, ateraino joan nintzenetik. Ez nion eragin. Maleta lurrean utzi eta sukaldera itzuli nintzen. Angeloren ondoan gelditu nintzen. Angelo, lehenean: aurpegiera aldatu gabe eta ateari begira. Gizona abaildura hartan ikusita, aspaldian inorengandik sentitu ez nuen zerbaitek egin zuen habia nire baitan: errukiak.

Denbora dezente egon nintzen kontra egiten barruak eskatzen zidanari. Ez dakit, ordea, zerk eraginda, esku bat jarri nion sorbaldan. Ikarazko zirrara laburra egin zuen haren gorputz osoak eta zinkurina irten zitzaion. Basoan galdu den ume koskor izutu batena bezalako begirada zuen.

Nire eskuak Angeloren sorbaldan jarraitzen zuen, ezertarako presarik gabe. Haren arnasaren goitik beherakoak sentitzea, ez nuen beste zereginik, ez nuen ezer behartzeko premiarik. Lasai nengoen, ahaztua nuen eskua sorbaldan jarri nionetik gozatzen ari nintzen baretasun hark existitu egiten zuenik ere.

Hartan nengoela, Angeloren ahotsa entzun nuen beste mundutik baletorkit bezala:

Barkatu.

Nigana jiratu, eta aurpegira begiratu zidan. Irribarre egin zidan, irribarre xehe bat eta guztiz ezohikoa, erauntsi moduko zirkinak baino ezagutzen ez nizkion aurpegi hartan. Irribarre egin nion neuk ere, eta une hartantxe esku bat jarri zuen nik bere sorbaldan jarrita neukanaren gainean.

Halaxe egon ginen luzaroan.

Oso gaizki egin nian hi ikazkin behazun beltz horrengana bidalita, esan zidan handik pixka batera.

Ez ziren nik espero nituen hitzak. Tematuta segitzen zuen ikazkinarekin, hura balitz bezala gure arteko arazo nagusia. Baina hala izan balitz ere: zergatik bidali ninduen giza gaizto *behazun beltz* harengana?

Umbertok ikazkinarengatik esandako hitzak gogoratu nituen: horren kastakoak ez dituk mendekua hartu arte lasaitzen.

Horrek esan nahi zuen arriskuan geundela bai ni eta bai Angelo. Horrek esan nahi zuen atean deika jardun zuena ikazkina edo ikazkinak bidalitakoren bat zela.

Alferrik zen, ez zidan ezer kontatuko bere aferez. Zerbait galdetuz gero, triku baten moduan bilduko zen bere baitan eta betikoa egingo zuen: eguneroko bizitzarekin zerikusi zuzenik ez zuen gairen bat aterako zuen.

Eskua erretiratu nuen Angeloren sorbaldatik.

Ez dakit ez nola ez zergatik, ni izan nintzen orduan barrezka hasi zena, gorputz guztiko zati guztiek inarrositako barre ero bat atera zitzaidan, barreak eztula eragin zidan, eztulak itomena, eta halaxe egon nintzen luzaz, barre eta barre, azken hilabeteetako esturak askatzea lortu nuen arte.

12

ISILIK GEUNDEN, elkarri begiratu gabe. Angelok kontu asko zeuzkan niri argitu beharrekoak, baina nire baitakoak esaten zidan hobe nuela haren iniziatibaren zain egotea, alferrik izango nuela egoera bihurritzen saiatzea, haren logika hain zen-eta bere izaera bitxiaren araberakoa. Ez nuen presarik: nire bizitzak berdin egin zezakeen atzera edo aurrera, ezkerrera zein eskuinera, gora baino errazago behera. Berdin zen nora, baina neure buruaren jabe izango nintzen, nire barruan ez zegoen jada beste ezertarako lekurik.

Isilik egon ginen, bada, hainbat denbora. Angelok gogoilun jarraitzen zuen, baina haren aurpegierak adierazten zidan krisia gainditzen ari zela: ordu erdi lehenago baino askoz ere lasaiago hartzen zuen arnasa; begiradari dagokionez, artean abaildua izanagatik ere, argiagoa eta ziurragoa zuen.

Zigarro-pakete bat atera zuen patrikatik eta bat eskaini zidan. Erretzen hasi ginen elkarri hitzik egin gabe. Pianola baten musika mekanikoa entzuten zen urrutian. Triestera iritsi nintzenetik bizi izandako hainbat eszena ekarri zidan musikak gogora. Egunak kontatzen hasita, ez ziren aste batzuk baizik Italiara iritsi nintzela; nire barruak, ordea, oso bestela bizi zuen denbora, eta Italiako egun urrien oroitzapenak gaina hartzen zien Alemanian bizi izandako urtekoei.

Brastakoan, Angelo leihoraino joan zen eta ixten hasi zen. Emanda egongo zen, ordea, asko kostatu baitzitzaion bi orriak ahokatzea. Azkenean lortu zuen, eta kolpe lehor batez leihoa itxi zuen. Kristalek dardara egin zuten. Pentsatu nuen: laster hasiko duk hizketan, baina ez dik belarri indiskreturik nahi.

Leihotik itzuli zen eta ipurdia mahaiaren kontra jarrita, niri begira geratu zen. Beste zigarro bat piztu zuen eta paketea gorde zuen patrikan, nik erre nahi ote nuen galdetu gabe. Neure zigarro-paketea atera eta zigarro bat piztu nuen. Ia zigarroak ahitu arte egon ginen isilik.

Behingoan urratu zuen Angelok isilune luze hura:

Zorretan nagoela uste duk?

Galderaren doinuagatik, garbi ikusi nuen ez zuela erantzunik espero, gehiago ari zela bere buruarekin. Ez nion, bada, erantzun. Pentsatu nuen hitz haiek ez zirela hasiera besterik, eta hobe nuela zuhur jokatzea konfidentzia-giroa hondatu gabe.

Bere baitara bilduta bezala hasi zen hizketan. Ziur uste nuen arren ikazkinarengana bidali izanari buruzko argibideren bati ekingo ziola, beste hari bati heldu zion. Ondorengo jardun osoan ez zuen ikazkina aipatu, ezta lastozko kapeladun gizona ere; ez zuen irratia aipatu, ezta zein zen ere amarru harekin nigan eragin nahi zuena.

Bai, zorretan nagok, baina ez hirekin, hire amonarekin baizik.

Eta istorio bitxi bat kontatu zidan, tarteka-marteka karabineroen eta italiarren kontra egiten zituen digresioz zipriztindua:

Orain urte batzuk, Milango kale-garbitzaile batek emakume baten gorpua aurkitu zian Duomotik hurbil. Hildakoak zintzurra ebakita zeukaan eta diapasoi bat ahoan. Karabineroek jakin zutenean hildakoa Greta Klein izeneko sopranoa zela eta ikusitakoan neskaren gorpuak ez zuela eraso sexual baten traza bakar bat ere, jelosia profesionalak eragindako krimentzat jo, eta Gretarekin harremanak izandako hainbat musikari ikertzea erabaki zitean. Ni ez ninduan zirkulu haietan ibiltzen, Gretak eta nik ez baikenian haren bizitza profesionala eta gure arteko harremana nahastu nahi. Karabineroak, normala den bezala, Greta ezagutzen zuten musikari askorekin egon zituan, baina ez zitean nire berririk izan, Gretaren inguru profesionaleko ezagun guztiek esan baitzuten neska bakarrik bizi zela eta ez zuela bikotekiderik. Biharamuna arte ez zitean jakin non bizi ginen. Hilketa gertatu eta hogeita lau ordura bi karabinero bidali zitiztean Garibaldi zubitik hurbil geneukan apartamendua miatzera. Bi gizonak eskaileretan gora hasi ziren une berean ni etxeko atea zabaltzen ari ninduan. Etxera sartu gintuan hirurok eta ostikoka hasi ez zituan ba kakalerdo haiek, esanez zer egiten nuen han, nondik atera nuen giltza, bete-betean harrapatu nindutela. Batek kankailutik zuena, besteak kirtenetik zian. Bi kaiku haiek baretu arte egon ninduan ahal nuen otzanen eta zer gertatzen zen ulertu ezinik. Identifikatzeko. Identifikatu ninduan. Tedesko alu-zorne bat!, bota zian karabinero kankailuenak nire pasaporteari begira. Ea zergatik egin nuen. Egin, zer?, nik. Ez nuela ezer ulertzen, ez nekiela zertaz ari ziren. Berriro jo ninditean. Kolpe ugarien artean hitz ere egin genian pixka bat eta poliziek orduan jakin zitean Greta nirekin bizi zela, orduan jakin nian nik putakumeren batek nire maitea hil zuela. Bi karabinero zorri-partz haiei bost axola nire une hartako hondoramendua, nire guztizko atsekabea, eta, biraoari arao, atxilotu egin ninditean, polizia bahintz aise imajinatuko huke zergatik: ni bezalako koitadu bat harrapatuta, zertarako lan gehiago hartu?

Behin komisarian, alferrik izan zuan hilketa gertatu zen orduan ni Triesten nengoela esatea, alferrik treneko txartelak erakustea, baina horixe duk egia, Greta hil zuten unean ni Triesten nengoela, hori besterik ez. Hilketa gertatu zen egunean, Triesten nengoan ni, bai, Gretak eta biok Miramare gaztelutik hurbil eraiki nahi genuen etxearentzat terrenoak begiratzen. Ez nian, ordea, tratua zerratzerik izan, jabea ez zuan-eta bezperan jarritako orduan agertu. Pentsatuko duk zer nolako amorrazioarekin hartuko nuen Milango trena. Eta etxera iritsi nintzenean, miseria gorrienen arrosario madarikatu hura nire zain! Poliziak ez zidaan sinetsi. Behin eta berriz esaten niean jartzeko eta jartzeko harremanetan terrenoaren jabearekin. Nire kalaka oso astuna izango zuan, ezen halako batean nik esandakoa egitera ipini zituan. Ordu onean! Terrenoaren jabeak esaten ez ziek ba ez ninduela ezagutzen, erosle asko zebilela terreno paregabe haren atzetik eta bera ez zela terrenoa erosi nahi zuten guztiekin gogoratzen. Bestalde, ezinezkoa omen zuan nik aipatutako hitzordura ez agertzea, berak beti betetzen zuela emandako hitza. Puta-urde doilorra! Gezurti harroputza izateaz gainera, nire egoera baliatu ez zian ba lira gutxi batzuk ere balio ez zuen terreno harritsu baten propaganda egiteko? Kontua duk hilketaren susmagarri bakarra nintzela, ez neukala Greta hil zuten momentuan non egon nintekeen argi zezakeen alibirik. Galduta nengoan; marea beherakoan haitzetako lirdingetan trabatutako aingira-kume bat baino galduago. Ni eta Greta opor-etxe baten bila ibiltzeak adierazten-edo zuen harremanen egonkortasuna ere ez zitzaidaan alibirik onena suertatu: lekuko batek zer esango, eta egun batzuk lehenago Gretak eta nik eztabaida sutsuan jardun genuela Piazza della Scala ondoko kafe--etxe batean. Ez ninduan eta ez nauk horretaz gogoratzen, baina lekukoak zioena egia izanda ere: Milango nor libratzen da bere bikotekidearekin eztabaida sutsu bat izatetik? Ederrak dituk ba italiarrak! Usaindu orduko badutela eskua non sartu, hor hasiko zaizkik larrutan edo lapurretan, eta, ahal badute, bietan!

Ez zidatean utzi ezta Gretaren hiletara joaten ere. Gaixoa! Egun euritsu zakar batean lurperatu zitean, ia bakardade guztizkoan! Eta ni, berriz, zuloan, zanbro gaiztoaren harrak bihotza janda! Greta ezagutu nuenetik ez nian Greta maitatu beste ezer egin; asto baten moduan egin nian lan; ordu oro egiten nian amets Gretaren garaipenaren xanpainetik edango genuen egunarekin. Eta begiraiok, begiraiok zer nolako kalbarioa etorri zitzaidan bidera!

Ni atxikita nindutelarik, zertarako jelosia profesionalen hipotesiari eutsi? Tedesko harroputz batengatik kezkatu? Utikan! Susmagarri nagusia izatetik susmagarri bakarra izatera pasatu ninduan, bada, oso ordu gutxiren buruan, eta epaiketaren eguna iritsitakoan, mundu honetan gehien maitatu dudan pertsonaren hiltzaile ofiziala izendatuko ninditean. Etsia hartu nian: hori zuan nire etorkizuna, ez nian alferrikako ametsik egiten. Zertarako? Nor etorriko zuan nire alde egitera? Inor gutxi ezagutzen nian Milanen, eta bakar bat ere ez lira txar bat gomendioan utziko niokeenik. Ez nian abokaturik ere ezagutzen, beti ibili nauk halakoengandik urruti, sekula ez zaidak-eta gustatu jendearen miserien uzkian hatza sartuz bizitza aurrera ateratzen duen jendilajea. (Bat-batean, Angelok leihora begiratu eta ahotsa apaldu zuen). Gainera, Italia bizitzen ari den giro nazionalista sutsua ez duk egokiena atzerritar batekin kupitzeko, ezta atzerritar hori alemana izanda ere.

Honezkero galdetuko huen zergatik ez nuen Alemaniako senide eta lagunengana jo. Ba garbi esango diat: aukera hori ez zuan italiar ezagunekin neukana baino hobea, astoa ez zagok alferrik lotan! Greta ezagutu nuenean, haren atzetik joateko den-dena utzi eta Italiara etorri ninduan. Horrela esanda, normala ematen dik. Baina egik kontu ni familia aberatsekoa nintzela; Greta, berriz, barrikagile baten alaba; egik kontu ni nintzela aitaren negozio ugarien kargu egitera deitua, horretarako ari nintzela unibertsitatean ikasten; egik kontu banuela andregai bat, bankari baten alaba bera. Eta hori guztia gutxi balitz, nire etxean opera-kantari bat aipatzea puta galdu esatea zuan. Aise imajinatuko duk orain nola hartu zuten nire ihesaldia.

Zergatik utzi ninduten libre, zergatik nagoen orain hirekin hizketan? Mirari bat, ezin zaiok beste modu batean deitu. Ametsik zoroenean ere irudikatzerik ez dagoen mirari aparta bidali zioan zeruak Alemania utzi zuenetik zerura begirik jasotzen ez zuen honi. Zoriak nahi izan zian ni atxilotu nindutenean emakume aleman dontsu bat Milanen egokitzea Eukaristiaren Kongresu batean. Nire argazkia ikusi zian egunkarietan eta, zer den halabeharra!, ezagutu egin nindian. Senide urruti samarrekoak gaituk emakume dontsu hori eta ni: sekula ez genian harremanik izan elkarrekin, eta egoera normal batean kalean topo egin izan bagenu, agur doia egingo genioan elkarri, eta, beharbada, ezta hori ere. Baina hik badakik zer gertatzen den aurpegiz bakarrik elkar ezagutzen duten bik atzerrian topo egiten dutenean: ez ditek elkarrekin afaldu arteko onik izaten. Emakume dontsu hark hor erabaki zian ez zuela ni libre ikusi arteko onik izango, eta nire argazkiaren azpian hiltzaile gupidagabe bat nintzela zioen asmo txarreko oharra ere ez zuan aski izan emakume hura kikiltzeko. Bisitan etorri zitzaidaan, eta, itxura guztien arabera, sinistu egin zian nik kontatu niona. Edo, beharbada, gupida eragin nioan.

Auskalo. Kontua duk bat-bateko galerna batek hartu ninduela erdi-erdian: Milango agintari katolikoak bisitatu zitian, abokatu onenekin jarri zuan harremanetan, prokuradore hainbatekin afaldu zian. Alemaniara itzuli zenean ere, ez zian atsedenik hartu eta ahal zuen guztia egin zian han ere, Italiako kontsularekin, elizako agintariekin, ezagutzen zituen ospe pixka bateko hainbat katedratiko, kazetari eta idazlerekin. Eta inondik ere ezagutzen ez ninduten haiek guztiek, nire alde ari zen emakumeari zioten begiruneagatik, nire aldeko haize-bildu polita harrotzea lortu zitean nonbait.

Iritsi zuan epaiketa eguna, eta hilabete batzuk lehenago total eginda ere amestuko ez nuena gertatu zuan: ez zegoela nire kontrako froga argirik, eta libre utzi ninditean. Eta badakik harrigarriena? Emakume dontsu horrek Erika zuela izena eta, oker ez banago, bera izan dela hi hona bidali hauena. (Arnasa hartu zuen, ordu arte kontatu zidanak ikaragarri nekatu izan balu bezala). Ulertzen duk orain zergatik hagoen hemen? Ba ulertzen baduk, uler ezak ni hitaz arduratzea ere. Ez diat dirurik behar; inoiz kitatuko ez dudan zor bat berdintzen saiatzea diat helburu bakarra, eta orain arte hobeto zaindu ez bahaut, ezinezkoa izan zaidalako izan duk. Sinets iezadak. Egun hauetan zenbat aldiz madarikatu ote dut neure burua hirekin ez egoteagatik! Kontatu diadan guztiagatik, ez nikek utzi behar hemendik alde egiten, baina bai, hoa lasai hori bada nahi duana.

Etenik gabe kontatu dut Gretaren istorioa, baina kontakizunak iraun zuen bitartean Angelok sukaldeko leihotik begiratu zuen, ez dakit zenbat aldiz. Aldian behin, lepoa luzatzen zuen, zerbait entzun nahiko balu bezala. Tarteka, isilik egoteko agintzen zidan, ni isil-isilik nengoen arren. Gero eta urduriago zegoen, ematen zuen norbaiten bisita espero zuela. Ikazkina kontu eske, ez zitzaidan beste aukerarik bururatzen.

Egidak mesede bat, esan zidan kontakizuna amaitutakoan. Hoa kioskoraino eta ekar iezadak *Il Piccolo.* Tira, hartzak kafe bat nire kontura, eta lira batzuk eman zizkidan.

Begi-bistakoa zen ez zuela ni bisitaren lekuko izaterik nahi. Neuk are gutxiago, ez nuen-eta ezergatik ere ikazkina ikusi nahi. Esker onekoa nintzaion, bada, Angelori detailetxo harengatik.

Bat-batean erne jarri zen eta isilik egoteko keinua egin zidan ostera. Leihora joan eta handik begiratu zuen. Ez dakit zer ikusiko zuen, baina guztiz izutu zuen zerbait: itzuli zenean hildako bat ematen zuen, baina niri aginduak emateko gai zen nonbait artean, gogor esan baitzidan joateko komunera, igotzeko bertako leihotxora eta ezkutatzeko teilatuan. Ez nuen ezer ulertzen eta begira geratu nintzaion. Izu-ikarazko keinu bat egin eta kolpe zakar bat eman zidan bizkarrean:

Joateko, *per l'amor di Dio,* egidak kasu bizia salbatu nahi baduk! Egon hadi teilatuan geldi-geldi, ez handik mugitu dena bukatu arte!

Agintzeko modua hain izan zen desesperatua eta sinesgarria, ezen obeditu egin nion itsu-itsuan. Maleta berriro logelara eraman eta komunera joan nintzen. Oin-urratsak eta agindu sutsuak sentitzen ziren eskaileretan gora. Komun-ontziaren gainean hanka puntetan jarri eta, ahalegin izugarria eginez, teilatura irten nintzen. Angelo nire atzetik etorriko zela espero nuen nik, baina momentu hartantxe sekulako hanka-zartak ematen hasi ziren etxeko ateari. Zalaparta batean, atea zabaltzea lortu zuten eta barrura sartu ziren. Lauzpabost lagun izango ziren guztira, nengoen tokitik ezin nituen ikusi, baina oso ondo entzuten nituen haien oihu zakarrak eta kolpe-hotsak. Angelok zerbait esan zien. Belarrondoko batena bezalako zartada lehorra entzun zen. Gero, kolpe-hotsak areagotu ziren. Angelok garrasi egiten zuen. Kolpe gehiago. Zakur jipoitu batenak bezalako intziriak egiten zituen. Bat-batean, itzali egin ziren haren aieneak; ez, ordea, astinduaren hotsak. Jo eta jo segitu zuten apur eder batean, nik gimnasio-saioetan hareaz betetako zakuari jotzerakoan bezalako soinua atereaz. Geldi-geldi nengoen, bizkarra tximinia zikin baten kontra nuela eta arnasa hartzeko ere beldurrez. Ez nekien zer gertatzen ari zen, ulertzen ez nuen gorabehera baten gatibu nintzen. Hotzikara batek dardaratu ninduen, harrapatzen baninduten, Angeloren zori etsai bera izango nuela pentsatuz. Baina zainetan gora igotzen zitzaidan hotz kiskalgarria ez zen izuak bakarrik eragina: errukia sentitzen nuen, erruki neurrigabea Angelorengatik.

Handik pixka batera, erasotzaileetako batek ondo aditu ez nuen aginduren bat eman zuen eta gelaz gela hasi ziren. Lurrera jaurtitako gauzen eta kristal apurtuen hots etengabeak heltzen zitzaizkidan. Pentsatu nuen etxea miatzen ariko zirela. Komunera ere sartu ziren. Are gehiago kiribildu nintzen tximiniaren eta leihoaren arteko gordelekuan. Den-dena apurtzeari ekin zioten. Txikitu eta lurrera jaurti, lurrera jaurti eta txikitu. Komuneko traste guztien artean ez zegoen zer miatu askorik; hala ere, nik nahi baino denbora gehiago egin zuten bertan. Beste ordu erdiren bat ibiliko ziren etxean aurrera eta atzera, miaketa eroan. Halako batean, erasotzaileetako batek alaitasunezko oihu bat egin zuen. Ematen zuen azkenean aurkitu zutela bila zebiltzana. Kolpeak berriro, metalezko zerbait hausten ariko balira bezala. Baretuagoak ematen zuten, amaitua zutela hango egitekoa.

Ez dakit zenbat denbora pasatuko zen gizon haiek etxean sartu zirenetik haietako baten *andiamo!* agindua entzun nuen arte. Zerbait zeramaten arrastaka, eta danba egiten zuen eskailera-maila bakoitzean. Hotsak itzaltzen joan ziren. Automobil bat jarri zuten martxan. Ez zen teilatutik ikusten, eta burua pixka bat aterata zerbait ikusteko aukera zegokeela jakin izan banu ere, ez nintzatekeen ausartuko. Pentsatu nuen automobil huraxe ikusiko zuela Angelok sukaldeko leihotik ezkutatzeko esan zidanean.

Automobilaren motor-hotsa hiriko zaraten artean galdu zen. Ez dakit esaterik dagoen lasaitu egin nintzela. Jende hark alde egin izanarekin batera arriskuaren sentsazioa ere arindu egin zitzaidan, egia da, baina Angeloren gorpua sentitzen nuen eskailera-mailatan danba eta danba eginez. Ez nion tokirik egin okerrena pentsatzeari, baina hasierako oihu eta intziriak kenduta, Angelok ez zuen txintik atera miaketak iraun zuen denbora osoan.

Gordelekuan ezkutatuta egon nintzen, geldirik, zerura begira, aieru beltzenak uxatu ezinik. Erabaki nuenean etxean ez zela inor gelditu, tentu osoarekin sartu nintzen leihotxotik komunera. Sukaldera joan nintzen. Dena hankaz gora zegoen. Leihotik kalera begiratu nuen. Ez zegoen inor etxea zaintzen, ez nuen ezer susmagarririk ikusi. Gelara joan nintzen nire gauzen bila. Beharrezkoena hartuko nuen bakarrik. Arriskutsua iruditzen zitzaidan etxetik maleta batekin irtetea. Arropa guztia zirtzilduta zegoen. Elsbethek oparitutako egunerokoaren bila hasi nintzen. Eginahalak egin arren, alferrik jardun nuen. Egunerokoa alemanez idatzita zegoen. Zergatik eraman zuten, ez dakit. Angeloren kontu batzuk aipatzen nituen bertan. Agian, horregatik.

Ezin nuen han gelditu, ez neukan nora joanik. Gerrikoa haztatu nuen, askotan egiten nuen bezala. Han neuzkan pasaportea, han diru poxinak, han edozein bankutan dirua ateratzeko agiriak. Angeloren gela aurretik pasatzerakoan, hango anabasa ikusita, begira gelditu nintzen atetik eta orduan ikusi nuen erasotzaileei pozezko oihuak eragin zizkien aurkikuntza: txiki-txiki eginda zegoen, baina nabarmena zen hondakinak irrati batenak zirela. Haien ondoan, zoruan zulo bat eta zuloaren estalkia. Orduan ulertu nuen zergatik ez nuen aurkitu irratia, orduan ulertu nuen poliziak zirela Angeloren bila etorritakoak.

Umbertok esan zizkidan hitz batzuekin gogoratu nintzen:

Arratoi-heste zornatuenak ere atseginagoak dituk OVRAkoak baino.

Orduan ulertu nuen Umberto zela Triesten nigatik zerbait egin zezakeen bakarra, Umberto zela Angelorekin gertatua konta niezaiokeen pertsona bakarra.

Zuhurtasun osoz eta ahalik eta isilen jaitsi nituen eskailerak. Ezkaratzeko atean batera eta bestera begiratu nuen. Kalean ez zebilen inor. *Libreria antica e moderna*rako bidea hartu nuen.

HIRUGARREN PARTEA

1

LIBURU-DENDARA NINDOALA, pentsamendu bitxi batek hartu zidan gogoa. Triesten ezagututako guztiak zein baino zein zeuden pitzatuta. Ero-hiri batean bizi ziren triestearrak eta, han denbora asko eginda, agian neu ere halakoxea bihurtuko nintzen. Koska bat zen, behintzat, begi-bistakoa: Triestera iritsi nintzenetik, gero eta gehiagotan behartzen nuen neure burua zer zen normala eta zer ez bereiztera. Alemanian ez bezala, Triesten guztiz naturaltzat zeuzkaten kausa jakinik gabeko bat-bateko aldarte aldaketak, haserre handirik eragiten ez zituzten elkarren arteko txantxa eta zirtoak, bizitzeko aisetasuna, kalean etengabe entzuten ziren jende baztertuen bakarrizketak –eta baita dirudunak ziruditen oso ondo jantzienak ere–. Deserosoa egiten zitzaidan hura guztia, nik ordu arte bizi izan nuenaren hain bestelakoa baitzen, baina, aldi berean, erakarri ere egiten ninduen haren guztiaren muinean zegoenak: naturaltasunak. Denbora gutxi neraman Triesten, baina nahikoa Mussoliniren erregimenak eragindako zentsurak eta hitz egiteko beldurrak estali ezin zuena ikusteko: Triesteko jendeak ia galbaherik gabe jokatzen zuen politika edo erlijioa ez ziren gainerako alorretan, bizitzeko gogo handiz jokatu ere, eta hark erakarri egiten ninduen ni, hain bestelakoa nintzena eta hain bestela hezi nindutena. Bizitzan lehendabiziko aldiz, ez nintzenari begiratzen ari nintzaion nintzenari baino gehiago.

Kontuon hausnarrean iritsi nintzen Umbertoren liburu--dendara. Itxita zegoen, baina argi motel bat ikusten zen barruan. Txilinaren sokari eragin nion. Erantzunik ez. Umberto enkargutxoren bat egitera irtena izango zela pentsaturik, moila aldera abiatu nintzen denbora egiteko. Ez nituen bost pauso egingo, nire gibelean norbait deika entzun nuenean. Jiratu nintzen, ez nuen inor ikusi. Berriro deitu zidaten. Umberto ikusi nuen besoa jasota, baina liburu-dendaren gaineko leiho batetik ari zen. Ez bainion ondo entzuten, leiho pareraino hurbildu nintzen. Zabaltzeko neuk atea, eta giltza bota zidan. Sartzeko dendan eta egoteko zain, berehala jaitsiko zela.

Zalantza txiki baten ondoren, giltzari eragin eta liburu--dendara sartu nintzen. Denbora dezente egin nuen Umberto noiz agertuko. Buruan mila gogoeta, liburu-meta batetik bestera ibili nintzen. Behin baino gehiagotan eutsi nion liburu bat hartu eta orri-pasa hasteko tentaldiari, ez nuen-eta nire deskuiduren batek dendako oreka guztiz anabasatsu hura hausterik nahi.

Ez dakit noiz jaitsi zen Umberto goiko solairutik, ez zenbat denboraz eduki nuen begira. Eztultxo bat eginez adierazi zidan bere presentzia. Irribarrez zegoen, eta esan zidan pozten zela ni berriro ikusteaz. Arropa gaineko mantal gris bat zeraman soinean, higatua baina garbia. Barkatzeko lehenago agertu ez izana, baina bezerorik ibiltzen ez zen ordu nagietan, denda itxi eta idazten egoten zela. Ezin zuela itxurazko letrarik idatzi denda irekita baldin bazegoen:

Atea zabalik dudala idazten ari banaiz, biluzik sentitzen nauk. Iruditzen zaidak ate horretatik sar daitekeen edozein bezero izan litekeela nire lanaren lekuko. Nahiz dendan inor egon ez, aldian-aldian burua paperetik jaso eta atzera begiratzen diat, inor begira ote dudan ikusteko, eta horrek sorgortuta eta sosegurik gabe uzten nauenez, ezin izaten diat idatzi. Horregatik ixten diat atea bezerorik ez dabilen orduetan, eta gora igotzen nauk. Bezeroren batek ateko txilina jotzen badu, goiko leihotik begiratzen diat nor den ikusi eta atea irekiko diodan ala ez erabakitzeko.

Idazten ari zenaz galdetzea bururatu zitzaidan, baina ez nuen ausardiarik izan, ez nion-eta bere lanaren balizko lekuko deseroso haietako baten inpresioa eman nahi. Barkamena eskatu nion lana galarazteagatik.

Ut, ut, lana deitzen diok bi lerro zirtziltzeari? Ez zagok zer barkaturik, gizona!

Eta hori esaten ari zitzaidala, goitik behera begiratu zidan. Inondik ere, ordu arte ikusi gabeko zerbaitek harrituko zuen, kokotsa jaso baitzidan hatz batez, nire begirada eta berea parez pare edukitzeko:

Jainkoarren! Hiri zerbait gertatzen zaik.

Mutu, halaxe geratu nintzen Umbertoren erreakzioarekin. Benetakoak ziren haren arreta eta kezka, baina nik ez nekien zenbateraino zen jokabide zuhurra bihotza zabaldu eta, besterik gabe, gertatu berri zena kontatzen hastea. Umbertorekin egote hutsak lasaitasun handia ematen zidan, baina zer nekien nik gertatu zenaz? Zer Angelori buruz eta zer etxean sartu ziren baina nik ikusi ere egin ez nituen gizonen gainean? Hutsaren hurrengoa zen Umbertori berari buruz nekiena ere. Eta hori guztia baino bihurriagoa zena: Angelori gertatutakoa kontatzen hasita, nor nintzen aitortu beharko nion Umbertori eta baita zer egiten nuen ere Angelorenean. Galderez betetako zingira batean hondoratzeko arriskuan nengoen, bada.

Begiak erdi itxi nituen Umbertoren begirada galdetzailea saihesteko. Ostatu bila nenbilela esan nion. Triestera iritsi nintzenetik, hiruzpalau apopilo-etxe ezagutu nituela, baina batean ohea zimitzez betea zegoelako, bestean, berriz, atsegin ez nuen jendaila-klasearen sartu-irten gehiegi, ez ninduela bakar batek ere konbentzitu. Gehiegizko atrebentzia ez bazen, aholkua eskatzen niola, berak ezagutuko zuela ostatu egoki eta merkeren bat.

Umbertoren hatzak nire kokotsean jarraitzen zuen, eta nik, begiak erdi itxita, deserosoa baitzitzaidan Umbertoren begirada aztertzailea eraman beharra.

Modu arduratsuan baina lasaitu egin nahi ninduen tonu batez mintzatu zitzaidan:

Adiskidea, pozik lagunduko diat hiretzat moduko ostatu bat bilatzen, ezagutzen diat emakume prestu bat gelatxo bat alokatuko diana, baina hi ez haiz horretara etorri. Ez horretara bakarrik, behintzat, eta pausa egin zuen, ondoren gaineratu zuena indartzeko: Egia esaten ez badidak, nekez izango diat laguntzea.

Hasiera-hasieratik egia esan ez izanaz damu, listua irentsi eta Angelori gertatutakoa kontatu nion, ahalik eskematikoen, baina inportanteenak zehatz adierazita. Hizketan haste hutsak lasaitu egin bazininduen, begiak zabaldu nituen, nire jarduna aratzagoa gerta zekion Umbertori. Artean ez nekien jardun luzeei ekiteko adina italiera, eta hitzen faltan aurkitzen nintzenean, Umbertok lagundu egiten zidan, hitzen baten bila katigatzen nintzenean hitz egokia eskainiz, nire ezin eta hutsak eroapen handiz eramanez.

Kontakizunak aurrera egin ahala, begitartea iluntzen joan zitzaion Umbertori, ezpainak hozkatzen zituen, ematen zuen nire hitzek arnasarik gabe utziko zutela. Bukatu nuenean, eskua jarri zuen nire sorbaldan eta berarekin fidatu izana eskertu zidan. Gero, hainbat galdera egin zidan Angelori buruz. Nekien guztia esan nion. Ez dut eszena oso ondo gogoratzen, baina ez dut oker handirik egingo esaten badut asko lasaitu zuela Angelorekin lotzen ninduena senidetasun-lokarri bat zela entzuteak. Nolanahi ere, ez nion Alemaniatik ihes egina nintzela esan, ezta ordu arte Angeloren etxean bizi izan nintzenik ere, eta ez nion, jakina, judua nintzenik aitortu.

Lekuko izan nintzen gertaerei buruzko galdera batzuk egin zizkidan segidan. Nola hitz egiten zuten etxera etorritako gizonek, zer esaten zuten, zeren bila zebiltzan. Nekien guztia esan nion ostera, eta erantsi nuen buruan nerabilen susmoa ere: ez zutela etsi Angelok zeukan irrati klandestinoa aurkitu eta zirtzildu zuten arte. Esatekotan egon nintzen amaraun batean harrapatutako eulia sentitzen nintzela, baina niretzat gorde nuen Angelo ezagutu nuenetik gainetik kendu ezinik nenbilen inpresio hura.

Izugarria!, esan zuen Umbertok, izugarria duk!

Bekozko serioz zegoen eta begiak erdi itxita. Bere maskorrean ezkutatu zela ematen zuen, entzun berri zituen kontuek izutu egin balute bezala.

Berriro hitz egin zuenean, oso ahots iluna atera zitzaion:

OVRAkoak zituan, hago seguru. Atzo arratsaldetik etxeak miatzen aritu dituk han eta hemen, egurra ematen, jendea atxilotzen. *Porco Dio, porco Dio!* Zer dira ba zakil-baba zarbelak!

Halaxe aritu zen luzaz, biraoari irain eta irainari arao, eta maldizioen artean esaten zituenengatik atera nuen OVRA Mussoliniren polizia politikoa zela eta sekulako ankerkeria baliatzen zuela bere lanean. Ez zen oso bizkorra izan behar ondorioak ateratzeko: Mussoliniren erregimenaren kontrakoa zelako jipoitu zuten Angelo eta auskalo nora eraman. Nik ordu arte gehien maite nuenaren etsaia izateagatik. Horretaz jabetzean sentitu nituenak kontatzeko, logikak agintzen duena esaten hasi beharko nuke: lotsa sentitu nuela, edo nazka, edo hutsune sekulakoa nire barrenean. Baina egia esan behar badut, ezer gutxi dut gogoan Angelo erresistentziakoa zela jakiteak eragin zidanaz. Buruan izango nuen Umbertok kontatu zizkidan zurrumurruen durundia, kontu segurua da, baina horrek ez du esan nahi zeharo jabetzen nintzenik Angeloren egoeraz eta pasatzen ariko zenaz. Artean ere, *tortura* eta halako hitzek nobeletan eta pelikuletan zuten egitatea niretzat, ez bizitzan.

Esaten ari naizen hori da egia, baina beste inpresioren bat emango zuen nire aurpegierak, Umbertok bere erretolikari utzi eta kolpe txiki bat eman baitzidan ukondoan:

Barka ezak, hi, zer da ba lotsagarria ni bezalako agure batek neurri guztiak galdu eta hire belarriak horrelako izugarrikeriekin zikintzea!

Begiak sutan zituen eta sudur-hots handia atereaz hartzen zuen arnasa, baina apal-apal hitz egin zuen. Birao gordinenak botatzerakoan ere ez zuen hitz bat bestea baino ozenago esan. Bere burua kontrolatzen ari zen, beldurrez balego bezala ni ez nintzenen batek entzungo ote zion, Umbertoren hitz egiteko modu baxu behartuak ukaezina zuen hori. Baina liburu-dendan ez zegoen gu biok beste inor. Haren emaztearekin gogoraturik, goiko solairura begiratu nuen, baina han ere ez zen inor ikusten, ezer sentitzen. Gogoratu nintzen aitak eta amona Erikak ere askotan hitz egiten zutela halaxe, apal-apal alegia, Hitlerren kontra, baita etxe barrua bezalako lekuren batean egonda ere. Hortaz, kontu haiek ahapeka esateak badaezpadako erreakzio automatiko bat behar zuen izan: normal mintzatzeko beldurrak berdindu egiten zituen Umberto eta nire etxekoak.

Isilik egon ginen pixka batez. Umbertok liburu-pakete erdi ireki bat hartu zuen pila batetik, eta, liburuetako bat harturik, niri eman zidan. Hainbat anekdota historikoren antologia maiztu bat zen. Beste liburu bat hartu zuen berak. Ez nengoen ezer irakurtzeko, ez zitzaidan egoerarik onena iruditzen liburuei buruzko hitz-aspertu bati ekiteko, baina Umbertok nire uste okerretik atera ninduen: eskuetan zeukan liburua buruz behera jarri, ahalik gehien behartu eta zabal-zabal jarri zuen. Gero, ogi-apurrak astindu nahi zaizkion zapi bati bezala eragin zion liburuari, esaten zidalarik:

Tira, hartzak beste bat eta eragiok heuk ere, ea baliozko zerbait bilatzen duan orri artean, eta hitz horien ondoren, niretzat hain bitxia zen jokabide haren argibidea eman zidan Umbertok: Gaur goizean erositakoak dituk paketeko liburu horiek; saltzaileak, belaontzi frantses bateko kontramaisuak, negoziotxoa egin nahi zian nire kontura, baina liburuek ez ditek piperrik balio. Ezta ordaindu diodana ere. Baina nork daki! Liburu kaskarrenaren orri artean beti egon litekek bertan gordetako gutun interesgarriren bat, amoranteren baten mezua, balio artistiko politeko grabatutxoren bat. Orain urtebete doi Thomas Mannek Freudi bidalitako bisita-txartel bat aurkitu nian auskalo nori erositako liburu batean, zer iruditzen zaik? Txartelean dioenak ez dik lehendik ondo ezagutzen dugun Mannen megalomania baieztatzeko beste ezertarako balio. Freudi idazten ez ziok ba esanez orain hogei urte baino hobeto eta sarriago egiten duela larrutan, ez duela egunean bizpahiru aldiz egin arteko onik izaten? Hirurogei urtetik gora izango ditik honezkero eta zer da ba zakil-loka! Baina kontua duk nik mezutxo autografo hori aurkitu nuela, eta idazki laburrak liburuak baino mila bider gehiago balio duela, horra.

Umbertok azalpenok ematen zituen bitartean, liburua zabaldu, behartu, buruz behera jarri eta airean astindu zuen. Hartan aritu ginen harik eta kontramaisuari erositako liburu guztiak errepasatu genituen arte. Tranbiako txartel bat eta zapata-zoru batzuk josteagatik ordaindutakoaren paper-mutur zimurtu bat erori ziren haien artetik, ez besterik. Umbertok zakarrontzi batera bota zituen txartela eta faktura.

Hori egin eta gero, OVRAkoen sarekadaren gaiari heldu zion berriro naturaltasun osoz, bitarte hartan guztian inolako tarterik gertatu ez balitz bezala:

Ez haut beldurtu nahi, baina kontatu didaan horrekin guztiarekin, ez harritu hire osaba gehiago ez ikustea, barkatu gordintasuna. Gainera, orain urte batzuk kartzelan egon zuan, ez? Bai, bazakiat, ez zitean ezer frogatu, baina nahikoa aitzakia ditek potroetan jartzen zaien guztia egiteko. Beno, egia esan, horiek ez ditek inolako aitzakiaren beharrik horrela jarduteko.

Umbertoren hitzek ez ninduten askorik harritu, ez larritu. Espero nuena edo espero nuenaren antzeko zerbait entzuten ari nintzen, liburuak miatzen pasatu genuen parentesi labur hartan orain Umberto esaten ari zitzaidana digeritzeko denbora izan bainuen. Umbertoren zorroztasun psikologiari zor zitzaion informazioa eta elkarrizketa hala dosifikatzea? Seguru asko, bai, antzeko trikimailu asko erabiltzen zuen-eta edo ni ez mintzeko edo ni berak nahi zuen tokira eramateko.

Edonola ere den, gertatutakoaren muin-muinean geunden berriro. Ez nuen Angelo gehiago ikusteko aukera handirik izango. Ez ziren hogeita lau ordu sarekada hasi zenetik, eta, Umbertok zioenez, jada bazterrik bazter omen zebiltzan atxilotuei eragindako tortura izugarriei buruzko zurrumurruak. Preso bat eskuetan galdu zitzaiela, haren burua gorotzez beteriko aska batean behin eta berriro sartu eta sartu ibili ondoren. Beste bat, behazunik gabe utzi zutela hankartean eta sabelean emandako ostikadekin.

Beste bat buruz behera zintzilik zeukatela San Giustora zeraman bideko txalet baten sotoetan. Ardi galdu baten bila zebilen artzain batek mutiko baten gorpua aurkitu zuela Il Carso-ko leize batean tortura-arrasto garbiekin, hildakoak ez zituela hogei urte izango, arranoen bazka izaten hasita zegoela gorpua.

Umbertok gaitzidura handiz ziharduen Triesten zebiltzan zurrumurruei buruz. Handik pixka batera, supituan zerbait bururatu balitzaio bezala, mantalaren hegal bat jaso, eta ordulari bat atera zuen galtzetako patrikaren batetik. Ordua begiratu zuen, begiak argitu zitzaizkion:

Ardotxo bat hartzeko tenorea diagu!, eta mantala erantzi zuen.

Zutikako bat hartzera gonbidatzen ninduela elkar ezagutu genuen tabernan. Han-hemen aukeratutako hiruzpalau liburu hartu eta zatar-paper maiztu batean bildu zituen. Bezeroren batentzat izango zituela pentsatu nuen.

Liburu-denda itxi eta geltoki aldera abiatu ginen. Kale jendetsuenak saihesteko ahalegin berezia egiten zuen Umbertok, ematen zuen beldurra ziola jendearekin topo egiteari. Eguzkia goienean zegoen, baina itsasotik zetorren haize-kirriak hotza zekarren. Umbertok *cicerone* lana egin zidan bide osoan, orain etxe bati buruzko berri emanez, gero eliza baten ezaugarriak zehaztuz, hurrengoan tabernaren batean behin gertatutako istoriotxoa kontatuz.

Eraikin tzar handi baten aurrera iritsi ginen. Sinagoga bat. Nire iritzia eskatu zidan. Konprometituko ez ninduen zerbait esan behar eta, ez zitzaidala askorik gustatzen, ez nion besterik esan. Lepoko zainak lehertu beharrean hasi zitzaidan hizketan. Ez zaiala askorik gustatzen? Seguru hago esaten ari haizenaz?

Umbertoren erreakzioa ikusita, nire iritzia eman izanaz damutu nintzen. Ordu arte izan genuen harremanak esaten zidan Umbertok gustu zaindua zuela, eta ez nuen ulertzen eraikin hura gustatzea. Supituan, judua ote zen bururatu zitzaidan. Nik ez nekien Triesten zenbat judu zegoen, ezta jakin beharrik ere: gure aurrez aurre geneukan sinagoga tzarrak komunitate judu handi aberats baten berri ematen zuen.

Nire hitzek probokaturiko erauntsia baretu zitzaionean, Umbertok berriro galdetu zidan nire iritzia. Interes hura estrainioa eta ulergaitza egin zitzaidan, baina erabaki nuen ez nuela zertan iritzia aldatu:

Ez zait askorik gustatzen, esan dizut lehen ere. Bolumen gehiegi eta liraintasunik ez.

Umberto barrez lehertu beharrean hasi zitzaidan. Esan niona errepasatu nuen mentalki. Ez nion ezer irrigarririk antzematen. Umbertok, ordea, barrezka jarraitzen zuen. Angeloren aldarte-aldaketekin gogoratu nintzen. Ez nekien Umberto ere haren kasta berekoa zen, erreakzio ustekabeenak eragiten dituen gaitz bereziren bat ote zebilen Triesten, edo, besterik gabe, ni nintzen erotzen hasita zegoena.

Umbertok txalotxo bat jo zuen eta barre egiteari utzi zion:

Bolumen gehiegi eta liraintasunik ez. Hori duk eta, bai jauna! Hogei urte zeramatzaat egunero-egunero eraikin tzar hori ikusten, hogei urte zehaztu nahian zergatik ez zaidan gustatzen, eta hik aski izan dituk bost hitz zuzen esanak nire hainbat urtetako asmatu ezinari irtenbidea emateko.

Zaldi trosten hotsak entzun genituen. Ni harritu egin nintzen; Umberto, batere ez. Laster, lau karabinero ikusi genituen zaldiz gugana hurbiltzen. Laguna deseroso jarri zen, bizkarra erakutsi zien, neuri ere gauza bera egiteko agindu zidan. Ematen zuen ezkutatzeko zerbait zuela. Zaldiak sinagoga aurretik pasatzerakoan, karabineroetako batek orain gogoan ez dudan juduen kontrako zerbait esan zuen, eta beste hirurek barre egin zuten.

Madarikatuak!, irten zitzaion Umbertori barren-barrendik. Gure zorirako, karabineroek ez zuten nonbait ezer entzun eta kale-kantoi batean galdu ziren.

Ez ditek juduok umiliatzeko aukerarik galtzen, esan zuen Umbertok nik susmatzen nuena hitzetan jarriz eta esan zidanari inolako garrantzirik eman gabe.

Sinagogari buruzko kontuetan jarri zuen berriro ere arreta:

Haurra nintzenean, bazuan hemen bertan beste sinagoga bat, horko hori baino askoz ere apalagoa, baina, aldi berean, hunkigarriagoa, juduon neurriragokoa. Hura txikia gelditzen zitzaiela, eta beste hau egin zitean. Eta zer nahi duk esatea: neuk ere neuzkan diru poxinak eman nitian orain askorik gustatzen ez zaidan eraikin hori jasotzeko. Bolumen gehiegi eta liraintasunik ez, alajaina. Artikuluren batean erabiliko diat. Baimena ematen didak? Gazte aleman bati entzun niola, horixe esango diat. Bere iritziari eusten dakien gazte bati. Gaur egun ez duk erraza, e?, nork bere usteei eustea. Eragozpenen bat sortu orduko, hor aldatzen diagu iritzia eta behar den guztia. Hori duk, behintzat, nire irudipena. Sinagoga berria egiten hasi zirenean, jada ez ninduan fededun, baina dirua eman nian, jakin nahi duk zergatik? Nahiz sinesmena galdu, erroak ditiat, non?, eta sinagoga jaso zutenen artean, eta on osasuntsua duk gutarrei laguntzea, niri hala iruditzen zaidak, hiri ez? Bai, bazakiat, judu ez den batek ez ditik kontuok ulertzen. Horregatik jartzen zarete gure kontra.

Geltoki aurreko tabernaraino lagundu zidan hitz-erauntsi haren ondoren, ez nuen ausardiarik izan bihotza zabaldu eta esateko:

Umberto, neu ere judua naiz.

Luze iraun zidan isilik gelditu izanaren damuak.

2

GELTOKI AURREKO TABERNAN bazkari-legea egin eta tabernaren atzean zegoen ostatu ilun batera eraman ninduen Umbertok. Eskaileretan gora gindoazela, bere kezkaren motiboa agertu beste erremediorik ez duen baten etsipenaz mintzatu zitzaidan:

Ez nauk nor hire aitarena egiten hasteko, baina nire aholkua entzun nahi baduk, ez hadi gehiegi ibili kalean. Ez dituk garairik lasaienak atzerritarrentzat, ezta alemanentzat ere, ikusi zer gertatu zaion hire osabari. Ez zaik nabarmentzea komeni, poliziari ez zaizkiok-eta atzerritarrak gustatzen.

Orduan ulertu nuen zaldizko karabineroei bizkarra eman izanaren arrazoia: ni babesteagatik jokatu zuen Umbertok horrela. Pozik begiratuko nion aurpegira, begiak eta bekozkoa ikusteko, baina eskailerak ilunetan zeuden. Ostatuko atera iritsi ginenean, besapean zeraman liburu-paketea jarri zidan eskuetan.

Egun gutxi batzuen kontua izango duk, baina hi lasai: bolada guztiek izaten ditek beren akabera, baita txarrenek ere. Ezagutzen diat fidatzeko moduko kazetari bat edo beste, eta haiek hire osabaren berriren bat eman bezain laster, jakinaraziko diat. Irten hadi ahalik gutxien, eta, bitartean, ea liburu hauekin entretenitzen haizen. Hire gustukoak izatea espero diat.

Baietz agindu nion, beteko nuela eskatzen zidana. Hori esaten ari nintzaiola, ostatuko txilina jo zuen, eta nigatik egiten ari zena eskertzera nindoan momentuan, atea zabaldu zigun begi txiki marguleko emakume adindu batek. Kortesia adeitsuaz agurtu zuten elkar. Gero, etxekoandrea aurkeztu zidan Umbertok. Fidatzekoa nintzela esan zion, ostatua eta etxekoandrea tatxarik gabeak zirela esan zidan. Aurkezpenen ondoren, hizketalditxo kortesiatsu bati ekin zioten bi-biek. Hitz solteren batzuk ulertzen nizkien. Triesteko dialektoan ariko zirela pentsatu nuen. Beha egon nintzen, orain batari eta gero besteari, eta ikusi nuen Umbertok atzerako halako bat eragiten ziola etxekoandreari, seguru asko emakumeak berak ere definitzen –edo aitortzen– ez zekien arrazoi gorde batek bultzatutakoa. Baina emakumeak erakusten zion erreparo hura ez zitzaidan arrotza, geltoki aurreko tabernariak prebentzio berarekin tratatu baitzuen Umberto ni Triestera iritsi nintzenean, eta baita haren tabernan ordubete lehenago egin genuen bazkaria zerbitzatzerakoan ere. Liburu-dendan Umbertok eskua hartu zidanekoaz eta akzio xume hark sortu zidan zirraraz gogoratu nintzen eta baita Lina emazteri buruz esan zituen hitz misteriotsuez ere:

Gauza bakarra eskatzen zioat Jainkoari: egunen batean Linak jakin dezala zein den handia beti gorde diodan leialtasuna.

Ez nekien zein hitzekin ulertu Umbertoren izaerari buruz osatzen ari nintzen irudia, edo ez nituen onartu nahi burura etortzen zitzaizkidanak. Ez da arintzeko premia ematen didan kezka bat. Nolanahi ere, hitzekin adierazten ez nuena barne-zirrarek salatzen zidaten: banekien zer zen Umberto, banuen haren sexualitatearen nondik norakoen susmoa, baina horren itzala ez zen nire baitan baizik barreiatzen.

Umbertok alde egin zuenean, oharturik ez niola eskertu nigatik egiten ari zen guztia, neure burua madarikatu nuen.

Ostatuko andreak kanpoko atea itxi zuen. Gero, goitik behera aztertu ninduen begiradarekin. Ez baitzuen hitzik esaten, nire agiriak galtzarbetik atera eta eman egin nizkion. Hartu zituen, baina ez zien begiratu: emakumearen begiek nigan jarrita jarraitzen zuten, bere kabutako eskemaren batean kokatu nahi banindu bezala.

Soinekoaren patrika zabaletako batean gorde zituen nire agiriak. Ni aztertzen segitzen zuen. Mutiko bat izanagatik ere pertsona heldu baten gisa tratatuko ninduela adierazten zuen begirunezko ezpain-zimurdura bat egin, eta hizketan hasi zen:

Nahi dutena esango dute Saba jaunaren kontra, ni ez naiz inoren bihotz alozetan sartu zale, baina zaldun prestua da goitik behera, eta, niretzat behintzat, horrexek balio du. Ez bazina berarekin etorri, ez zintudan hartuko.

Niri begira jarraitzen zuen, nire erreakzioak aztertu nahi balitu bezala, baina ez dakit zer ikus zezakeen nire aurpegian, gela hartan apenas zegoen-eta argirik. Ez nuen emakume ezezagun harekin ez inorekin egoteko gogorik. Nire gela erakustea nahi nuen, gertatzen ari zitzaizkidanak bakar-bakarrik hausnartzeko. Emakumeak, ordea, ele-mele parrastatsu bati ekin zion, txorrota matxuratu zaion iturri ireki baten jario halako batez:

Beharbada oso jatorra zara eta baita garbia ere, baliteke zurruta ez gustatzea eta gauez zurrungarik ez egitea ere, baina jakizu ez zaizkidala tedeskoak gustatzen, horra esana. Ez duzue diruaren faltarik izaten, zoriontsuak zuek, baina ezta apaltasunaren soberarik ere. Ez, ez litzaizueke sekula bururatuko ordaindu gabe alde egitea, ederra desondra tedesko batentzat, baina aukeran nahiago dut kobratu gabe gelditzea, sarritan gertatzen zait hori italiar txoro askorekin, zuen handiuste tontoa eramatea baino, barkatu hain gordin mintzatzea, baina niri ez zaizkit minestrone sustantziarik gabeak gustatzen, eta, konforme ez bazaude, badakizu non daukazun atea. Ai zein den atso tuntuna!, hala esaten ariko zara honezkero neure buruaren kontra aritzeagatik, ederki, baina duintasunik gabe zertarako bizi. Ez, jauna: ez tedeskoek ez italiarrek ez diguzue duintasunaren ondra kenduko kroaziarroi, gera bedi argi esana.

Beste kontu asko ere esan zidan emakumeak inoiz akabera izateko itxurarik ez zuen bakarrizketa haren txirikordan. Tartean, Rijekakoa zela. Estreinako aldia zen hitz hori entzuten nuela, eta pentsatu nuen Triesteren bizkarrean zeuden muinoetako herri txiki edo auzo ugaritakoren baten izena izango zela. Emakumeak berak argitu zidan auzia, nik ezer galdetu gabe:

Nahi dutena esango dute italiarrek, deituko diote Fiume guretzat beti Rijeka izan den eta izango denari, d'Annunzio bezalako poeta kaskalek eskainiko dizkiote uzkira etorritako bertso-putz guztiak Fiume izeneko gezur handiari, barkatu gordinkeria, baina hura ez da Italia eta ni ere ez italiarra.

Hortik abiaturik, Triestera iritsi nintzenetik inoiz edo behin sumatua nuen gai polemikoenari oratu zion etxekoandreak, Trieste inguruko lurraldeen italiartasunari buruz aritu baitzitzaidan luzaz eta kartsu. Nik orduan ez nituen usaindu ere egiten emakumea esaten ari zitzaizkidan kontuen atzeko nondik norakoak, baina zerabilen italierak atzerritar batena ematen zuen; niri, behintzat, arrotza egiten zitzaidan doinua, eta tartekatzen zuen hainbat hitz eta espresioren esanahia, aldiz, ulergaitza. Egingo nuke, oker handirik esateko beldurrik gabe egin ere, destaina ziola ez Italiari bakarrik, baita italierari ere.

Bere jatorriari buruzko xehetasun eta purrustadekin amaitu zuenean, ostatuko arauak jakinarazi zizkidan, tartean, neskarik edo bestelakorik gelara eramateko debekua, eta enfasi berezia jarri zuen *bestelakorik* esaterakoan. Umbertorekin etorri izanak seguru bazuela zerikusirik enfasi hartan.

Nire maletagatik galdetuz bukatu zuen ele-melea. Horrek lekuz kanpo utzi ninduen, maleta aipatze hutsak errealitate gordin baten aurrean jarri baininduen: munduan zehar bidaia-puskarik gabe zebilen gazte atzerritar batek oso susmagarria izan behar zuen ostalari batentzat. Nik erreakzionatzerako, emakumeak, arduratsu, neskamea bidaliko zuela nire pusken bila; eta nik ezer esaterako, oihuka hasi zen ulertzen ez nuen hizkuntza batean, eta Nerina!, Nerina!, eginez.

Neska bizkar zabal bat agertu zen oihuen oihartzunak itzali baino lehenago. Halaxe ezagutu nuen Nerina.

Neskak ahoa zabaldu zuen zerbait esateko, baina ez nion ondo entzun. Ezta beharrik ere: begiekin hitz egiten duten horietakoa zen. Hortzeria zuri-zuria zuen. Masailak, berriz, biribilak, sagar kolorekoak. Ez zen polita, nik baino hamar bat urte gehiago izango zuela begitandu zitzaidan. Agindutakoa betetzeko prest dagoen baten jarrera erakusten zuen arren, bazegoen desatsegina egiten zitzaidan zerbait Nerinaren begiratzeko moduan: begiak geldi-geldi zeuden, baina ez begiradaren gutizia. Biluzik banengo baino deserosoago, begirada jaitsi nuen.

Banuen urduri jartzeko beste motibo bat ere: ezin nion neskari Angeloren etxera joaten utzi. Aitzakien farfailean hasi nintzen, bada: San Giustora bideko etxe batean neuzkala nire puskak, baina ez zirela ezer asko, apenas pisatzen zutela. Ez nuela inoren laguntzarik behar haien bila joateko. Ez dakit etxekoandreak sinetsi zidan. Neskameari, aldiz, begiak ilundu zitzaizkion. Beharbada, osteratxo bat emateko aukera zapuztu nion nire ezetzarekin. Kontua da destainazko begirada erakutsiz baina hitzik egin gabe alde egin zuela etorritako bidetik.

Alditxartuta utzi ninduen eszenak, eta kalera irten nintzen gela ezagutzeko betarik hartu gabe. Umbertok emandako aholkua gogoan –ez hadi gehiegi ibili kalean, ez hadi gehiegi ibili kalean, entzuten nuen neure baitan–, batere jenderik ez zebilen kale estu bateko taberna ziztrin batean sartu nintzen denbora pasa.

Malenkoniatsu nengoen, ez bakarrik ez nekielako zein zen Angeloren zoria, ezta familia eta Alemania gero eta urrutiagokoak egiten ari zitzaizkidalako ere. Etxetik alde egin nuenetik, larrutik ari nintzen ikasten bizitzak nik uste baino ertz gehiago dituela: arazo bati aurre egin eta menderatua nuela pentsatu orduko, koskaren bat irteten zitzaidan bidera, eta konturatzen hasita nengoen ezinbestekoa nuela egoera orotan zorrotz jokatzea, eta, hala ere, lanak izango nituela estropezurik gabe ibiltzen. Ordu arteko nire munduan erraza gertatu zitzaidan banaketa egitea: gaizkiaren eta ongiaren arteko lehian, aski zen erabakitzea zein zelaitan zegoen ongia. Aitak eta nik erabaki desberdinak hartu bagenituen ere, jokoaren arauak berdin-berdinak ziren, ez zegoen gure arteko engainurik ez gaizkiulerturik. Hortik aurrera, dena erraza baino errazagoa zen, arauak eta egitekoak markaturik baitzeuden zelai batekoentzat zein bestekoentzat. Judua nintzela jakin nuenetik, ordea, ezinezkoa zitzaidan ongiaren eta gaizkiaren arteko marra argi bakar bat trazatzea. Iruditzen zitzaidan bata zein bestea elkarrekin bizi zirela, batzuetan ontzi berera botatako olioa eta ura bezala, bestetzuetan kafea eta esnea bezain bat eginda kafesnetan bezala, inoiz ez ontzi banatan eta bakoitza bere aldetik, eta nik unean uneko erabakiak hartu behar nituen, asmatu egin behar nuen non zegoen zer, munduan itxura samarrean ibiliko banintzen behintzat.

Neure burua adoretu eta arrisku guztiei bekoz beko begiratzeko asmoarekin, tabernatik irten, portu aldera joan eta atzera-aurrera hasi nintzen itsasertzean. Haizea zakar-zakarra zetorren Il Corso deitzen dieten mendietatik, eta hotza gero eta minagoa zen. Ordu arteko argi berunezkoa, aldiz, ahultzen ari zen, zeruan zerrenda gorriztak ugaritzen ari ziren, laster hasiko zen iluntzen. Soinean neraman arropak ez ninduen hotzetik babesten eta gogoraturik zerk atera ninduen ostatutik, malenkonia guztiak joan zitzaizkidan bat-batean. Portua utzi eta hiri barnera abiatu nintzen bizi-bizi. Bora haizeak hartua zuen hiri osoa ere, eta haren eragina sekulakoa zen kale batetik besterako kantoietan.

Eskuko poltsa bat eta arropa beharrezkoenak erosi nituen Umbertok aholkatutako saltegi denetariko eta anabasatsu batean. Ostatura bidean, postetxe paretik pasatu nintzen. Segurtasun-neurri guztien kontra bazihoan ere, telegrama bat bidaltzekotan egon nintzen etxekoei Angeloren berri emanez. Amona Erikaren helbidera, jakina. Zalantzan nengoen postetxean sartu ez sartu, amonak elkar agurtzerakoan esandakoa baineukan gogoan: giroa argitu arte –nazioarteko presioek nazionalsozialistak kikildu arte, amona Erikaren hitzekin esateko–, ez zitzaigun harreman gehiegi izatea komeni, eta izatekotan ere, konfiantzazko bitartekariak erabiliz beti postari gisa. Oso egoera premiatsuetan erabili behar genituen posta eta telefonoa bezalako modu konbentzionalak.

Zein, ordea, egoera larriagoa Angelo OVRAkoen atzaparretan egotea baino? Kontua zen etxekoek ondo ulertuko zuten mezu bat asmatu behar nuela, baina Italiako eta Alemaniako poliziek ezer susmagarririk ez aurkitzeko gisan. Eta zer jarri telegraman? Buelta asko eman nizkion auziari, hainbat eta hainbat esaldi eta formula erabili nuen buruan, baina den-denak iruditzen zitzaizkidan arriskutsuak. Etxekoek ezin zuten ezer egin Angeloren alde: amonak kartzelatik irteten lagundu zionean, Hitlerrek ez zuen artean katolikoen kontrako neurririk hartu, eta Alemania katolikoaren diruak mirariak egiten zituen Italian. Beraz, telegrama batekin ez nuen, onenean, etxekoak alferrik kezkatzea beste ezer lortuko; txarrenean, berriz, arriskuan jartzea. Ezer ez egitea erabaki nuen, bada, eta bitxia badirudi ere, deliberamendu horrek poztxo bat ekarri zidan: nire bizitzan lehendabiziko aldiz, familiaren on beharrez ari nintzen, eta ez neure onaren bila. Bai, badakit, neure segurtasuna ere tartean zegoen delibero hartan, baina horrek ez zuen zerikusirik izan telegrama ez bidaltzeko erabakian.

Ilundu zuen, bora haizearen eragin mina gero eta eramanezinagoa zen. Ostatuko bidea hartu eta ibilera arindu nuen. Ikusten ziren oinezko bakanak ere presaka zebiltzan. Sinagogatik hurbil, bi gizon ikusi nituen ezkaratz batetik irteten. Nire aldera hartu zuten, elkarrekin hizketan harmonia oneko jardunean. Nik begirada jaitsi nuen instintiboki, oinezkoren batekin gurutzatzen nintzen guztietan bezala. Ez nituen ezagutu ia nire ondora iritsi ziren arte: kapeladun gizona eta ikazkina, elkarrekin! Arnasa irentsi nuen, bihotza lehertzeko zorian neukan.

Ozta-ozta eutsi nion lasterka hasteko gogoari.

Nire paretik pasatu ziren, ez ninduten ezagutu. Haien oin-hotsak galdu ziren. Ez nintzen hotz: soin-atal guztietan sentitzen nuen dardara izuarena zen.

Arnasestuka eta bihotza taupa eroan nuela iritsi nintzen ostatura.

Hurrengo egunetan, apenas irten nintzen kalera, eta atera nintzen bakanetan, neurriak hartuta. Euria ari zuenean irteten nintzen lasaien, halako egunetan inor gutxi ibiltzen baitzen kalean.

Tabakoa erosten nuen, toki desberdinetan beti. Langarra zen batean izan nuen porturaino joateko ausardia ere. Bestela, inguru bakartienetan paseotxoa eman, eta ostatura itzultzen nintzen. Irtenaldi haietan, aitor dut, sarri izaten nuen Umbertorenetik pasatzeko tentaldia, pare bat aldiz iritsi nintzen liburu-dendaren kaleraino ere, baina atzera egin nuen bietan, ikazkinaren soto aurretik pasatzeko beldurragatik baino gehiago, Umberto arriskuan jar nezakeelako.

Nolanahi ere, ostatuan egoten nintzen egunaren zatirik handiena, Umbertok utzitako liburuak irakurtzen batez ere. Liburu guztietatik gogoan iltzatuta geratu zaidana, Apuleioren *Urrezko astoa,* eta bertako pasarte guztietatik, Psikerena da bereziki gogoratzen dudana. Manta bat bizkar gainean nuela egoten nintzen, bora-garaian baikeunden bete-betean. Irakurtzen aspertzen nintzenean, edo postura onik aurkitu ezin nuenean, ohe ondoan zegoen leiho txikia zabaltzen nuen, gela haizeberritzeko. Zikinkeriaz betetako patio batera ematen zuen, eta ikuskizuna ez zen batere atsegina, baina baziren han auzoren baten hiruzpalau katu, eta haiek jan-hondarren artean egiten zituzten ibilerei begira entretenitzen nintzen.

Ostatua geltokitik hurbil zegoenez, bidaiari askok egiten zuen gau bakar bateko egonaldia, eta haien joan-etorriak sentitzen nituen, baina oso jende gutxi ikusten nuen nik, bakarrik behar-beharrezkoa zenean irteten bainintzen gelatik.

Etxekoandreak zerbitzatzen zituen otorduak, Nerina sukaldean aritzen baitzen. Bada, oso bakanetan ikusten nuen neska, eta topo egiten genuenetan, ematen zuen biluztu egiten ninduela bere begi desiozkoekin. Hasieran burua makurtzen nuen nik. Gero, begiradari eusten hasi nintzen. Neskak, niri so egon eta gero, destainazko zirkinen bat egiten zuen eta sugandila baten moduan desagertzen zen korridore ilunean barrena. Goizero, berriz, nik gosari-pasa egiteko hartzen nuen tartetxoa baliaturik, nire gela garbitzen zuen. Ni itzultzerako, Nerina joana izaten zen, baina ez hari zerion esne minduaren usaina. Nik, egia esan, banuen neska hisiatu baten ibilerekin arduratzea baino aurreragoko kezkarik, baina Nerinak utzitako usainak berarekin pentsatzera behartzen ninduen. Erretzen nituen zigarro ugariei esker kentzen nuen esne minduaren usaina gainetik, eta irakurketari esker urruntzen nuen neska gogotik.

Gau batez, lo gozo guztizkoan nengoela, norbait sartu zen gelan. Usaina ezagutu nuen. Ez nekien zer egin. Geldi-geldi egon ginen hainbat denbora, bera atean eta ni ohean, nork zer egingo. Nire bihotz-taupaden hotsa, ez nuen besterik aditzen. Halako batean, oheraino hurbildu zen. Oihal finak gorputzean behera irristatzerakoan atera ohi duen firfira iruditu zitzaidan.

Hotzak nago, entzun nuen. Gero, norbait sentitu nuen ohean sartu eta gerritik heltzen zidala.

Biluzik zegoen. Nik geldirik jarraitzen nuen, gertatzen ari zitzaidana sinetsi ezinik. Halako batean, nire esku bat hartu eta bere sexura eraman zuen. Epel-epela zeukan, usain sarkor hezea zerion. Hatzetako bat neskaren erretenean erdi sartu eta eragiten hasi nintzaion, emeki-emeki. Berehala busti zen lehenaz gainera. Berotzen ari nintzen, haren arnasaldi guztiak eta bakoitza nire gorputz-mintz guztiekin sentituta. Hozkadatxoa egin zidan lepoan. Titi-sagarrak miazkatzen hasi nintzaion ni, hatz-mamiaz alua gozatzeari utzi gabe.

Ostatuko etxekoandrea enteratu ez zenik, nekez sinets dezaket. Koska da, Nerina egunsentia bitartean egon zela nire ohean, eta koska da ostatuan egon nintzen gainerako gau guztietan ere ohean sartu zitzaidala hiriko soinu guztiak itzali eta gauarenak baizik ez direnak nagusitzen diren tenoretsu horretan.

3

LASTERKA ZIHOAZEN EGUNAK. Nire egoerak, aldiz, ez zuen ez aurrera ez atzera egiten. Ez nuen Angeloren berririk, baina berandu baino lehen jakingo omen genuen zein kartzelatara eraman zuten. Gorabehera horiek beti jakiten dituk, esan zidan Umbertok. Eta ni adoretzeko, kolpetxo bat eman zidan belaunean, gaineratu zidalarik:

Lagun bat diat karabineroetan; hire osaba hori non dagoen jakin bezain laster, abisatuko zidak, hago lasai, atxilotua nora eraman duten jakitea izaten duk zailena. Esaten digutenean halako hiritako halako kartzelatan dagoela, jakik abokatu bat, juizioa eta legearen bermeak izango dituela. Legeak! Putzaren hurrengoa dituk, kirats hutsa, ondo zakiat zer nolako uzkitatik atereak diren faxisten legeak, baina hobe hori, ez zeru eta ez lur gelditzea baino, ezta?

Umbertok hauspotzen zidan esperantzatxo-edo horrekin eusten nion, bada, egunen gurpilari.

Aldian behin, tiro batzuk entzuten ziren. Etxekoandreak, Nerinak, ostatuko bezeroek elkarri begiratzen zioten. Ez zuten ezer esaten. Halakoetan, osaba Angelo etortzen zitzaidan gogora eta Umbertoren hitzek ez zidaten samina leuntzen.

Ostatua ez zen garestia, banuen hilabete batzuk arazorik gabe igarotzeko adina diru, eta, txarrenean ere, beti izango nuen etxekoen laguntza izateko aukera, baina horrek, lasaitu ordez, hustu egiten ninduen barrendik eta indarrik gabe lagatzen kanpora begira. Pentsatzen nuen: Lanik gabe hago eta ezin haiz zulo honetatik irten: hireak egin dik. Pentsatzen nuen: Ai, heure buruaz beste egin bahu aerodromotik irten hintzen egunean.

Inork galde dezake zergatik ez nuen horixe bera egiten, buruaz beste alegia, Triesteko tranbia nire ondotik pasatzerakoan edo Lloyd-eneko altuenetik salto eginda. Nire destinoak, ordea, komeni zaidanaren justu beste muturrekoa erabaki du beti: Triesten bizi izan nuen noragabeko nahasmen hartan ere, destinoak Nerinaren gaueroko bisitak eta Umbertoren ia egunerokoak jarri zizkidan bidean: batak zein besteak ikaragarri lagundu zidaten bizirik segitzen, bi pertsona horiek ziren munduarekin lotzen ninduten aingura bakarrak. Gordin esanda: bizitzen jarraitzeko nire grinak gutxi zuen zorotik, are gutxiago etorkizun oparoago baten ametsetik. Bi pertsona xume, horra aurrera egiteko euskarri bakarrak. Haiek galduta, berriz, auskalo. Unean unekoa eta egunean egunekoa, huraxe bilatzen nion bizitzari.

Ezin idatziko dut pasatzen ari nintzena infernu bat zenik, ez baita egia, baina sorgortuta nengoen, ezertarako gogorik gabe, eta atakatik nola atera asmatzeko kemenaren faltan. Eskerrak Umbertok bizpahiru egunez behin ekartzen zizkidan liburuei, haietan bilatu nahi izaten nuen-eta eguneroko bizitzan aurkitzen ez nuen ukendua. Liburuetako istorioak ez ziren, gehienetan behintzat, nirea baino askoz ere atseginagoak. Arretatsuen hartzen ditugun istorioak abailduran sortuak eta abailduraren ingurukoak direlako izango da.

Umberto ezagutu nuen garaiko nire zabarkeria gogoan, ez zitzaidan eskerrak ematea ahazten, eta gaineratzen nuen beti gordeko nuela bihotzean nigatik egiten ari zen guztiaren oroitzapena. Irribarre onbera batez hartzen zituen nire hitzak. Gero, irakurri berriak nituen liburuei buruz egoten ginen hizketan. Nire iritzia esaten nion, pasarte esanguratsuenak azpimarratzen zizkidan.

Nobelak izaten ziren ekartzen zizkidan liburu gehien--gehienak, eta horrek asko harritzen ninduen, nik bai bainekien Umberto poeta zela, ordurako irakurriak nituen-eta haren poema batzuk. Behin, liburu-denda itxian idazten aurkitu nuenekoa gogoan, lantzen ari zen liburuaz galdetu nion. Asko poztu zuen nire galderak, eta nik, aldiz, ezuste handia hartu nuen bere erantzunarekin, eskuartean zuena nobela bat zela esan baitzidan. Idatziak eta argitaratuak zituela hainbat ipuin eta kontakizun labur, baina nobelarik ez. Jakin egin nahi zuela senik ba ote zuen arnasa handiagoko narrazio bat taxutzeko. Liburuaren gaiaz galdetu nion. Ez baitzuen hartaz hitz egin nahi, aitzakiak jartzen hasi zitzaidan. Nire hezierak agintzen zidan neurritasuna baztertu eta erreguka jardun nintzaion. Azkenean, etsi zuen eta lotsatuarena eginez hasi zen hizketan:

Okerra non dagoen ez jakiteagatik, zuzenarekin topo egiteak beldur ematen dion hire adineko mutiko xalo baten hezibide sentimentalari buruzkoa duk istorioa. Gizonezkoen aurrean zirraraz eta emakumezkoekin laborriz, protagonista hor hasi duk, apurka-apurka eta halabeharrez, bere burua ezagutzen. Gaur bat probatu, bihar beste bat dastatu, egunean egunekoa bizi nahi likek Ernestok.

Mutiko protagonistaren izena esan zuenean, pausa egin eta niri begira gelditu zen. Aurrenekoan ez bainituen nire izen pasaportekoa eta pertsonaiaren italierazkoa lotu, haren begiradari eutsi nion, nobelari buruzko argibide gehiagoren esperoan. Umbertoren begietako espresioak harritu egin ninduen: nire erreakzioren baten zain zegoen, eta nik ez nuen zer espero zezakeen ulertzen. Kolpean, ordea, nobelako pertsonaia nagusiak pasaporteko nire izen bera zeramala ohartu nintzen eta barrendik kanpora zabaldu zitzaidan hotz erabatekoa sentitu nuen.

Umbertok hitza hartu zuen berriro, baina apaltasunez, barkamena eskatzen ariko balitzait bezala:

Hire izena jarri zioat protagonistari, bai, baina italieraz: Ernesto. Izenburu horixe eman zioat nobelari ere, ez dik axolarik izango?

Arretaz begiratu zidan, aitorpenak eragindako erreakzioak aztertze aldera. Ez dakit erreparatu zion nobelaren gaia Ernesto izeneko mutiko baten heziera sentimentala zela jakiteak eragin zidan lotsari, baina nik odolaren beroa sentitzen nuen aurpegiko poro guztietan. Lotsa-lotsa eginda nengoen eta, aldi berean, kezka handi batekin: Umberto nirekin gogoratu bazen protagonistari izena jartzeko orduan, istorioaren nondik norakoek ere izango zuten zerikusiren bat nirekin. Zeintzuk ote ziren, ordea, ibilerok? Nerinaren gaueroko bisitez landa, ezin esan dezaket "gaur bat probatu, bihar beste bat dastatu" nenbilenik. Aitzitik. Baina aitor dut nire irudimenarena beste upeleko edabe bat zela, hura bai baitzebilen Umbertok deskribatu bezala: bide luzea egiten zuen bere kasa, ezin nuen bridatu, aldizka adoretu eta aldizka urduritu egiten ninduten aldartetara iristen zitzaidan. Ia urtebete lehenago Hermann baldin bazen nire amets askotako ardatza, Triestera iritsi nintzenetik liburu-dendariak hartu zuen, apurka-apurka, Hermannen tokia. Hargatik, Umberto mintzatu zitzaidanean idazten ari zen nobelaz, Nerinarekin nituen enkontru benetakoak eta gizonezkoekin nituen irudimenezkoak lotu nituen nik, tximista izugarri baten brastako kolpeak nire burutazio haiek guztiak argitu eta batera jo izan balitu bezala. Ez nizkion, jakina, kontatu: judua nintzela aitortzearen neurrikoak ziren nire kabutako irudikapen erotiko haiek ematen zidaten lotsa eta izua.

Umbertok ba ote zuen Nerinak gauero egiten zizkidan bisiten susmorik, ezin esan dezaket. Beharbada izango zuen errezeloren bat, eta beharbada horregatik jarri zion Ernesto bere nobelako protagonistari, hura bezala neu ere "gaur bat probatu, bihar beste bat dastatu" nenbilelakoan. Nolanahi ere, ez genuen sekula gai hori atera, eta aurrera egin baino lehen, esan dezadan garbi: Umberto eta ni ez ginen behin ere *harreman sexuala* hitzekin ezagutzen dugunaren atari aurrera ere hurbildu. Haren irudimenean zer ibiliko zen eta nirean zer zebilen, beste kontu bat da.

Nolanahi ere, aspalditxo intrigatuta nindukan beste auzi bat ere ulertu nuen Umbertori orduan entzun nizkion hitzei esker. Egunez gutxitan ikusten nuen Nerina, eta ikusten nuenean, etorri bezain laster desagertzen zen. Haren egun-argiko ibilerek antz gehiago zuten arima herratu batenak neskame batenak baino. Umberto bisitan etortzen zitzaidanean, ordea, neskak edozein aitzakia baliatzen zuen gu geunden tokira agertzeko –inoiz ez ginen nire gelan egoten, sarrera ondoan zegoen bisitentzako salatxo aterik gabe batean baizik–. Erratza pasatzen hasten zen Nerina; leihoa zabaldu, eta bisita-gelako alfonbratxoa astintzen zuen; argizaria ematen zion zoruari. Zaputzaldi betean egiten zituen lanok eta gehiago. Ematen zuen ez zuela gu gozakaiztu arteko onik. Liburudendariak alde egiten zuenean, berriz, aurpegia argitzen zitzaion Nerinari eta kantuan hasten zen. Denbora dezentez irauten zion pozak, eta, ni gelara itzuli eta gero ere, kantari jarraitzen zuen, harik eta etxekoandreak errieta egiten zion arte.

Estreinako alditan, neure onetik ateratzen ninduen Umbertori erakusten zion jarrerak. Neurriz kanpo haserretu ninduen batean, sekulako lanak egin behar izan nituen neure burua kontrolatzeko, ez nuen-eta heziera txarreko agertu nahi Umbertoren aurrean. Gauean, ordea, ohean sartu zitzaidan bezain laster, kargua hartu nion. Zapuzturik, ohetik jaiki eta marmar batean alde egin zuen gelatik. Nik, aldiz, buelta erdi eman nuen ohean, eta, inolako kezkarik gabe, loaren zain gelditu nintzen. Handik bost bat minutura, ordea, nire izaren artera itzuli zen. Barkamena eskatu zidan bakarrik utzi ninduelako –nire eskua hartu eta bere sexura eraman zuen–, baina halaxe sentitzen zela bera ere, bakarrik, Umberto etortzen zen egunetan; ezin zuela erakusten nion begirunea jasan. Eta gordinkeria handiz esan zidan:

Liburu zaharrak eta mutiko gazteak gustatzen zaizkio, baina ez pentsatu nik ematen dizudana emango dizunik.

Ohetik botatzea, horixe izan nuen lehendabiziko burutazioa. Gero, ordea, konturaturik jeloskortasuna zela Umbertori egiten zizkion itsuskerien kausa, barre zantzoka hasi nintzen. Puzka irteten zitzaizkidan algarak, eta Nerinak eskua jarri behar izan zidan ahoan, gau berandua baitzen. Nik barreari eutsi ezinik segitzen nuen, eta, hartan, eskuak haren ipurdi masailetara eraman nituen. Nire kontra gogor estutu, eta emateko, emateko niri berak hain oparo zuenetik. Modu basatian egin genuen amodioa. Ostatuko etxekoandrea edo gorra zen, edo belarren bat hartzen zuen lotarako edo haren moral-erretorika itxura hutsa zen, berak izan ezik ostatuko beste guztiek egin baitzuten protesta gure algara eta intziriengatik.

Hutsaren hurrengoa zen Nerinari buruz nekiena. Neskak ere ez zekien niri buruzko deus. Ez zekien –edo ez zuen jakin nahi, antzeko kontua da– nondik zetorren, zenbat urte zituen. Ezkonduta zegoela esaten zuen –eztei-egunean jantzi nituen nire bizitzan estreinakoz zapatak, hala aitortu zidan behin–, baina ez zekien senarra bizi zuenik ere.

Gutxi hitz egiten zuen, oso italiera traketsa zuelako beharbada: txistukari guztiak berdintzen zituen, eta oso esaldi laburrak ateratzen zitzaizkion, guztiz osatu gabeak haietako asko. Nire italierari dagokionez, artean ez nintzen oso ondo mintzatzen, eta nire baldarkeriak lasaitu egingo zuen neska, hitz egiten zuen gutxia nirekin eta ostatuko etxekoandrearekin izaten baitzen. Italiar baten aurrean, berriz, isildu egiten zen: Hermannen etxeko emakume sorabiarra bezala, gai zen ezer esan gabe egoteko nik al dakit zenbat denboran.

Sekulako hotz mina egiten zuen gau batez –ematen zuen izotza jabetu zela munduaz–, botila batekin sartu zen ohera. Trago bat eman zion muturretik. Gero, niri pasatu zidan:

Ez du ezer sendatzen, baina penak ahazten laguntzen du.

Grappa zen. Zigarro bana erre genuen tragoei laguntzeko, eta gero gainean jarri nintzaion. Hatz hezurtsu zorrotzak sartu zizkidan bizkarrean, beldur balitz bezala ihes egingo ote nion. Gero, hatzek presioa lasaitu eta ni gainetik kendu nintzaionean, nire bizitzaz galdetu zidan. Non jaio nintzen, nolakoak ziren gurasoak, nola zuen izena nik maitatu nuen lehendabiziko neskak...

Burura etorritakoak esan nizkion, egiarik bakar bat ere ez, eta nire kontakizuna amaitutakoan, neu izan nintzen bere bizitzaz galdetu ziona. Ezer gutxi kontatu zidan, baina seguru nago egia zela esandako guztia:

Neska koskorra nintzelarik, mutilek eta gizonezkoek nahi zutena egiten zuten nirekin. Ezkutuan, hori zen beren guraso edo emazteek eta baita nire amak ere eskatzen zuten bakarra. Eta hartatik zerbait lotsagarririk gertatzen bazen, banekien neu izango nintzela erruduna, ezetz esaten ez jakiteagatik, edo behar bezalako neurriak ez hartzeagatik, edo auskalo zergatik. Behar bezalako neurriak! Ez nekien-eta zerk sortua zen hilero isurtzen nuen odola!

Hori eta zinera joatea gustatzen zitzaiola, horra Nerinari buruz jakiterik izan nuen guztia. Behin, iluntzen hasia zen, ostatutik irteten ikusi nuen dotore ustean jantzita. Aspertuta nengoen, iluntasuna aitzakia ona nuen arriskurik gabeko paseotxo bat emateko, eta atzetik joan nintzaion, hitzorduren bat izango zuelakoan. Zine-areto batean sartu zen, gauza bera egin nuen nik, eta, argiak itzali zituztenean, haren atzeko eserlekuan jarri nintzen. Oker ez banago, *Darò un miliardo* edo oso antzeko izenbururen bat zuen filmak. Ondo gogoratzen dudana, istorioa da: aberats aspertu bat kalera irten da eskale jantzita, berarekin ondo portatzen den lehendabizikoari milioi bat lira emateko asmoarekin. Filmaren erdi aldera, aberatsak zirkuan lan egiten duen neska apal bat ezagutzen duen momentuan, Nerina zotinka hasi zen. Bi protagonisten arteko maitasunak aurrera egin ahala, negarra sentituagoa zen, baina baita zalapartatsuagoa ere. Jaiki, eta neskaren ondora joan nintzen. Oso zakar hartu ninduen. Nor nintzen konturatu zenean, besotik heldu zidan estu-estu, eta, poliki-poliki, baretzen joan zen. Ez zion, ordea, negar egiteari utzi kalera irtendakoan ere.

Hamar-hamabi bat aldiz ere joango ginen zinera elkarrekin. Eskapadatxootan, bakoitza bere aldetik irteten ginen ostatutik, etxekoandreak zer susma ere. Zine-aretoan elkartzen ginen. Melodramak gustatzen zitzaizkion Nerinari eta zin dagit erantzun ezin hobea ematen ziela: protagonistek elkar ezagutu eta estreinako behaztopak izaten hasten zirenetik aretoko argiak piztu arte, Nerinak negar egiten zuen. Oparo. Hasieran deserosoa egiten zitzaidan, eta kontu eske hasten nintzaion. Gero, ordea, kaskarinetik asko zuen batekin nengoela uste izatetik beste estadio batera pasatu nintzen: intentsitatea jartzen zuen egiten zuen guztian, eta ni ez nintzen nor haren txeren iturri oparoa itsutzeko. Bere kasa uzten nuen, bada, eta nik filmari adinako arreta jartzen nion irudien eta neskaren erreakzioen arteko loturari.

Neska koskorretatik ohitu zen mutil batekin ez bazen beste batekin egoten, hori zuen estatus naturala eta ezin zuen hori gabe bizi. Niri, berriz, ezin hobeto zetorkidan premia hura nire ordu kezkez beteak erosoago eramateko, ez zait modu baldar hori besterik bururatzen une hartan Nerinarengatik sentitzen nuena adierazteko. Batak bestearengandik espero zuena ematen genion elkarri. Ez gehiago, baina ezta gutxiago ere. Bi arrotz ohe berean, bai, baina heziera on usteko jendeak pentsatzen duen baino aberatsagoa da: ohetik kanpo ez baitago beste inolako loturarik, bat ez da bestearen maizter bihurtzen. Nik ez dut sekula ikasi ohea beste modu batean partekatzen, eta ez naiz damu. Hori, behintzat, zor diot Nerinari. Ez da gutxi.

4

NEGU BETEA ZEN, gero eta eguraldi gordinagoak egiten zituen, eta, Umbertoren aholkuari men eginez, gutxitan irteten nintzen kalera. Liburuak nituen ordu luzeen entretenigarri eta betazalen erregarri, baina nire egoeraren tamala luzatzen eta luzatzen ari zen, eta gero eta eramangaitzagoa zitzaidan egoera hura, amaierarik ikusten ez niolako.

Umbertok egiten zizkidan bisitetako batean ohi baino aurpegi ilunagoz agertu zen. Pentsatu nuen nire bizimoduak eragiten zion akiduragatik izango zela, honezkero damututa egon behar baitzuen endredoak eta buruhausteak besterik ekartzen ez zizkion mutil arrotz baten ardura hartu izanaz.

Desatsegina zitzaidan Umberto horrela ikustea. Supituan, erabaki ezin argiagoa bururatu zitzaidan eta, bitan pentsatu gabe, gogotik ahora etorritakoa esan nion:

Triestetik noa.

Neu ere harritu egin nintzen esan nuena entzunda, ez bainuen ideia hartan askorik pentsatu, eta hartaz pentsatu nuen bakanetan, beti horma berarekin egin nuen topo: alde egin, bai, baina nora?

Isilune pisua egin zen. Umbertok eskuak igurtzi zituen hotza arintzeko. Noizbait, nire tamalak errukia eragiten ziola adierazteko, buru-zirkin bat egin zuen. Gero, ikaraldia eragin zidan tonu abaildu bat atera zitzaion, eta Triestetik alde egiteko nire gogoa albiste txarren batek eragina izan balitz bezala hitz egin zidan:

Beraz, jakinaren gainean hago.

Erne jarri nintzen, ez nekien-eta zer esan nahi zuen harekin. Une hartantxe Nerina sentitu nuen korridorean. Gogor begiratu nion bisita-gelako atean agertu zenean. Lurrak irents zezala, horixe esan nion begiekin. Auskalo zer ulertu zuen Nerinak, baina alde egin zuen.

Zer gertatu da, zer da jakin beharko nukeena?, galdetu nuen. Ia bi hilabete neramatzan Angeloren berririk gabe, askotan irudikatu nuen Angeloren azken beltza, eta huraxe nerabilen orduan ere buruan.

Keinu nahigabetua egin zuen Umbertok, eta esku bat jarri zidan belaunean. Gogoan nerabilena konfirmatzeko premia nuen. Burumakur, epaia jasotzen ari den akusatu baten gisa entzun nituen Umbertoren desenkusa eta argibideak:

Ez dakik ezer! Barkatu, barka iezadak hain baldar portatu izana, zer naiz ba takarra! Listua irentsi zuen, eskua pasatu zuen ile urdintzen hasitik. Atzo ilunabarrean gizonezko baten gorpua aurkitu zitean portuko uretan. Guztiz desitxuratuta zegoan, eta ez arrainen eraginagatik bakarrik.

Labur bezain gordin, halaxe eman zidan albistea. Ez zuen gorpua Angelorena zenik esan; ezta arrainek baino lehenago torturek desitxuratu zutenik. Beharrik ere ez. Argi faltan ixten den lore bat bezala ilundu zitzaidan barrena, eta oinaze lausoa sentitu nuen, gaixotasun bat datorkizula abisatzen dizun gorputzaldi ondoeztua.

Negarrez hasi banintz ere, nekez arinduko nuen barruko abaildura. Negar egiteko gogoari eutsi nion.

Angelo hilda, etena nuen Alemaniarekin lotzen ninduen hari bakarra. Akabo, bukatu duk, esaten zidan nire barneko ahotsak baretasun tristez. Aurrera begiratu behar nuen eta entzungor egin nonbaiten edo norbaitekin bizitzeko aukeren kantuari. Gaur hor eta bihar han, baina erroak inon bota gabe.

Ihes egin, ihesean bizi. Nik nahi ala ez, judu herratu bat nintzen. Ihesa bakarrik nuen zilegi. Ihesi ibili behar beti.

Haur alemanek txiki-txikitatik entzuten zuten ipuinaren arabera –gaur ez dakit kontatzen dieten–, munduz mundu eta mendez mende zebilen judu herratuak irudika daitekeen bekaturik larriena zeraman zakuto itxurako konkorrean: jainkoa hil izana, eta, jainkoa hilda, munduari zentzu guztia lapurtu izana. Kontakizun hura entzunda ikasten zuten umeek juduak gorrotatzen. Horixe izango nintzen, bada, ni: batetik bestera atzera itzuli ezinean zebilen judu herratu bat, umeak beldurtu eta mundua gogaitaraziko zuen baztertu bat.

Bihotzeko abaildurak arintzeko ez baitago irudimena bidaiatzen jartzea bezalakorik, hainbat hiriren izen durunditsuak esaten hasi nintzen mentalki: Marseilla, Lisboa, Porto Alegre, Valparaiso… Izan zitezela eguzkitsuak eta izan zezatela itsasoa, nire kabutako bidaiak ez zuen besterik bilatzen.

Irudimena beti Triesteko portura itzultzen, ordea. Ziega ilun batean egindako tortura beltzak. Angeloren gorpua, batetik bestera uretan. Arrainak, Angeloren begiak jaten. Urte asko pasatu dira ordutik, liburu eta dosier asko irakurri dut, Angeloren oroitzapenak gogoan ditudala beti, OVRAri eta Mussoliniren aurkako erresistentziari buruz.

Noizbait, baina, Umbertoren eskua sentitu nuen leuntasun handiz nire belaunburua sakatzen, eta neure kabutatik itzuli nintzen. Pentsakor eta begitarte ilunez zegoen laguna. Oinazearen zantzu gogoilunak zeuzkan aurpegi tolesgabean. Egingo nuke borrokan ari zela barruan borborka zerabiltzan sentimenduei lehertzen utzi ez utzi, esan nahi zizkidanak esan ez esan. Ezpainak hozkatu zituen, neurritasunari eutsi zion.

Apur batez niri begira egon ondoren, irribarre zalantzati bat egin zidan:

Ulertzen diat Triestetik alde egin nahi izatea, hiri hau ez duk sekula toki segurua izan, horixe bera esan nian hona agertu hintzen arratsalde hartan, gogoratzen haiz?, baina laster, hiri hau inoiz baino arriskutsuagoa bihurtuko duk gu bezalakoentzat, esan zidan Umbertok nahiko modu enigmazkoan.

Ohituta zegoen hitz erdizka mintzatzen, adimen zorrotzak hitz gutxi behar duela esaten zuen beti, eta nik irakurritako liburuei buruz hitz egiten genuenean, ez nuen hark esandako guztia ulertzen, baina berdin zion: elurrak ez du lurra lehendabiziko erasoan estaltzen. Egun hartako hizketaldian, ordea, ez nuen erdizka jasoa ulertutzat jo nahi.

Zergatik diozu Trieste inoiz baino arriskutsuagoa bihurtuko dela?, galdetu nion.

Begiak erdi bustita zeuzkan, baina bare: barrengo ekaitzaren eta niri erakutsi nahi zidanaren lasaitasunaren arteko ispilu bi ziren: ezin adierazkorragoak, ur-jauzi apartsuen ondorengo ubera bi.

Irribarre tristea egin zidan:

Trieste bakarrik balitz arrisku-zulo bihurtuko dena! Mussoliniren gobernua Alemaniakoari men-men egiten ari duk orain ere, eta juduon kontrako lege bat ateratzekotan duk. Noiz, ez zakiat, baina laster. Beharbada, hilabete baino lehenago, zurrumurru fidagarrienek hala ziotek. Hori gertatzen den egunean, ni Parisen izango nauk, han baditiat adiskide batzuk. Paris ez duk bertan galtzeko toki txarra hi bezalako artista-kume batentzat. Deskuiduren batean hara joatea bururatuko balitzaik, esadak, ondo hartuko hauen lagunen baten helbidea emango diat.

Beste egokiera batean Umbertok niri artista-kume deitu izanak poztu egingo ninduen, baina haren hitzek agur-airea zuten.

Bere esku iletsu orinez betea nire belaunetik erretiratu eta berokiaren barneko patrikara eraman zuen. Koaderno txiki bat eta arkatz bat atera zituen. Parisko helbideren bat idaztera zihoala ulertu nuen. Ezezko keinua egin nion eskuaz. Umbertoren abaildurarekin kutsatuta, agurra eta aitortza lotu nituen aldi berean:

Eskertzen dizut, baina ez. Nahikoa arazo sortu dizut bestela ere, hemendik aurrera nire kezka izaten jarraitzeko. Ez dizut endredorik eragin nahi, benetan diotsut. Nolanahi ere, jakizu ez dudala sekula ahaztuko inolako baldintzarik gabe erakutsi didazun eskuzabaltasuna.

Estuasun handiz hitz egin zidan:

Alde egin behar duk hemendik. Berehala. Paris ez duk toki txarra hi bezalako batentzat, esan diat, baina heuk ikusi, mila toki zeudek Paris bezain onak edo hobeak bizitzen ari garen egun madarikatuoi aurre egiteko. Baina hoa, hoa hemendik!

Hain larria da egoera?, galdetu nion, atze-aurre guztiak biltzeko ahaleginean.

Harrapatzen bahaute, Angeloren konplizetzat hartu eta Italiaren etsai haizela esango ditek. Laster jakingo ditek judua haizela ere. Horra bi arrazoi handi hirekin nahi dutena egiteko, baina horra bi arrazoi handi hik hemendik alde egiteko ere.

Noiztik dakizu judua naizela?, harritu nintzaion.

Ez ezak hire xalotasun hori sekula gal, Ernesto. Benetan, ez ezak galdu, eta, nire eskuak harturik, estutu egin zizkidan.

5

EZ NUEN NERINA AGURTU. Esatera noanak harroputz baten moduan utziko nau, baina berdin zaio: banindoala esanda, seguru nengoen neska nire atzetik etorriko zela tuntun baten moduan. Lerdoa ni: nori deituko tuntuna, eta nitaz errukitzeko eta trufatzeko askoz ere motibo gehiago zituen bati.

Argibide bakar bat ere eman gabe abandonatu nuen, bada. Ordutik ez dut sekula haren berririk izan. Barkatuko ahal dit inoiz berarekin izan nuen baldarkeria, edo, hainbat hobe, ahaztuko ahal zen nitaz!

Bidaiak iraun zuen denbora guztian –eta baita hurrengo egunetan ere–, gehiago pisatu zidan Nerinarekin hain gaizki jokatu izanak bidean espero nitzakeen gorabehera eta arrisku guztien atezuak baino. Lotan edo irakurtzen pasatu nituen Ventimigliara iritsi arteko ordu guztiak: barrena mingostuko zidaten burutazioak baztertzea, ez nuen besterik gogoan. Erdizka lortu nuen helburua, noizik noiz Nerinaren ahotsa gainditzen zitzaien-eta nire lo-zorroei edo irakurtzen ari nintzenari: Ez du ezer sendatzen, baina penak ahazten laguntzen du. Ostatuko gau hotzetan edandako grappek baino gehiago lagundu zidan neska ahaztu nahi nuen nik. Ez zen erraza izan: baldarkeria ez zitzaidan doakoa irten.

Trenak Ivrean egin zuen egonaldi luze samarra baliatu nuen egunkari pare bat erostera jaitsi eta kafe bat hartzeko. Gizaseme ele-zaku horietako bat eseri zitzaidan ondoan eta, ele eta mele, berriketan hasi. Ni, isilik. Zer egiten zuen ni bezalako gazte batek bakarrik, eta horrelakoak jakin nahian hasi zitzaidan, oso modu susmagarrian. Nik, erantzunik ez. Irakurtzen ari nintzen liburuaz interesatu zen. Utz nazak bakean!, esateko gogoa irentsi eta trenera itzuli nintzen, kafea azkar-azkar hartu eta gero.

Eguraldia grisa zen, eguzkiak kirika egiten zuen laino artetik, paisaiak ez zidan ezer esaten. Egunkariak ere albiste ilunez beteta zetozen, eta, aldez edo moldez, informazio askok gerraren arriskua zuten gai. Triestetik irteterakoan baino gogoilunago iritsi nintzen Ventimigliako mugara.

Hainbat polizia igo zen bagoietara eta erakutsi beharreko guztia prest edukitzeko agindu ziguten. Ez ziguten, ordea, trenetik jaisten utzi. Giharrak askatzeko premia nuen, baina pazientzia bildu eta zain egon behar izan nuen. Ez nuen pentsatu ere egin nahi zer arrisku jokatzen ari nintzen mugan. Gerta zedila gertatu beharrekoa.

Iritsi zen halako batean alde bateko eta besteko aduanetako poliziei pasaportea erakusteko momentua. Txarrenaren peskizan egin nituen itxaronaldi luzeak, baina ez urduri. Nora nindoan galdetu zidaten bietan. Marseillara, nik. Arazorik gabe utzi nuen Italia. Zorrotzago hartu ninduten Frantziako aduanan. Errutinazko galderei erantzun eta gero, buru egiten zuenak ziplo bota zidan:

Zer egiten du hi bezalako gazte batek etxetik urruti?

Nazien aurka hitz egin nien neure buruarekin harritzeraino ko patxadaz. Ezin nuela Alemaniara itzuli, eta ahal izanda ere, ez nintzatekeela itzuliko.

Arrazoiren batengatik, polizia ez zen nik esandakoekin asetzen. Galderak egiten jarraitzen zuen. Susmoa nuen judua nintzela esan eta hantxe bertan bukatuko zirela nire kezkak, baina artean gogorra egiten zitzaidan inori aitortzea neure baitan doi--doi onartzen nuena. Hortaz, aitaren atxiloketaz eta jarri zioten isunaz hitz egin nion.

Nik Alemaniatik ihes egin nuelako zigortu zuten aita, erantsi nuen.

Nekiena ez nekizkien zertzeladekin apaindu, eta kontakizun sinesgarria osatu nuen. Poliziari ere sinesgarria gertatuko zitzaion, eskua eman baitzidan:

Bienvenu au pays de la liberté!

Bazekien, beraz, adeitsu ere izaten.

Trena abian jarri zen berriro. Bi mugetako poliziei esan bezala, erabakita neukan nire ihesaren lehendabiziko etapak Marseillara eraman behar ninduela. Hango portuan izango zen lanik ni bezalako batentzat. Bat-batean, ordea, hainbeste denboran hausnartutako erabakiari bizkarra eman, eta, ez dakit zergatik, Parisko trena hartu nuen egokiera izan nuen lehen geltokian. Esan dudan bezala egin nuen, barne-bulkada bat-batekoari men eginez, batere pentsatu gabe. Ihes dabilenak badu abantaila hori: errorik gabe, lekuak ez dira loturak; batera edo bestera joateko asmoak, berriz, are gutxiago. Eta Marseillakoa ez baitzen asmo bat besterik, han nindoan ni Parisa, batere hausnartu gabeko erabaki baten ondorioz.

Umbertok Parisen behar zuen ordurako, baina zin dagit: ez zen bera izan asmo-aldaketaren arrazoi ez agerikoa, ez ezkutukoa. Ez nion endredorik sortu nahi, banekien berriro elkartzeak buruhausteak ekarriko zizkigula, batez ere berari. Nire presentzia hutsa harlauza batena baino pisu astunagoa zen Umbertorentzat, eta garbi nuen ez niola ezer gehiago eskatuko hainbeste lagundu zidanari. Ulergaitza ematen badu ere, Umberto eragozpena nuen Parisa joateko, ez akuilu.

Paris ez dago itsasertzean, ez da eguzkitsua, eta, hala ere, harako bidea hartu nuen. Ez dakit zergatik, berriro diot. Iman batek nola, Parisek hala erakartzen zuen nabarmentzen zen jende oro: artistak eta bankariak, gaizkileak eta negozio-jendea, puta-zorriak eta espiak. Bizitzari ahal den zuku guztia atera arteko onik izaten ez duen jendilaje mota hori erakartzen zuen Parisek, horra, baina ni ez nengoen zaku hartan. Parisa iritsi nintzenean ez, behintzat. Nire belaunaldiko gazte alemanontzat, Frantziari genion gorrotoa biltzen zuen Parisek. Mundu osoan ez zegoen guretzat beste hiri edo leku arbuiagarriagorik. Kontu higuingarri guztien habia zen Frantziako hiriburua. Hala ere, eta paradoxikoa dirudi, hortxe egon daiteke nire erabakiaren kakoa: urtetako nire gorrotoen sinboloa ezagutuko nuen. Hurbiletik ikusi nahi nuen hiria esaten ziguten bezain dekadentea zen, paristarrak hain biziatuak ziren. Jakin-minak eraman ninduen, bada, Parisa.

Egonaldiak labur iraungo zidan ustean jaitsi nintzen trenetik. Airea usaindu nuen eta arnasa sakon hartu. *Bienvenu au pays de la liberté!*, hitzen durundia gogoan nuela begiratzen nien Gare de Lyon geltokiko bidaiariei. Hitlerren mitinetan baizik ez nuen nik hainbeste lagun batera ikusi. Geltokian atzera-aurrera etengabean zebilen jende-uholdea, ordea, ez zen manifestazio bat, eguneroko bizitza baizik.

Jendetza izan zen, bada, lehen begi-kolpean zeharo harritu ninduena. Eta ikustea ia gehienak bakarrik zihoazela batetik bestera. Inor agurtu gabe, inora begiratu gabe. Nire jaioterriko edo Triesteko kale jendetsuenetan ez zen halakorik ikusten: batek bestea ezagutzen zuen, bistaz behinik behin; hark honi diosal egiten zion, jendea noiznahi geratzen zen kale erdian hizketan. Herrietako ohiturak eta formak galdu ez zituzten hirietan bizi izan nintzen ordu arte. Gare de Lyonen –eta kontu bera lehen egunetan ezagutu nuen hainbat kale eta distritutan ere–, ezerk ez zuen herrietako bizimodurik iradokitzen. Batek ez bazuen bestearen berririk, premiarik ere ez inor zaintzeko, espiatzeko, salatzeko. Hiri handi askotan ikusi dudan kontua da, eta gaur egun ezingo nuke herri txiki batean bizi.

Paristarren bizimoduaren alaitasun natural-naturalak betebetean liluratu ninduen. Gerra-hotsa zebilen bazter guztietan, etengabeak ziren Hitlerren asmo espantsionistei buruzko zurrumurruak, eta mundu guztiak zekien Parisek sekulako irritsa sortzen ziela naziei. Jendeak asko eta garbi hitz egiten zuen horretaz guztiaz, kezkaturik benetan. Ez, ordea, bizitzaren gozamena baztertzeraino.

Pasatu zen astebete Parisa iritsi nintzenetik, pasatu ziren bi, eta beti aurkitzen nuen egonaldia luzatzeko arrazoiren bat, berehala hartu nion-eta gustua naziek dekadentzia deitzen zioten baina niretzat bizitzeko gogoa zenari. Eta egunari egun, urtebete pasatxo egin nuen han: handik alde egiteko unea atzeratzen nuen behin eta berriro, bertan gelditzeko aitzakia bat eta beste asmatuz, eta hantxe jarraituko nuen auskalo noiz arte, nazien etorrera berehalakoak behartu ez banindu, handik ere, ihes egitera.

Parisen egindako urtebetea ez daukat ahazteko, baina ezin esan dena gozoa izan zenik. Hasteko, alemanok errezelo handia sortzen genien paristarrei, eta nire frantses traketsak, erdia italierazko hitzez josia, ez zuen asmatzen nire jatorrizko hizkuntzaren azentua ezkutatzen. Eramangaitza egiten zitzaidan hizketan hasi orduko zalantza ikustea aurrean nuenaren begiradan. Susmagarri bat, horixe nintzen beste ezer baino lehen.

Gogoan dut noiz ezagutu nuen horren antidotoa. Kontatuko dudana oso da arrunta, badakit, baina ondo argitzen duelakoan nago komenientziak zer nolako indarra duen gizakion gobernuan.

Parisa iritsi berritan, begiz jota nuen ganbaratxo bat alokatu nahi nuen Montparnassen. Tratua ixteko baldintza guztiak adostu genituenean, pasaportea erakutsi nion jabeari. Azaleko ezkutua eta nazio-izena ikusi eta atezuan jartzea, dena bat. Ordu arte ez bezalako aurpegiera gogor batez begiratu zidan:

Hungariarra izango zinela uste nuen. Edo inguru hartako bat, behintzat.

Pasaportea itzuli zidan zabaldu ere egin gabe.

Ganbara, ordea, nire beharren araberakoa zen, prezioa ere neurri-neurrikoa zuen, eta ordu arte ikusitakoagatik, nekez topatuko nuen hura baino aukera hoberik. Txeraz begiratu nion emakumeari: eskatzen zuena ordainduko niola; jartzeko nahi zituen baldintzak, denak beteko nituela. Alferrik, ez nuen haren begirada leuntzea lortzen, eta aitzakiak jartzen hasi zitzaidan ni gainetik kentzeko. Nik ez bainuen etsitzen, emakumeak destainaz esan zidan:

Eta juduekin egiten ari zaretena? Ez dago horretarako eskubiderik!

Irribarre ahalik onberenaz begiratu nion. Gero, lasai-lasai, bi hitz esan nizkion, ganbarako ateak zabaldu zizkidaten bi hitz magiko:

Judua naiz.

Goitik behera aztertu ninduen, nire zantzu juduen bila balebil bezala. Nire hirian hilero egiten zuten ganadu-feriarekin gogoratu nintzen.

Judua zara, bai, eta badakizu zergatik dakidan benetan ari zarela? Aleman batek ez luke sekula judua dela gezurretan esango, ezta munduko urre guztiagatik ere. Eta gutxiago txantxetan.

Isilik egon zen. Zapuzten hasia, alde egitekotan nengoen, umiliagarria iruditzen baitzitzaidan hura guztia. Emakumeak soinekoaren patrika batean sartu zuen eskua eta giltza bat atera zuen:

Tori, zuretzat da ganbara. Zarena zarela, berdin zait niri. Seguru nago hilero ordainduko didazula, bai, eta horrek bakarrik dit axola.

6

PARISEN EGIN NUEN URTEBETE HARTAN, zoriontsua izan nintzen, izan ere, zeri deitu zoriona, ez bada askatasunari.

Mirari bat zen iraupen luzeko lanen bat lortzea, baina orduko Parisek oso oparoa zuen lanaldi laburretarako aukera. Janari-denda batean aritu nintzen lehendabizi, okin izan nintzen gero, eta iturgin ere izan nintzen. Luze joko lidake probatu-edo nituen lan guztien berri ematea. Gehien iraun zidan lana, Senaren ibaiertzak garbitzen ibili nintzenekoa. Bertako haitz artean eta hormen kontrako sastraketan kateatutako zikinkeriak biltzea zen nire egitekoa. Mareen araberako ordutegia izaten nuen, baina ez zidan axola. Egun osoa aire librean, horixe zen gehien gustatzen zitzaidana. Arratoi tzarren hozkadak kenduta –zeruak daki nolako nazka diedan–, lan hark ez zuen aitzakiarik. Gainera, opari bat ere ekarri zidan, Parisen igaro nuen urtebete hark eskaini zidan ederrena.

Ibaia bete-betea zetorren batean izan zen. Sekulako euri-jasak egin zituen aurreko egunetan, eta ez baitzegoen lan egiteko modurik, opor eman ziguten. Ni ibaiari begira nengoen besoak gurutze nituela zubi bateko karelean. Biharamuna arte, ez nuen beste zereginik. Hartan, pixagura egin baitzitzaidan, zubitik ibai ertzera doazen harmailak jaitsi nituen. Larria arintzera nindoan unean, gizon bat agertu zitzaidan zubipeko begi ilunetako batetik.

Diru-poxinen batek libratuko ninduelakoan, eskua patrikan sartu eta txanpon batzuk atera nituen. Gizonak eskua luzatu zidan, baina txanponak hartu ordez, nire eskumuturrari oratu zion. Erortzen hasi zen astiro, harik eta zubipeko lur goroldiotsuan etzanda geratu zen arte. Ni erdi makurturik geratu nintzen eta belaun bat lurrean nuela, gizonak nire eskuari lotuta segitzen baitzuen. Hilda zegoela pentsatu nuen. Gertakariaren parte emateak ekarriko zizkidan deserosotasunak etorri zitzaizkidan burura. Atzerritar bat nintzen Parisen, arrotz aleman bat, artean ez zen astebete Alemaniak Polonia inbaditu zuela. Zer egin behar nuen nik, zer esan behar nion poliziari?

Batera eta bestera begiratu nuen.

Gizona bertan uztera nindoan puntuan, nire besotik tira egin eta laguntzeko erregutu zidan. Batera eta bestera begiratu nuen. Inor ez. Gizona hantxe uztera nindoan unean, frantsesez esandako bera errepikatu zidan, baina alemanez.

Ez zegoen, hasieran uste izan nuen bezala, hiltzeko zorian. Zutitzen lagundu nion. Astun-astun egin zituen mugimendu guztiak. Tente jarri zenean, birao egin eta ostiko baldar bat eman zion aireari. Eroriko zen berriro, nik besotik helduta izan ez banu.

Patrikak miatzen hasi zen. Eskuz idatzitako orri batzuk atera zituen. Liburu bat ere bai. Idazle *clochard* baten hipotesiak kitzikatu ninduen momentu batez. Irrikak ez zidan askorik iraun: gizonak ez zuen, nonbait, nahi zuena topatzen, eta biraoka hasi zen. Ahalegin handiegia zeru-lurrak madarikatzeko hura, eztulka ito beharrean hasi baitzen.

Gizonarengandik askatu, eta banindoan pixa beste lekuren batean egitera. Nik bi pauso ematerako, ordea, garaipenezko irrintzi ero bat entzun nuen nire atzean. Gizona billete zimurtu bat astintzen ari zen airean, salto txikiak eginez dantza-imintzio baldarrean. Aldian behin, salto eta musu ematen zion billeteari. Utikan penak, utikan minak!, esaten zuen behin eta berriro deiadarka. Itxuraldatuta zegoen. Ez zen nik hasieran uste izan nuen bezain adinekoa: egin gabeko bizarrak ematen zion zahar itxura.

Hator, zintzurra bustiko diagu elkarrekin!, esan zidan billetea nire sudur aurrean astintzen zuelarik.

Eskerrak eman nizkion, baina ezetz, eta berak ere hobe zuela atseden hartzea.

Dirua patrikan gorde zuen ostera. Buruari eragin zion ezker-eskuin, garbi zegoen dezepzionatu egin nuela. Bat-batean, ni zorrotz aztertzen hasi zen, begiak behin eta berriro kliskatuz. Ematen zuen ezaguna egiten zitzaion zantzuren bat ikusi zuela nire aurpegian. Edo oroitzapenen bat eragin niola haren gogoari. Ez nekien zer, baina mozkorraren murmutik atera zuen zerbait ikusi zidan.

Hi... hi judua haiz!, esan zuen noizbait, atzerrian dagoenak herritar bat ikusterakoan erakutsi ohi duen pozaz.

Zer ikusi zidan aurpegieran, nondik atera zuen judua nintzela, auskalo: zantzu berezirik gabeko fisionomia arrunta dut, berdin izan ninteke judua edo beste zernahi.

Zergatik diozu judua naizela?, galdetu nion.

Bo, bo, hi ere lotsatu egiten al haiz? Hemen, ni. Judua nauk, juduak ditiat nire aurreko guztiak, gutxien-gutxienez hebrearrak Jeriko aurrean turutak jotzen ibili zirenetik. Nire buru-barruko hotsak iritsiko balitzaizkik, hots zalapartatsu haiek entzungo hituzke ozen-ozen. Judua haizela aitortzeak lotsatzen bahau, berriz, ez duk arrastorik zergatik jotzen zituzten turutak.

Kartsu hitz egin zuen, billetea dantzarazterakoan erakutsi zuen bizitasun beraz. Ez zuen ematen minutu batzuk lehenago niri besotik heldu eta erortzeko zorian egon zena. Piztuta zegoen. Mozkorrek izan ohi duten aldian behingo argialdi euforiko horietako bat izango zuela pasatu zitzaidan burutik.

Ez naiz judu izateaz lotsa, esan nion mingostuta. Nondik atera duzun judua naizela, ez dizut besterik galdetu.

Eskuetako bat dantzatu zuen airean. Berdin interpreta zitekeen desenkusazko keinu gisa edo antzarak ferratzera bidali ninduela. Edonola ere, niri bizkarra eman, eta zubi azpira abiatu zen modatik pasatutako duintasun baten imintzio eginez. Une hartan, ordea, ni nintzen gizon haren premian nengoena. Atzetik joan eta besotik oratu nion:

Mesedez, nondik atera duzu judua naizela?

Marmar ozpindua egin zuen. Bat-batean ez zegoen gustura nirekin, ez ninduen gogoko. Garbi zegoen mindu zuen zerbait egin nuela, eta argibide bakar bat bururatzen zitzaidan: judu izateak lotsatu egiten ninduela pentsatzen zuen, horregatik egongo zen haserre:

Ez, hi ez haiz judua, ez egin iruzurrik heure buruari. Deskuidatu egin nauk. Judua judu denak ez ziok uko egiten gonbita bati.

Barre-karkara garratza atera zitzaion, eztul-saioa egin zuen berriro, karkaxa bota zuen.

Baretu zenean, kolpetxo bat eman zidan sorbaldan:

Seguru bahago judua haizela, hator nirekin taberna batera. Nahi duan guztia kontatuko diat han, botila polit baten aurrean.

Eztula egin zuen berriro. Gizon hura ez zegoen taberna baterako moduan, eta esan ere halaxe egin nion. Poliziari deituko niola ospitale batera eraman zezaten.

Ero baten moduan hasi zitzaidan alkandoraren mahukatik tiraka, eta egunak janik gabe daramatzan txakur batenak bezalako intziriak eginez:

Mesedez, ospitale batera ez! Ohean lotu, eta hor edukiko naitek egunetan eta egunetan, obratzeko ere askatu gabe. Hik ez dakik zer den hori! Eraman nazak taberna batera. Benetan, nik bazekiat zein den behar dudan medizina!

Taberna batera joan ginen, ez nuen beste erremediorik izan. Botila ardoa eskatu zuen. Paper batzuk atera zituen patrika batetik eta idazten hasi zen modu sukartsu batean, huraxe balitz bezala mundualdian geratzen zitzaion azkeneko ordua.

Ahaztuta zegoen nirekin. Gizona hantxe utzi eta alde egiteko eskatzen zidan barrenak. Aldi berean, ordea, haren nondik norakoak jakin nahi nituen, nor zen, zer idazten zuen paper zimurtu haietan, harrigarria egiten zitzaidan-eta eskale itxurako gizon hura paperak zirriborratzen ikustea. Begira egon nintzaion nik al dakit zenbat denboran. Idazten eta idazten jarraitzen zuen. Aldian behin, edalontzia ardoz bete eta letrari letra josten jarritako pasio beraz husten zuen trago bakar batean.

Hartan, tabernako beirategira begiratu nuen batean, harri eta zur geratu nintzen, ezagun bat pasatu zela iruditu baitzitzaidan. Laster batean irten nintzen kalera. Dei egin nion alemanez:

Ei, jauna, ei!

Gizona lasterka hasi zen, pauso txikiak emanez pertsona gizenek ohi duten moduan. Atzetik joan eta ukondotik oratu nion.

Ez nauzu ezagutzen? Zure ikaslea izan nintzen gymnasiumean.

Apenas begiratu zidan. Urduri zegoen, begi-bistakoa zen ez zuela ezer jakin nahi nitaz. Ez nuen haren ukondoa askatzen.

Apur bat aldatuta zegoen, haren eskoletara joaten nintzenean baino argalago eta belztuago. Gainera, itxura grotesko samarra ematen zion bibotetxo bat zeukan. Eta bera ez bada?, pasatu zitzaidan burutik. Barkamena eskatzekotan nengoela, hor non esaten didan frantsesez:

Nahastu egingo zinen, jauna.

Haren ahotsak hasierako ustea konfirmatu zidan: bera zen, ez nengoen nahastuta!

Ukondoa askatu eta alemanez mintzatu nintzaion:

Arratsaldeon, herr Öchler. Asko pozten nau zu ikusteak.

Txundituta zegoen niri begira, hildako bat piztu izan balitzaio bezain izututa. Irribarre egin nion. Ezusteko handia hartu nuela neuk ere. Eta poz sekulakoa.

Begiak kizkurtu zituen miope baten moduan, eta aurpegia aztertu zidan. Nitaz gogoratzen zuena eta ikusten ari zena bat ote zetozen erabaki nahian ari zela ematen zuen.

Werner zara? Werner Lindemann?, galdetu zidan askorik fidatzen ez den baten tonuan.

Ezker-eskuin begiratu nuen. Inguruan ez zebilen inor. Hala ere, ahotsa apalduta hitz egin nion:

Lehen, bai, lehen halaxe nintzen, Werner Lindemann, baina hemengo poliziak Lange deitura dudala uste du.

Irriñoa eragin zioten nire hitzek. Gero eta lasaiago zegoen, gainetik zama astun bat kendu izan balu bezala: apurka-apurka, ikusten ari zen ez ninduela etsai bat.

Arnasa hartu zuen sakon. Öchlerrek ere ezker-eskuin begiratu zuen. Ahotsa jaitsita hitz egin zuen berak ere:

Barkatu, jauna, baina nahastuta zaude. Lehen bai, lehen Öchler nintzen, baina hemengo polizia Thomas Haffner naizelakoan dago, eta irriño bat eginez begiratu zidan, bere hitzek niregan izandako eragina neurtzeko.

Barre karkaraka hasi nintzen. Laster zen Öchler ere barrez lehertu beharrean.

Utzi genion noizbait barre egiteari eta Öchlerrek eskua eman zidan. Benetan eskertzen zidala agurtu izana.

Tabernara eraman nuen. Orain herr Öchler izan zen begiak arranpalo gelditu zena.

Gizon hori… gizon hori… , esan zuen totelka nik Senako zubipean topatu nuen eskalearengatik.

Zer gertatzen zaio? Ezagutzen duzu?, nik.

Harriduraren neurriko miresmenez erantzun zidan:

Roth da! Joseph Roth idazlea!

7

NIK ORDU ARTE ESKALETZAT hartu nuenaren mahaira joan zen Öchler eta errespetu handiz agurtu zuen. Idazleak muzin egin zion: haren bekozko ilunak ezagun zuen ez zitzaiola gustatu inork ezagutu izana. Öchlerrek, kortesia handiz, barkatzeko; ez zuela molestatu nahi izan. Irakurriak zituela bere lan asko, eta miresmena erakutsi nahi izan ziola, ez besterik.

Rothek eskerrak eman zizkion buru-mugimendu geldo batez, eta basoa eraman zuen ahora. Batere dardararik gabe hustu zuen. Esku-gaina pasatu zuen ezpainetatik.

Aurrena, begiratu egin zigun, niri lehendabizi, nire irakaslea izandakoari gero. Gu bion arteko loturaren bat egin nahian ari zela zirudien; laster, baiezkoa egin zuen buruaz, bere artean ateratako konklusioren bat onartuz bezala. Hurrena, aspaldi ikusi gabeko ezagun zaharrei erakusten zaien adeitasunaz mintzatu zitzaigun:

Hitlerren ihes zabiltzate? Ba tentuz ibili, ez zaudete-eta tokirik seguruenean. Jendeak ez du sinetsi nahi, baina laster izango da hemen, ikusiko duzue. Urde asasino horrek ez du beste ametsik: Paris, Paris eta Paris. Hiri eder honen xarmak bere ondra edertuko duela uste du, baina faxistak euli berdeak bezalakoak dira: pausatzen diren lekuan pausatzen direla, euli-kaka bertan. Egidazue kasu eta izan zaitezte zuhurrak: alde egizue hemendik.

Paris espien habia bat zen, eta hots asko zebilen naziek laster hartuko zutela hiria. Paristarrek, ordea, entzungor egiten zieten alarma-deiei: pentsatzen zuten zurrumurru interesatuak zirela –espiak nongoak, txutxu-mutxuak halakoak–, eta beren hiriburua, aldiz, konkista ezina. Iheslarioi ere uste horiek sinestea komeni zitzaigun, eta, ostrukarena eginez, ez genien behar bezalako garrantzirik ematen zebiltzan esamesa ugariei.

Rothek aholkua errepikatu zigun:

Alde egizue, benetan, berandu izan baino lehen.

Öchlerrek eskerrak eman zizkion aholkuarengatik. Ez dakit Rothek entzun ere egin ote zion, ordurako idazten ari baitzen berriro, inguruko ezeren ardurarik gabe.

Idazlea bakean utzi eta beste mahai batera joan ginen Öchler eta biok. Parez pare geneukan Roth, eta nik ez nion begirik kentzen, oso intrigatuta nindukan-eta haren idatzi-behar sukartsuak.

Idazlearen hainbat albiste eman zidan Öchlerrek, erdi ahapeka baina gartsu. Beti izan zituela haren liburuak etxean; arrisku bat baino gehiago igarotakoa zela Alemanian, Rothen lanak lortzeko liburuen merkatu beltzean. Alemanak mendeari emandako idazle onenetako bat zela ere esan zuen, eta horrek asko harritu ninduen, nik ez bainuen entzutez ere ezagutzen.

Halaxe adierazi nion Öchlerri:

Ez zenigun sekula aipatzen.

Öchlerrek eztarria garbitu zuen eta ustekabeko argibide asko eman zidan zinezkotasun handiko tonuan:

Judua da, eta ez dut zuri adierazi beharrik horrek zer esan nahi duen. Ez, ezin nizuen maiteen nituen idazleez hitz egin. Nola ba? Bat judua zen, beste bat dekadentea, harako hura erregimenaren aurkakoa... Hitlerren ipurdia miazkatzea lanbide duten oraingo idazle kaskarrenez hitz egin behar nizuen edo, bestela, klasikoez. Eta nik, zuen hobe beharrez, klasikoak baizik ez nizkizuen aipatzen. Thomas Mann ahotan hartu? Ut, ut, zeuek izango zineten lehendabizikoak ni gelatik ostikoka botatzen haren izena aipatze hutsagatik. Konbentzioen marra igarotzera ausartu nintzen batean, Hermann Ungarren ipuin bat irakurri nizuen gelan. Gogoratzen zara? Ez zenuten sekula entzun idazlearen izena, liburua ez zen testu gomendatuen zerrendetan agertzen, eta, susmo txarra harturik, gymnasiumeko arduradun akademikoengana jo zenuten.

Baiezko deserosoa egin nuen buruaz, neu izan bainintzen zuzendariarengana jo zuenetako bat Öchlerrek neskame desatsegin bati buruzko ipuin lizun dekadente bat irakurri zigula salatzera.

Barkamena eskatzekotan egon nintzen. Ordurako, ordea, gaiaren beste adar baten inguruan ari zen Öchler, eta ez nion eten nahi izan naziengatik izan ez balitz sekula osperik lortuko ez omen zuten idazle kaskarren aurkako jarduna.

Nik ez nuen Öchlerrek bezalako erraztasunik frantsesez, eta alemanez ari zitzaidan. Ahapeka, ordea, ia xuxurla batean, frantsesek aurpegi txarrez begiratzen ziguten-eta beste hizkuntzaren batean, alemanez batez ere, aritzen ginenoi.

Öchlerrek tragoa eman zion zerbitzariak atera berri zion garagardoari. Ezpain ertzean geratutako apar pixka garbitu zuen mingainaz.

Pentsatzen dena esateko aukerarik ez dagoen lekuan, satorrak nagusi, esan zuen Öchlerrek erregimenaren simaurretan hazitako idazleengatik. Hitz haiek entzun orduko, aita imajinatu nuen nik, aitzurra jasota eta adi-adi, satorra aitzur-buruaz jotzeko lorategiko lurra mugitzen ikusitakoan.

Rothi begiratu nion. Öchlerrek nor zen esan zidanetik, irrikaz nengoen berarekin egoteko. Idazleak, ordea, orriak betetzen jarraitzen zuen, kontzentraziorako indar liluragarria erakutsiz jendez eta builaz betetako taberna hartan. Zarata, deiadarrak, ontzi-hotsak. Idazlea, berriz, bere munduan, bururik jaso gabe.

Guk hizketan segitu genuen hainbat kontu zahar berritzen. Noizbait, Öchlerrek nire ibileren berri galdetu zidan. Nire kasua bolo-bolo ibili zela gymnasiumean eta hirian; jendeak ezusteko handia hartu zuela, batez ere Hermannek:

Ez dizu sekula barkatuko, esan zidan oso teatrala iruditu zitzaidan tonu batez.

Barkatu? Ez alferrik!, egin nuen barre. Oso urruti nago auskalo zein frontetan lokatzaz lepo dabilen soldadu baten beldur izateko.

Öchlerrek harrituta begiratu zidan, sinesgaitza egingo balitzaio bezala nire ezjakintasuna:

Soldadu? Bai, zera! Hala joan izan balitz bai ondo!

Neu izan nintzen une hartan harrituta begiratu ziona. Hermanni bere etorkizunaz entzundako hainbat solas pasatu zitzaidan burutik, eta gauza bera zioen guztietan: soldadu nahi zuela eta soldadu nahi zuela.

Nik ezer galdetzeko premiarik gabe argitu zidan Öchlerrek gertatu zena:

Soldadu izateko eman zuen izena, bai, baina, ez dakit zergatik, polizia da. Eta ez adeitsuena. Mendekua du maite. Barkatu gordintasuna, Lindemann adiskidea, baina serio hartzeko kontua da. Egunak eta egunak egin zituen zure etxea zaintzen, ez zuen etsi zure aita eta amona atxilotu zituen arte, nik baino hobeto ezagutzen dituzu zure arrebak edo zure amak jasan behar izan zituzten destainak eta irainak. Zakur amorratu bat da, horixe.

Öchlerrek emandako albisteek emozio gordinez gainezka utzi ninduten. Errukia batetik, gorrotoa bestetik, zurrunbilo betean nengoen; judua nintzela jakin nuenetik nozitutako nekeak une hartantxe denak batera pilatu balitzaizkit baino astunago. Orroka hasteko gogoari eutsi behar izan nion, eta neure barrena lasai zezakeen gauza bakarra egin nuen une hartan: hitza eman nion neure buruari Hermannen kontrako mendekua hartuko nuela. Ez nekien non, ez nekien nola, baina larrutik ordainduko zuen.

Une hartantxe, nire ihesak zentzu betea hartuko zuen.

Öchlerrek nire atsekabea nabarmenduko zuen, zer gertatzen zitzaidan galdetu baitzidan. Nik ahalegin handiak egin behar izan nituen sentitzen ez nuen lasaitasuna erakusteko, ez nuen-eta argibideak ematen hasteko barrenik:

Kontatu didazun guztia berria izan da niretzat, ez nekien ezer. Baina, axola ez badizu, ez nuke horretaz hitz egin nahi. Orain ez, behintzat.

Öchlerrek begiramen handiz jokatu zuen eta, ezer esan ordez, garagardo gehiago eskatu zion zerbitzariari. Gero, aurreko gaiarekin zerikusirik ez zuen solas batean hasi zen, ni lasaitze aldera, ez dut zalantzarik horretaz. Jakin berri nituenak mamurtu ezinik nengoen ni, itzuri egiten nintzaion nire amorrazioaren marmarra ez zen edozeri. Halako batean, ordea, Öchler kontatzen ari zitzaidanaren tonu tristeak gaina hartu zion nire baitako saminari. Burua jaso nuen. Oso serio zegoen, eta haren begi-niniek distira egiten zuten; ematen zuen taberna ez zen beste tokiren batean jarrita zeukala gogoa:

...ez, nire bizitza ez zen batere samurra, baina lagun min bat nuen aspalditik, eta horrek samina arintzen zidan. Ez nion, ordea, sekula ezer esan etxean nuen emakumeari. Ez nengoen behartuta, hori zen bion arteko ituna: etxeko lanak egiteaz gain emazte-plantak egitea ordaintzen nion, halaxe adostua genuen tratua, ez baitago bikote arrunt baten itxurak egitea baino modu egokiagorik mihigaiztoengandik libratzeko. Herr Öchler eta frau Öchler, hala ginen jende aurrerako, hori zen ituna. Behin, homosexualen aurkako sarekada batean, Osasun Publikoaren poliziak nire lagun mina atxilotu zuen. Ezagutzen zituen homosexualengatik galdetu zioten. Nire lagunak, hitzik ez. Hil zezatela erregutzeraino torturatu zuten. Ez zuen inor salatu. Azkenean, eroetxe batera eraman zuten, hezur-haragizko txorimalo indarge bihurtuta. Hori gertatu zenean hain egon nintzen bihotza kolkoan nuela, non hitz eman bainion neure buruari ez nuela harreman gehiago izango gizonezkoekin. Hartan geratuko ziren kontu tristeok. Egun batez, ordea, emakumeak nire lagunaren kontra esandako destaina batek egiaren aurrean jarri ninduen: jeloskor zegoen, bera izan zen nire lagunaren salataria! Emakumeari ahaztu egin zitzaion nonbait zergatik eta zertarako ordaintzen nion eta, benetan nire emaztea zela sinetsirik, poliziarengana jo zuen. Hura sufrimendua, hura bihotz-estura! Ez egitekoren bat egin baino lehen, ihes egin nuen Alemaniatik hartarako egokiera izan bezain aise.

Aitormenaren ondoren, Öchler isilik zegoen, indarrik gabe gelditu zela ematen zuen. Ez nion ezer galdetu, ezer esan. Eskua jarri nion beso batean, ez nuen besterik egin. Begiak bete zitzaizkion. Esker oneko buru-mugimendu bat egin zidan. Gero, pixaguraz zegoela esan, eta komunerako bidea hartu zuen.

Rothen mahaira begiratu nuen. Ez zegoen. Hura ere komunera joana izango zela pentsatu nuen, baina Öchler itzuli zenean, ez genuen idazlearen arrastorik atera. Kalera irten ginen, batean eta bestean begiratu genuen. Alferrik.

Gertatutakoa onartu izan behar genuen: gu hizketan ari ginen bitartean, Rothek egokiera baliatu zuen begien bistatik galtzeko. Idazlea topatu nuen zubipera joatea proposatu nion Öchlerri. Haraxe erretiratua izango zela seguruen. Gaixo zegoela, ez zela gau oso bat egurats gordinean igarotzeko gauza. Erietxe bat zela behar zuen lekua, eta ez zubipea.

Öchler ez zen nire iritzi berekoa:

Agur ere esan gabe alde egin badu, bakarrik nahi duelako. Utz dezagun bakean, ez gara nor inoren borondatearen kontra egiteko.

Barrua esaten ari zitzaidan, une hartan ez bazen, ez nuela gehiago ikusiko. Hala ere, arrazoi eman nion Öchlerri.

Iluntzen hasita zegoen. Öchler urruti samar bizi zen geunden tokitik eta metroa hartu behar zuen. Elkar besarkatu eta, hiru egun barru igandea baitzen, hitzordua jarri genuen asteburuan elkartzeko. Gero, bakoitzak bere bidea hartu zuen.

Ez nintzen, ordea, segituan erretiratu. Hainbat kale bihurritan ibili nintzen atzera-aurrera, zeregin jakinik gabe eta azken orduetan gertatutakoak oldozteari guztiz emanda. Sentimendu bitxi batek mingosten zidan berez aspalditik mingostuta neukan barrena: gertatzen ari zitzaidan guztian nik ez nuen inolako erantzukizunik; biktima bat nintzen, baina ez errudun; barkamena ere, besteek eskatu behar zidaten, ni guztiz libre nengoen inori barkamena eskatzetik. Baina, brastakoan, Sebastianen irudia etorri zitzaidan, Tonerde basoko zuhaitz batetik zintzilik. Aita ere etorri zitzaidan gogora. Eta herr Haspern.

Neure burua madarikatu nuen. Zer haiz harroa, esan nion neure buruari gaitziturik, ahaztu egin zaik nolakoa hintzen atzo arte!

Telefono-sala publiko batera iritsi nintzen. Buruz nekien etxeko telefonoa, ez zen hain zaila salan sartu eta telefonozainari zenbakia markatzeko eskatzea. Hainbat denbora sartu ez sartu egon eta gero, deia eskatu nuen. Telefono-arduradunak gerra-garaiko zailtasunak aipatu zizkidan. Ia ezinezkoa zela Alemaniara deitzea. Hala ere, ahalegina egingo zuela. Markatu zuen zenbakia. Ez nuen denbora askorik itxaron behar izan: aita zen telefonoaren beste aldean. Nork deitzen zuen galdetu zuen. Ahotsa gardena zuen, eta egiaztapen sotil horrek bihotza gainezka jarri zidan: etxean zegoen eta osasuntsu! Berriro galdetu zuen nork deitzen zuen. Ez bainion ezer erantzun, komunikazioa eten zuen.

Gau beranduan eta gogoa ilun iritsi nintzen nire ganbaratxora. Ez zitzaidan hartarako motiborik falta orduen txirikordak ekarri zidan arrosarioan: Rothen ezagutza eta Öchlerrekin izan nuen enkontrua, nire familiaren berri garratzak, Öchlerren istorioa, etxera egindako deia...

Ohean etzan eta begiak itxi nituen, hain ordu gutxitan bizi izandakoa memorian ondo finkatzeko.

Zeruaren kontrako birao garratza irten zitzaidan, ordea: Hermannen irudia nagusitzen zitzaion, polizia jantzian, egun hartan gertatutakoen eta entzundakoen errepasoari.

Auskalo noiz, baina nik nahi baino beranduago, loak hartu ninduen. Rothekin egin nuen amets. Zubipe ilun batetik irten eta oihu egiten zigun:

Alde egizue hemendik; egidazue kasu, alde egizue berandu baino lehen.

8

EGUNAK AURRERA ZIHOAZEN, eta nire inguruko mundua zurrumurru mehatxagarrien erlategi erraldoi bat zen. Hitlerren soldaduen izerdi-usaina gero eta hurbilago, koska ez zen Paris hartuko ote zuten ala ez, baizik noiz. Jendeak pasio handiz bizi eta eztabaidatzen zituen gerraren nondik norakoak, eta ezin esango dut horri bizkar emanda bizi nintzenik, baina beste bat zen nire grina: lanak libre uzten zizkidan orduetan irakurri eta irakurri aritzen nintzen, non nengoen ere ahaztu arte, eta askotan loari denbora kenduz: nekatzen nintzenean, aurpegia konketako ur freskoaz busti, eta irakurtzen jarraitzen nuen loak errenditzen ninduen arte. Iruditzen zitzaidan liburuetakoa zela benetako bizitza, huraxe zela naturalena: irakurtzen pasatzen nituen orduetan, gerra-hotsak itzali egiten ziren eta Rothek eman zigun Paris uzteko abisua, aldiz, mututu. Ez nuen, ordea, izarretan bizi nintzen kontzientziarik: sufritu egiten nuen eta poztu ere bai, baina liburuetako pertsonaiekin eta istorioekin.

Hilabete batzuk Senako bazterrak garbitzen jardun ondoren, jostundegi batean egin nuen lan denbora dezentez. *Ne serez-vous pas une lopette?*, galdetu zidan tailerreko arduradunak lan eske agertu nintzenean. Ez nekien zer zen *lopette* bat, baina hitzak azpildura gaiztoren bat behar zuen, han hurbil ziren langileek barre egin baitzuten galderarekin. Ezetz erantzun nion, badaezpada. Ez nintzela *lopette* bat. Lana nirea izan zen.

Jostundegiko bazter-lan guztiak egiteaz gainera, neurriak hartzea zen nire egiteko nagusia: jostun-zerrenda hartu, eta bezeroen sorbalden, mahuken, gerriaren luze-laburrak neurtzen nituen. Jaken neurriak hartzerakoan baino arreta gehiagoz ibili behar izaten nuen galtzenekin, batez ere zerrendaren ertza bezeroaren hanka artean jartzerakoan. Aldian behin, *fais attention, lopette!* esaten zidan trajeak bere tentelkeria beste deus nabarmenduko ez zion mizkinen batek. Laster asko ikasi nuen hitz dontsuaren esanahia, eta handik aurrera eskrupulu handienaz hasi nintzen hartzen neurriak, batez ere praka-gurutzekoak.

Egitekoa ez zen zaila, baina, hori bai, zehaztasun eta arreta dezente eskatzen zuen, ez baita kontu bera gizon lodi konkortu baten neurriak hartzea edo erratz-kirten bat bezain tente batenak. Senaren bazterrak garbitzeko lanarekin alderatuta, ez nengoela aire librean; gainerakoan, alde txar gutxiko lana zen eta diru polita ordaintzen zidaten astero.

Igandetan, aste osoko jardunagatik ematen zidaten frankoz puztutako gutunazal horia patrikan sartu, eta Öchlerrekin elkartzen nintzen Senatik hurbil, rue des Lavandières-eko kafe-etxe txiki batean. Kafe eta kruasan bana hartu, zigarrotxoren bat erre, eta Sena ondoko liburu zaharren txosnetara joaten ginen. Ikusi ahala erosten nituen Joseph Rothen edo Hermann Ungarren edo naziek debekatutako hainbat autoreren liburuak, nahiz alemanez izan nahiz frantsesez. Mundua une hartantxe deskubritzen ariko bagina bezalako poz-jario batez ibiltzen ginen saltokiz saltoki; interesatzen zitzaizkigun liburuen orri-pasa egoten ginen; merke-zurrean jarduten genuen saltzaileekin, ezer erosi aurretik.

Askotan oso mina izaten zen ibaitik zetorren hotza, eta bukinistak txosna barruan egoten ziren sutontzi baten ondoan eskuak igurtzi eta igurtzi. Guk, aldiz, mingainaz busti behar izaten genituen hatz-punta izoztuak, orriak pasatzeko edo ordaindu beharreko frankoak kontatzeko. Ez zigun axolarik, haiek ziren-eta aste osoko unerik ederrenak. Berdin zigun hotz egin nahiz bero egon, euria ari edo haizea ibili: orduak egiten genituen saltokietan atzera-aurrera, astean zehar irakurriko genituen liburu egoki batzuk bilatzea beste helbururik gabe. Eguerdi aldera, berriz, han gertuko tabernaren batean aperitifa hartu eta elkarrekin bazkaltzen genuen. Gero, zinera joaten ginen. Ez bazegoen gure gustuko filmik, aisian ibiltzen ginen, liburu erosi berriak edo astean zehar irakurritakoak genituelarik ia solasgai bakar.

Frantsesez hitz egiten genuen, Öchlerren dotoretasuna ispilu ezin hobea baitzen nire akatsentzat. Esaldi eta forma berriak ikasten nituen buruz, eta baita autore hoberenen hainbat bertso eta poema ere. Argot apur bat ere ikasi nuen, eta frantsesez gero eta gehiago irakurtzen bainuen, denbora laburrean asko hobetu nuen nire ahozko nahiz idatzizko jarduna. Öchlerrek bateko azentua eta besteko ortografia zuzentzen zizkidan, ez zidan huts bat barkatzen, maniatikoa zen horretan.

Ordu arte bizi izan ez nuen irrika bat hasi zitzaidan barru-barruan ernaltzen, hasieran leun, gero indartsuago, eta irrika hori zen idazlea izan nahi nuela. Batzuetan, taberna batean nengoela imajinatzen nuen, Rothen kontzentrazio berberaz idazten; bestetzuetan, berriz, Umberto bezalakoa nintzen, liburu-zaharren negoziotxo baten jabea, bezerorik gabeko orduetan denda itxi, goiko pisura igo, eta idazten hasten zena. Zergatik ez naiz, haiek bezala, idazle izango?, esaten nion neure buruari, eta barruak atsegin osoz entzuten zuen galdera, eta barruko hotsa hain zen deigarria non irakurtzen nuena imitatzen hasi nintzen idatziz. Testuren batekin ohi baino aseago geratzen nintzenean, ez nuen Öchlerrekin elkartu arteko onik izaten. Baina igandea iristen zen, lagunak zer berri? galdetzen zidan, eta nik ez nuen adorerik biltzen jaka barreneko patrikan neramatzan orriak lagunari erakusteko:

Ea zer deritzozun.

Hiru hitz dira, kolpe bakar batean aise lot daitezkeen hiru hitz, baina ez nizkion sekula esan. Ikasle garaian zain-zain egoten nintzen Öchlerrek noiz zuzenduko nire idazlanak, ia arnasarik hartu gabe irakurtzen nituen irakasleak nire idazkien bukaeran eransten zituen oharrak, iradokizunak, laudorioak. Oraingoa, ordea, ez zen egoera bera: ez ginen ikasle-irakasleak, bi adiskide baizik, eta nik pentsatzen nuen: atzo idatzitakoa gustatzen ez bazaio, arruntzat hartuko naik eta niganako interesa galduko dik. Pentsatzen nuen kontrakoa ere, testua gustatzen bazitzaion irabazian irtengo zela biok elkarri genion begirunea, baina alde ezkorrak irabazten zuen beti lehia.

Zuk oso ondo idazten zenuen, animatu egin behar zenuke, esan zidan behin Öchlerrek, baina egokiera ezin aproposago hartan ere ez nuen kemenik izan jakako patrikan neramatzan orriak atera eta esateko:

Ea zer deritzozun.

Horren ordez, desenkusatu egin nintzaion auskalo zein aitzakia jarriz.

Aste osoa pasatzen nuen laguna ikusi gabe, eta igandea berriro noiz etorriko egoten nintzen Öchlerrekin elkartzeko, bera baitzen Parisen neukan lagun bakarra. Uzten zizkidan liburuak edo Sena ertzeko txosnetan erositakoak irakurtzerakoan, bere ondoan izaten nuen gogoa.

Aste barruko egunen batean ere elkartzeko egokiera aipatu nion batean, argitasun handirik gabeko aitzakiatan galdu zitzaidan. Banekien lanpetuta zegoela, eta ez nintzen gehiago saiatu. Etxez etxe ibiltzen zen, alemaneko eta frantseseko eskolak ematen aberats izandako hainbat errefuxiaturen seme-alabei. Askotan tarte handia egoten zen ikasleen etxe batetik bestera, baina ez baitzioten askorik ordaintzen, nahiago izaten zuen metroko dirua aurreztu, eta oinez egiten zuen ikasle baten etxetik beste batenera bitarteko bidea. Horretan joaten omen zitzaion eguna. Eta eransten zuen ironiatsu:

Ez da hainbesterako ere, laster berreskuratzen dut-eta batetik bestera galdutako pisua, hainbat etxetan ematen dizkidaten bazkaritako apurkinei esker.

Aldian behin oparitxoak egiten zizkioten, ematen zioten soldata eskasa zuritze aldera. Alferrik zuen kontu eske hastea, egunak joan eta egunak etorri bezero batzuek eta besteek aitzakia bera baliatzen baitzuten gutxi ordaintzeko: eragozpentxo burokratikoak zituztela auskalo nongo bankutan gordea zuten dirua eskuratzeko; lasaitzeko, ordea, Hitler luze gabe eroriko baitzen; eta orduan bai, orduan oso gogoan izango zutela Öchlerren leialtasuna. Inork ez zion, ordea, egia aitortzen: garai bateko forma sozialei eusten saiatzen baziren ere, porrot eginda zeuden ekonomikoki eta ez zuten burua altxatzeko itxaropenik, naziek ondasun gehienak interbenitu baitzizkieten. Öchlerrek bazekien hori guztia, baina ezaxolarena egiten zuen. Kontuak horrela, gainbehera eroritako handiki haiek pentsatzen zuten –hobeto esateko, pentsatzea komeni zitzaien– nire laguna pozik zegoela hain etxe ospetsutan lana egiteagatik. Nik ez nuen egoera hura batere gogoko, handiki usteek adiskidearen bihotz ona baliatzen zutela iruditzen baitzitzaidan.

Ez nion, ordea, ezer esaten. Ez nintzen ausartzen kontu-hartze bakar bat egitera, ez nuen-eta lainorik txikiena ere ekarri nahi gure arteko harremanera. Ohart nintzen irakasle izan nuenean ni berarekin hain oies portatu izanaren zerga zela nolanahi ere, baina ezin nuen gainetik kendu kontzientzia txarraren zama.

Goiz batean, hala ere, araua urratu nuen. Igandea zen eta Öchler bigarren eskuko bizikleta beltz batean agertu zen iganderoko hitzordura. Baroi batek oparitua zela esan zidan pozez zoratzen. Baroiak oso aldian behin ordaintzen baitzizkion seme-alabei emandako eskolak, garbi zegoen Öchler engainatu egin zuela opariarekin. Esan ere, halaxe esan nion lagunari, ez al zen konturatzen zer nolako lanak hartzen zituen hutsaren fundamentuan. Huraxe izan zen ezer aurpegiratu nion estreinako aldia. Ez zidan txintik erantzun. Bizikleta ibai-ertzera eraman, eta lotzen hasi zen kareleko txingetako batean. Hartan ari zela, maniobra txarren bat egin eta inoiz imajinatuko ez nukeena gertatu zen: bizikletak atzeko gurpilaren alde banatan zeramatzan poltsa beltzetako baten ahoa zabaldu zen, eta polikopian egindako orri bakan batzuk erori ziren lurrera. Öchler erabat estutu zen. Batera eta bestera begiratu, eta bizi-bizi jaso zituen orri guztiak. Buruari eragin zion damuz balego bezala, eta argibideak ematen hasi zitzaidan. Alemaniako iheslari-talde baten buletin bat zela; baroiak uste ez zuen bezalako mesedea egin ziola, ordutik aurrera aiseago banatuko zituela-eta astero ateratzen zituzten inprimakiak; banatu zituela orri gehienak eta gutxi batzuk baizik ez zitzaizkiola geratzen.

Buletinetako bat luzatu zidan niri erakusteko. Ezezkoa egin nion keinu gozakaitz batez:

Ez, mesedez, ez duzu argibiderik eman beharrik. Ez zaude behartuta.

Barkatu, baina bai, behartuta nago. Lagunak gara eta argibide bat zor dizut, Öchlerrek.

Hala deritzozu?, nik. Poltsa zabaldu ez balitz eta orriak erori, ez zenidan ezer esango. Baina nigatik lasai, ez natzaizu-eta kontuak eskatzen ari; ez naiz horretarako nor, eskubide osoa duzu nahi duzuna egiteko.

Zintzo itxurako bukaera eman nahi izan nion gordin samar hasi nuenari, baina hitz haien atzean zegoen arrangurak gutxi zuen zintzotik.

Ezin ukatuko dut berebiziko ezustea hartu nuela jakin nuenean Öchlerrek zertan enplegatzen zuen eskolek libre uzten zioten denbora guztia: faxismoaren aurkako borroka isila zen astegunetan ez elkartzeko arrazoi nagusia! Inoiz ez zitzaidan burutik pasatu Öchler halako ezertan ibil zitekeenik, eta harrituta nengoen, bai, baina baita minduta ere, txiripa hutsez jakin nuelako zertan ari zen lagun mintzat nuena!

Ni bekozko eta laguna kopetilun, ez genuen askorik hitz egin egun osoan. Deseroso nengoen eta zerbait esan nahi nion. Desenkusaren bat, kortesiazko zerbait. Esan beharreko hitzei bueltak eman eta gero, atzera egiten nuen, buruan nituen hitz zehatzek behin ahora iritsitakoan zehaztasuna galduko zuten beldurrez.

Agur esateko ordua. Ohi ez bezalako hoztasun batez eman genion eskua elkarri. Öchler bizikletara igo zen eta pedalei eragin zien. Begira egon nintzaion, harik eta kale bihurri batean behera galdu zen arte.

Gogoilun egin nuen nire ganbaratxorainoko bidea, beldur bainintzen nire kontu hartze minduak ez ote zuen gure arteko etena ekarriko.

Hozminez eta neure burua madarikatzen hartu ninduen loak.

Erresuminduta egin nuen aste osoa, oso petral erantzun nion *lopette* deitu zidan bezero bati, jostundegiko arduradunak bizpahiru aldiz egin zidan errieta neurriak gaizki hartzeagatik. Buruan ez nerabilen Öchlerri egindako itsuskeria beste deus, eta ez nuen igandea iritsi arteko onik, barkamena eskatu nahi bainion. Baina, aldi berean, beldurra nion igandeari, edo, zehatzago esateko, Öchlerren erreakzioari.

Halako batean etorri zen berriro elkartzeko eguna, eta, nire pozaren pozerako, berehala ohartu nintzen Öchlerren nondik norakoak ez zuela gure arteko harremana hoztu, aitzitik baizik: sasoi hoberenetako irribarre amultsuaz agurtu ninduen, eta joan ginen bukinistengana, eta erosi genituen nik al dakit zenbat liburu.

Aperitifaren garaian, inondik ere amestu ezin nezakeen proposamen bat egin zidan:

Nire ezagun batzuk aldizkari bat kaleratzen hasi dira hilero, eta letra kontuak interesatzen zaizkien lagunen bila dabiltza. Nire laguntza eskaini diet, jakina, eta zutaz ere hitz egin diet, baina izenik eman gabe. Ez zintudan konprometitu nahi zurekin hitz egin aurretik.

Ez nion berehala erantzun. Ez zegoen premiarik. Biharamun arratsaldean, jostundegitik atera bezain aise, metroa hartu nuen. Hemen begiratu, han galdetu, kostata aurkitu nuen Öchlerrek emandako helbidea, eta agindutako ordua baino hamar minutu beranduago iritsi nintzen hitzordura. Jauregirik ederrenean baino mirespen jaieratsuago batez sartu nintzen Caffarelli kaleko sototxo ilunean. Gogoan gorde ditut lehendabiziko egun hartako xehetasun asko: nork agurtu ninduen lehenengo, zer esan zidan aldizkarian lanean ari zen batek eta bestek, tinta beltz lodiaren usaina, paper-bala handiak, bileretarako zurezko mahai luzea, hormetako batean zegoen egutegi handia Chevrolet fabrikan izandako huelga baten argazki handi batekin, Hitlerren karikatura bat aita santuaren jantzian...

Hurrengo egunek ez zuten lehendabizikoaren lilurarik galdu, eta, aldizkarian kolaboratzen zuten guztiek bezala, nik ere denetarik egiten nuen. Idazteaz gainera –hasieran alemanez, baina gero baita frantsesez ere!–, linotipista lana gustatzen zitzaidan gehien: letrak letrekin elkartuz zer nolako aukerak sortzen ziren ikusteak asko eragin zidan betidanik izan dudan hizkuntzarekin jolasteko nire jarreran. Egiten genuen lan prosaikoagorik ere: txandaka pasatzen genuen erratza, txandaka garbitzen komuna. Aldizkaria kaleratutakoan, metroko sarreretan saltzen genuen, oihu eginez:

Le Détonant, erosi *Le Détonant,* faxisten eta salduen kontrako antidotoa!

Flic-ak urrutian ikusi orduko, eskaileretan behera lasterka jaitsi, tren bat hartu eta beste sarrera batean hasten ginen oihuka, guztiz ilundu eta kaleak jenderik gabe geratzen ziren arte. Aldian behin, izena aldatzen genion aldizkariari. Behin *Le charbonner* izena iradoki nien. Nire proposamena indartzeko, Triesten ikazkinarekin izandako pasadizoa kontatu nien. Aldizkariari gehien iraun ziona izan zen hura eta nik harro-harro egiten nuen oihu metroko sarreretan:

Le Charbonnier, erosi *Le Charbonnier,* giza miseria beltzenen kontrako aldizkaria!

Izenak izan zuen arrakastaren pozarena baino oroitzapen are gozoagoa dut, hala ere, aldizkarian argitaratu nituen artikuluena. Gogoangarriena, baina baita oroitzapen gazi-gozoa eragiten didana ere, Joseph Rothi buruz idatzi nuena: Hitler Pariseko ateetan zelarik Rothek bere buruaz beste egin zuenean, idazleak nire artikulua omen zeukan aldean beste hainbat paper eta liburuarekin batera.

Gutxitan agertzen zen Öchler Caffarelli kaleko sotora, baina hari eta honi entzundakoekin pixkana-pixkana deskubritzen hasi nintzenaren arabera, nire laguna aldizkariarena baino aktibitate arriskutsuagoen sustatzaile ere bazen. Gau batez gizon txiki batekin sartu zen sotoan. Gizonak larruzko maletatxo bat zeraman eskuan. Esku bakar batez askatu zuen berokia. Askatu ez zuena, maletatxoa. Eseri zenean, magalean hartu zuen, ez zuen mahaian utzi. Sartu zirenetik, gizonarengan neukan arreta, eta ez ordu arte juntatzen aritu nintzen linotipiako matrizetan. Azeriaren presentziaz jabetu den oilo bat baino urduriago zegoen gizona, eta, aldian behin, lepo berez motza luzatzen zuen zer nolako zulotara eraman zuten hobeto ikusteko.

Öchlerrek, nigana etorririk, eskua jarri zidan sorbaldan:

Lagun maite hori, atrebentzia handia al litzateke Müller irakasleari Marseillaraino laguntzeko eskatzea?

9

TRENAK GOIZEAN GOIZ UTZI ZUEN PARIS, samurki eta zarata handirik gabe, hiria esnatzeko beldurra balu bezala. Kopeta kristalean nuela egin nuen hainbat denbora, atzean geratzen ari ziren etxe ilarak eta aldiriak ikusten. Ezarian-ezarian, etxeak urritzen hasi ziren eta orubeak ugaritzen. Laster, soro-zelaiak nagusitu ziren. Hiritik landara bitarteko aldi labur horretan argia ere aldatzen joan zen: aurki zabaldu zen eguna, eta ekain hasierako egunsenti urretsu horietako bat nagusitu zen.

Ez nuen sentimendu apartekorik izan hiria atzean utzi nuenean, Müller irakaslea Marseillan utzi eta berriro Parisa itzultzekotan bainintzen. Bi egunetako alditxoa, ez gehiago, eta berriro Caffarelli kaleko sotoan izango nintzen, erdi bukatuta utzi nuen artikulua osatu eta zuzentzen.

Kopeta kristaletik apartatu eta irakasleari begiratu nion. Lo bete gozoan zegoen eta zabuka egiten zuen trenarekin batera. Ez zuen, haatik, magalean zeraman maletatxoa askatzen. Gizonak, ez dakit zergatik, samurtasuna eragiten zidan, eta haren ezaugarri fisikoak memorian iltzatzea nahiko banu bezala egon nintzaion begira hainbat denboran. Sudur-aho bitarteko tarte guztian, bibote sarria; kopeta berez handia, soiltzen hasitako buruan aurrera zabaltzen; betaurreko biribilak; zen baino zaharragoa egiten zuen garai zaharretako dotorezia... Esna zegoenean babes-ahalmenik gabea ematen bazuen, orain munduaren basoan galdu eta nekearen nekez lo geratutako ume bat zirudien. Uzkurra, horixe zen alboan nuen gizona ondoen definitzen zuen hitza, eta ondorio horretara iritsi nintzen une berean, trenpua txartzerainoko atximur bat sentitu nuen urdailean, hiruzpalau urte lehenago hitz berbera erabili bainuen, *uzkurra,* aita definitzeko ere, baina orduan gaitzespen-zentzu guztizkoa eman nion orain samurtasunez nerabilen adjektiboari. Bitxia da ikustea, eta maiz baita oso mingarria ere, hitz bakar batek zer nolako bidaiak egiten dituen denboran zehar eta egokiera batetik bestera.

Trenak ohi baino trakako bortitzagoa egin zuen. Müller jauna ikara batean esnatu zen eta maletatxoa besarkatu zuen bi besoekin. Begira-begira geratu zitzaidan bere begi miopeekin, ahoa zabalik, nor ote nintzen jakin nahian. Begiak igurtzi zituen. Laster identifikatu ninduen baina, eta hazpegiak lasaitu zitzaizkion. Gero, begiak itxi zituen berriro.

Estimatua sentitu nintzen Öchlerrek misio haren ardura eman zidanean, eta are estimatuagoa argitu zidanean, laudoriozko hitz ederrez argitu ere, nor zen Marseillara eraman behar nuen gizona. Luze joko lidake hona ekartzeak Müller jaunari buruz esan zizkidan guztiak, baina haren hitzek errespetu handi bat eragin zutela nigan, koska segurua da. Kikilduta nengoen, ez bainekien nola hitz egin behar nion Öchlerren hitzetan "kultura alemanaren errealitate bizi handienetakoa" omen zen filosofoari. Nekiena, Marseillaraino lagunduko niola, han Estatu Batuetarako ontzi bat har zezan. Zainak esaten zidan, halaber, Müller ez zela irakaslearen benetako deitura, baina eskatzen zitzaidana ez zen galderak egitea.

Tira ba, pentsatu nuen, ihesi dabilen batek ihesi dabiltzanen kide behar badu, are gehiago nik gizon prestu honekin.

Pitzadurarik gabea zen nire jarrera: agindutakoa beteko nuen, ez nion ezergatik ere hutsik egingo. Baina eta maleta? Zer altxor klase zeraman maletatxo beltz hartan, lo ere hari helduta egiteko, zer klasetakoa zen filosofo bati halako ardura eragiten zion aberastasuna? Aieru ohikoenak baztertu nituen, Müller edo dena delako jaunak ez baitzuen pitxiak edo dirua bezalako aberastasunen oso zalea ematen. Orduan? Koadro bat gordetzeko, txikiegia zen maletatxoa. Bururatu zitzaizkidan beste hainbat aukeren artean, pitxi bibliografikoren bat eraman zezakeela. Balio neurrigabea zuen zerbait, nolanahi ere. Ederki. Gerta zitekeen, ordea, momenturen batean nik bizia arriskuan jarri behar izatea Müller jauna onik irits zedin Marseillako portura. Ez nuen maletatxoan zeramanaren berri izateko eskubiderik? Ez, hobe ez jakitea, erabaki nuen nire artean. Irakurtzen nituen nobeletan ere halaxe jokatzen zuten pertsonaia nobleenek: gutxi jakinda, arriskua ere gutxiago etsaien atzaparretan eroriz gero.

Bageneraman denbora dezente trenean. Müller jaunak lo zorrak kitatzen segitzen zuen ez baitzuen begirik zabaltzen, eta nik bidaiarako liburu bat hartu ez izana madarikatu nuen. Caffarelli kaleko sotoa nire ganbaratxoa baino askoz ere hurbilago baitzegoen tren-geltokitik, bezperan han egin nuen lauzpabost ordu doiko loa, eta ez nuen nire apartamendutik pasatzeko egokierarik izan. Horregatik nengoen liburюrik gabe.

Nire kalkuluen arabera, laster behar genuen Dijonen. Trenaren geldialdia baliatuko nuen libururen bat erosteko.

Begiak bildu nituen neuk ere, baina ez bakarrik logale nintzelako. Aspaldiko partez, guztiz bakean nengoen neure buruarekin, eta baretasun horrek samintasunik gabeko gogoetak eragiten zizkidan. Azkeneko boladan gertatzen ari zitzaizkidan gauza onei erreparatzen nien batez ere, baina ez txarren faltan nengoelako. Beste bat zen auzia: Umbertok Triesten eta Öchlerrek Parisen neure buruarenganako estimua eskuratzen lagundu zidaten. Ez zen egun batetik besterako kontua izan, belarra ere ez dugu hazten ari dela sentitzen, baina gero eta konformeago nengoen neure buruarekin, eta ez soilik jada ez nintzelako nire judutasuna aitortzeko lotsa. Pasaporteek eta jaiotzak esan zezatela nahi zutena. Nintzen. Ez ninduen, egia da, sinagogetako edo judu auzoetako bizitzak erakartzen, baina baita Talmuda irakurtzen eta Torako legeak ikasten hasteraino erakarri banindu ere: beste era batekoa zen nik sentitzen nuena. Judutasunak ez lotsatzeak ez zuen esan nahi harrotzen ninduenik ere. Harro nengoen, bai, Umberto Saba edo Joseph Roth edo Müller jauna bezalako jendea ezagutu nuelako, baina ez nengoen harro juduak zirelako, beste bat zen koska.

Nolanahi ere, bazen denbora dezente zoria alde nuela, eta zer hobe aldeko bolada gozatzea baino?

Halako batean, bagoiek klanka egin zuten hainbat aldiz eta trenak abiada mantsotu zuen. Etxe dezente ikusten zen leihotik. Müller jauna guztiz esnatu zen.

Non gaude?, galdetu zuen alemanez.

Dijonen sartzera goazela uste dut, nik, frantsesez, bidaia guztian hala egiteko aholkatu baitzigun Öchlerrek.

Handik bost bat minutura, trena otzan-otzan sartu zen Dijoneko geltokian.

Nasetako joan-etorriak harritu ninduen: soldadu asko, jendarmeak, gertatzen ari zen zerbait larriaren zantzuak. Leihoa jaitsi eta batera eta bestera begira hasi nintzen, norbaiti informazioa eskatzeko. Burrundara bat iruditu zitzaidan oso urruti. Adi-adi jarri nintzen, soinua identifikatzeko. Hegazkin baten motor-hotsa. Zarata hurbiltzen ari zen eta laster ezagutu nuen *Spaten* batena zela. Heinkel He 111 bat, etsaien miaketa lanetan! Nik nituen azken berrien arabera, alemanak Somme-ko frontean zeuden. Zer egiten zuen hegazkin hark frontetik hain urruti?

Han pasadan zen agure bati deitu, eta zer gertatzen zen galdetu nion ahal nuen frantsesik argienean. Gorrotoz begiratu zidan, ni banintz bezala anabasa haren guztiaren erantzulea. Berehala ulertu nuen zein zen herra gaizto haren iturria, Parisen ere askotan gertatu baitzitzaizkidan antzeko eszenak. Juduak ginela esan nion. Begirada bigundu zitzaion, baina ez askorik.

Alemanak!, eta hitza esaterakoan begirada gogortu zitzaion berriro. Sommeko frontea hautsi dute eta laster Pariseko ateetan izango dira. Bizpahiru egun, eta akabo Paris. Frantzia gaixoa!

Müller jauna oso urduri jarri zen, arnasestuka eta aurpegian nahigabea zuela. Ukondotik oratu zidan:

Goazen hemendik.

Zutitu egin zen. Maletatxoa bularrera eraman eta bi besoekin estutu zuen. Barren hondogabe batetik zetorkion izua zeukan begietan.

Bai, baina nora?, nik.

Enbarazu-keinu bat egin zuen.

Non gaudela esan duzu?, Müller jaunak.

Dijonen, nik, bigarren aldiz.

Ez zuen ematen entzun zidanik ere, burua leihotik atera eta geltokiko kartel handiari begiratu baitzion bere begi miopeekin.

Dijon!, esan zuen Müller jaunak halako batean, berebiziko deskubrimendua egin duen baten euforiaz.

Burua erretiratu zuen leihotik. Begiak kizkurtu zituen gero, zerbait oroitzeko ahaleginean. Hazka egin zuen buruan, eta halako batean:

Dijon, beraz. Badut hemen posta bidez ezagutzen dudan irakasle bat. Harengana joko dugu.

Ez zen geltoki guztian arduradun bakar bat ere ageri, trenak ez zuen abian jartzeko trazarik. Posta bidez baizik ezagutzen ez zuen batengana jotzeak, hala ere, ez zuen ematen irtenbiderik onena, hobe genuen nola edo hala eta lehenbailehen Marseillara iristea. Müller jaunak, ordea, nire ukondotik tiraka segitzen zuen, beti ere beste eskuaz maletatxoari eusten ziolarik bularraren kontra: posta bidez ezagutzen zuen irakaslearengana jo behar genuela, pozarren lagunduko zigula hark.

Helbidea galdetu nion. Ez zuen gogoan. Pazientzia bildurik, adiskidearen izen-deiturak eskatu nizkion.

René Bourget. Ez, barkatu, René Bourgeois.

Bourget ala Bourgeois?, nik.

Negar egiteko zorian zegoen.

Banuen soinean Öchlerrek larrialdietarako eman zidan diru poxin bat. Trenetik jaitsi eta auto bat alokatzea genuen onena. Halaxe adierazi nion Müller jaunari. Eta erantsi nuen neu harritu ninduen deliberamenduz:

Arrisku handian gaude, baina ez dut etsiko zu Marseillara eraman eta, agindu didaten bezala, Anghios botikariarenean utzi arte. Horretarako, ordea, nik esandako guztia bete beharko duzu.

Elurteak harrapatutako txolarre batena bezalako abailduraz begiratu zidan Müller jaunak. Otzan-otzan, baiezkoa egin zidan buruaz, eta horrek asko lasaitu ninduen, ez nuen-eta barrenik gizon prestu harekin eztabaidan hasteko.

Geltoki aurreraino noa, esan nion, ea Marseillara eramango gaituen autorik topatzen dudan. Zu, zaude hemen ni itzuli arte.

Jiratu nintzen eta banindoan. Müller jaunak ukondotik heldu zidan berriro:

Maleta hau... Niri zerbait gertatuko balitzait... Maletaren kargu egingo zarela agindu behar didazu. Ez duzula galduko.

Eskabideak harriturik, maletan zeramanaz galdetzekotan egon nintzen. Ez nuen premiarik izan, berak eman baitzidan txundituta utzi ninduen altxorraren berri:

Nire azkeneko liburuaren orijinala da. Ez dut beste kopiarik. Niri zerbait gertatuko balitzait, gorde ezazu, eta garai hobeak iritsitakoan, bidal ezazu Berlingo unibertsitatera. Edo Cambridge-ra, Sorbonara, zeuk nahi duzun tokira, berdin zait nora. Baina unibertsitate batera, behintzat.

Nire hitza eman nion, berak esanda bezala egingo nuela. Baina lasaitzeko, nik agindutako guztia betetzen bazuen, ez zuela eskuizkribua inoren esku uzteko premiarik izango.

Begira-begira geratu zitzaidan. Nik neure buruari galdetzen niona galdetzen ariko zitzaion bereari: nondik ateratzen nituen adorea eta deliberamendua. Barre egin nuen neure baitan, nire kementsu planta bere fruituak ematen ari zelako. Konturatuta nengoen elebe-rri eta film askotan heroiak izuti hutsak izaten direla beren barneko bizitzan; beraz, aktore onen lantzat jo behar dira haien balentriak.

Kabutan nerabilena irakurri zuela ematen zuen, ezen galdetu zidan:

Liburu-zalea zara?

Nik, baietz.

Banekien fida nintekeela zutaz, eta irribarretxo herabetia egin zidan. Tira, zoaz auto horren bila, hementxe egongo naiz zure zain.

Uste baino agudoago topatu nuen Marsellara eramango gin-tuen gidari bat, baina ez lapurreta batetik libratu gabe, izugarria baitzen bidaiagatik eskatu zidana. Erabakitako prezioa abian jarri aurretik ordaindu ala ez, horra autoaren jabeak eta nik izan genuen hurrengo eztabaida. Hartan, behintzat, ez nuen lehia guztiz galdu, aurretik erdia baizik ez niola ordainduko esan bainion:

Ez nuke bide bazterrean eta ezerezaren erdian utzita gelditu nahi.

Nire mesfidantzak mindu balu bezala, tratua haustekoa egin zuen. Nik neureari eutsi nion. Azkenean onartu egin zuen nik esandakoa, marmarka baina.

Gure bagoira itzuli nintzenean, Müller jauna falta zen. Bihotza, kolkotik irten behar zitzaidala. Bagoi osoa miatu nuen eta baita hurrengoa ere. Arrastorik ez. Jendearen artean galduko zela pentsaturik, nasara irten nintzen filosofoa topatzeko esperantza handirik gabe.

Halako batean, aulki batean eserita ikusi nuen, maletatxoa bularraren kontra estututa zuela, eta zigarro bat ezpain artean. Elurtearen erdian txori-kardu izoztu bat aurkitu duen txolarrea, horixe ematen zuen.

Ez nuen kontu-eske hasteko adorerik bildu, eta non sartu zen galdetu nion ahal izan nuen lasaien.

Tabakoa erosten, erantzun zidan apal-apal, eta begiak igurtzi zituen kearen eraginagatik. Utzita neukan, baina hain da egoera aldrebesa..., erantsi zuen barkamena eskatzen ari den baten tonuan.

Ez nion galdetu zergatik ez zen berriro trenera itzuli, ez bestelakorik. Besotik heldu eta zutitzen lagundu nion. Handik gutxira, Marseillarako bidean ginen.

Gidariak, kontrolen beldur, errepide nagusiak saihesten zituen ahal zuen guztietan, eta horrek izugarri luzatu zuen bidaia. Denbora guztian gorde genuen isiltasunak, berriz, astundu. Ematen zuen gidariak promes egin zuela ez geniola hitzik aterako, bidaia osoan ez baitzuen ahorik zabaltzen ez bazen aharrausi egiteko edo autoa zuloren batean sartzen zen aldiko *trolls de merde!* esateko.

Müller jaunari dagokionez, izu batean egin zuen bidea, gidariak saihesbideren bat hartzen zuenean tranparen batera ginderamatzala uste baitzuen:

Seguru zaude hau dela Marseillako bidea?, galdetzen zidan aldian behin, xuxurlaka eta alemanez. Nik baietz egiten nion buruaz. Gero, frantsesez eta ozen, paisaiari edo bidaiari buruzko zerbait esaten nuen, gidariak susmo txarrik har ez zezan.

Müller jaunak ez zuen, jakina, maletatxoa uzten, eta lotxoak ere maletatxoari helduta egiten zituen. Giharrak askatzeko egin genuen geldialditako batean, gidariak maletatxokoaz galdetu zidan. Auskalo zein arrisku pasatzen ari zen, zer ginen eta zer generaman jakin gabe. Esan nion, baina ez zidan sinetsi. Maleta zabaltzeko eskatu nion Müller jaunari. Izuturik, ez zuen nahi. Gizajoak pentsatuko zuen gidariak eskuizkribua kendu nahiko ziola. Kostata, baina lortu nuen konbentzitzea. Dardarka erakutsi zion gidariari erakutsi beharrekoa.

Gaizkiulertu guztiak uxatuta, autora itzuli ginen. Ez nuen lorik egin nahi, baina ordu asko generamatzan bidean. Errendituta gelditu nintzen halako batean. Esnatu nintzenean, gau iluna zen.

Ezustekorik gabe iritsi ginen Marseillara, gau erdian jo genuen Anghios botikariaren etxeko atea. Izuturik zabaldu zigun:

Okerrena pentsatzen hasita nengoen! Naziak Parisko ateetan daude!

10

IRRATIAREN AURREAN GEUNDEN, entzuten ari ginenak sinetsi ezinik eta ikara batean. Orduak aurrera, albisteak gero eta larriagoak ziren. Nor bere kabutan bilduta, ez genuen ahorik zabaltzen, irratiak esandakorik ez galtzeko baino gehiago, barruan genituen amorrazioa eta abaildura nork bere modura mamurtuz. Müller jaunak, zeinak utzia baitzuen maletatxoa arasa baten gainean, aldian behin eskuak aurpegira eraman eta *Gott im Himmel!* esaten zuen diban batean erdi eserita eta zigarretari zigarreta. Anghios, dena gihar eta azal, atzera eta aurrera zebilen gelan; bat-batean, irratiaren aurrean gelditzen zen zerbait hobeto entzuteko, baina laster nahigabetzen zen Hitlerren tropei buruzko albisteren batekin, eta ibiltzeari ekiten zion berriro.

Niri dagokidanez, urrunxeago nengoen bi gizonen itzalak eragiten zidan errespetuagatik. Ez nion jaramon handirik egiten irratiak zioenari, baina ez interes faltagatik edo kezkaz beste egiten nuelako. Irratiak ez zidan ezer esango gehien interesatzen zitzaidanaz, ez zidan arinduko Öchlerren eta Caffarelli kaleko lagunen zoriak sortarazten zidan bihotz-estura. Umbertori zegokionez, ez nuen haren inolako berririk ere, nahiz, ez dakit zergatik, Paristik urrun izango zela pentsatzen nuen. Nolanahi ere, Joseph Rothek esan zigun bera eskatzen nien barru-barrutik nire lagunei, Rothi berari barne: egidazue kasu eta izan zaitezte zuhurrak, alde egizue hortik, alde egizue hortik...

Nire artekootan ari nintzela, koru bat *La Marseillaise* kantatzen hasi zen irratian. Müller jaunak sonbreirua kendu zuen eta zutik jarri zen. Anghiosek begiak igurtzi zituen esku-gainaz, eta une batean bera ere kantatzen hasi zen, baina ez zen bi konpas kantatzeko gai izan. Niri, berriz, hunkipenezko hotzikarak eragin zizkidan oso urte gutxi lehenago etsaien himno gorrotagarritzat neukanak.

Kantua bukatu zenean, tupustean eta erabakimen handiz, armairu ilun bat zabaldu zuen Anghiosek. Botila ardo bat eta kristal landuzko hiru kopa atera zituen bertatik:

Adiskideok, Rosello guztian ez dago hau baino ardo delikatuagorik: mahats gizenenekin eta eguteratsuenekin egiten dute. Hitler eroritakoan zabaldu nahi nuen, baina ezin dugu egon hori noiz gertatuko. Beraz, pentsatua nuen baino etekin hobeagoa emango diogu ardoari: Frantziak eta Europa osoak sekula bizi izan duten gaurik tristeenean, egin dagigun topa ez dugula esperantzarik galduko.

Zutik jarri ginen hiruok. Müller jaunak negarrez hasi behar zuela ematen zuen. Anghiosek kopak bete zituen. Topa egin genuen seriotasun eta ospe handian.

Anghiosek kopak bete zituen berriro. Oraingoan, ordea, isiltasun erabatekoan hustu genituen.

Goiz-alba urratzen ari zela erretiratu ginen, Anghiosek seinalatu zizkigun logeletara. Nirean, leihoak portura ematen zuen. Ohean sartu nintzen. Kaioek zalaparta handia ateratzen zuten, baina ez nire barneko hotsak estaltzerainokoa. Inor gabe gelditua nintzen berriro, erokeria hutsa zen Parisa itzuli nahi izatea.

Gero eta familiarragoa egiten ari zitzaidan bakardadearen sentipenarekin hartu ninduen loak.

Jaiki nintzenean, eguerdia zen. Nire gelatxoko leihoan jarri, eta hainbat denbora egon nintzen, besoak gurutze, Mediterraneoko argi aratza ederresten. Ezin nituen lotu egunsenti eder haren miraria eta bezperan irratian entzun genituenak. Eguzki betea, itsasoaren urdin garbi-garbia eta kresalaren usaina, portuko hotsak. Bizitza. Ezertxo ere ez gerraren hurbila iradoki zezakeenik. Bezperan irratian entzundakoak Roselloko ardoak eragindako nahasmenduaren fruitu behar zuten, ez zen-eta posible hainbeste edertasun Hitler Parisen sartzeko zorian zegoen unean.

Bezperan albisteak entzun genituen egongelak terrazatxo batera ematen zuen, eta Anghios eta Müller jauna mokadutxo bat jaten ari ziren bertan. Irratiak piztuta segitzen zuen, baina gizonek ez zioten arreta handirik eskaintzen. Botikariak, zutiturik, beste aulki bat hurbildu zuen mahaira eta esertzeko keinua egin zidan. Gero, sukaldera joan zen kafea berotzera niretzat. Müllerek bezperan baino aurpegi lasaiagoa zuen eta, kortesia hain bereaz, esan zidan Hitlerren tropak ez zirela artean Parisen sartu. Handik aurrera, berdinak berdinari ohi dion hurbiltasunez jardun zidan hizketan, eta aitor dut horrek hunkitu egin ninduela.

Anghios kafeaz itzuli zen eta nire katilua bete zuen. Gero, Müller jaunari zuzendu zitzaion hizketa-molde arras bereziz, ia ezpainak mugitu ere egin gabe eta kasik bere kolkorako. Ibilera klandestinoen usadioa. Laster ikasiko nuen neuk ere berdintsu mintzatzen. Müller jaunak lepoa pixka bat luzatuta entzuten zituen Anghiosen jarraibideak: hartu behar zuen itsasontzia, dirua nori eta nola ordaindu, ontziak irten behar zuen eguna, ez fidatzeko ontziko marinelekin eta ezta arduradunekin ere.

Gaiak ez baitzuen zerikusirik nirekin, aulkia pixka bat atzeratu eta ez nion erreparatu nahi izan beren solasari. Apenas neukan dirurik, ez nekien zer egin ez nora jo. Zirkunstantziek eraman ninduten, beste behin ere, egoera hartara, baina ez nuen zirkunstantzien mende segitu nahi. Iniziatiba hartu behar duk, esaten zidan barruko ahots batek. Parisa ere ez hintzen ba horrelaxe iritsi?

Hain nengoen kontzentraturik nire kabutako joan-etorrietan, non ez bainintzen konturatu Anghios niri aritu zitzaidala.

Zein da zure erantzuna?, Anghiosek.

Barkatu, jauna..., esan nion totel-totel. Nire burutazioen peskizan nengoen eta ez dizut entzun.

Esaten ari nintzen ezin duzula Parisa itzuli eta gelatxo bat gorde dizudala portuaren gain-gainean. Apala da oso, marinel txoko horietako bat, baina oso bista onak ditu, Anghiosek, adeitasunezko irribarretxoa eginez.

Txundituta gelditu nintzen proposamenarekin. Anghiosek ez ninduen ezagutzen, ez zegoen behartuta ezertara, eta, hala ere, bere laguntza eskaintzen ari zitzaidan. Müller jaunarekin agertu nintzenetik, nire erosotasuna nola bilatu jardun zuen denbora guztian eta harrituta nengoen haren eskuzabaltasunarekin.

Ikusirik ez nuela ezer erantzuten, esku bat jarri zidan sorbaldan eta nekez berdin daitekeen kortesia batez mintzatu zitzaidan:

Öchlerrek esan zidanean nor zinen eta zuri emango zizula Müller jaunaren ardura, gazteegia zinela esan nion nik. Ez zenuela eskarmenturik. Hark, ordea, fidagarria eta adore handikoa zinela. Mirespen handiz hitz egin zidan zutaz, baina irakasle batek bere ikasle aurreratuari izaten dion begirunetzat hartu nituen Öchlerren hitzak. Arrazoi zuen, ordea. Müller jaunak zure atzoko jokabidearen berri eman dit, eta heldutasun handia erakutsi duzu.

Anghiosek dena zekien nitaz!

Zaila zait adieraztea zerk, harriduraz gain, hartu zidan barrena. Pozgarria zitzaidan, jakina, Öchlerrek nitaz halako begirunearekin hitz egin izana; pozgarriak ziren, halaber, Müller jaunaren oniritzia eta Anghiosen laudorioak. Aldi berean, ordea, halako sentipen gazi-gozo bat ari zen habia egiten nire baitan: asmoak eta luze-laburrak ezagutzen ez nizkion sare ikusezin batean sartzeko eskatzen ari zitzaidan Anghios. Harro egotekoa zen nigan jartzen ari zen konfiantza eta bihotzez eskertzekoa, aldiz, azpilik gabe ari zitzaidala proposamena egiten, baina berriro ere besteena izango zen nire bizitzari buruzko iniziatiba. Sentimendu kontrajarri horiek guztiek eraginda, neure baitan bihurritu nintzen.

Ezetz esan nion. Eskertzen niola eskuzabaltasuna. Ez nekiela zer egin eta nora joan, baina asmatuko nuela zerbait. Nire bidea egin nahi nuela, hori zela ezezkoaren arrazoi bakarra.

Astiro mintzatu zitzaidan Anghios, benetako tamala adierazten zuten hitzekin eta tonuan:

Eskubide osoa duzu, jakina, eta ulertzen dut zure ezezkoa, baina jakizu egiteko asko dagoela hemen. Ehunka lagun iristen da egunero hona, zahar eta ume, eri eta osasuntsu, Hitlerren beldur. Ihesi datorren judu askok fidagaitz begiratzen digu, eta ez da harritzeko. Zu, ordea, judua zara. Konfiantza emango dien zu bezalako gazte kementsuen premian gaude. Baina zeure bidea egin nahi duzu, eta ulertzekoa da. Zer egingo zaio. Ez zait erreguka ibiltzea gustatzen.

Eskua luzatu zidan agur esateko. Keinu hartan ez zegoen inolako destainarik ez kontu-hartzerik. Neu ere eskua ematekotan nintzela, Müller jaunari begiratu nion. Niri so zegoen, elurretan galdutako txolarre batena bezalako abaildu itxurarekin. Iruditu zitzaidan dezepzioa zegoela haren begiradan.

Bostekoa eman nion Anghiosi, nire adostasuna adierazteko, eta ez agur esateko. Tupusteko erreakzio bat izan zen nirea, batere hausnarketarik gabea, baina horrek ez du esan nahi ez nekiela zer egiten ari nintzen: Anghiosi emandako baietzarekin, Hitlerren biktima soil izatetik Hitlerren arerio izatera pasatu nintzen. Kontzientzia osoz hartu nuen, bada, erabakia. Egia esan, Öchlerrek Müller jaunaren ardura eman zidanean hasi zen bidaia hori, baina Caffarelli kaleko sotoan lagun batek eskatutako mesedeari eman nion baiezkoa, ez Hitlerren kontra egiteko erabakiari.

Anghiosen etxetik alde egitera nindoala hark emandako helbidean ostatu hartzeko, Müller jauna izan zen eskua eman zidana:

Je vous remmercie infiniment, monsieur... monsieur..., eta hor trabatu zen gizajoa ez atzera ez aurrera.

René Bourget... Ez, ez barkatu, René Bourgeois..., erantzun nion nik, Dijoneko geltokian izan genuen eszenatxo irrigarria gogoan, eta neurtu gabe nola hartuko zuen nire txantxa.

Müller jauna algara batean hasi zen. Asko poztu ninduen hain gizon prestu batek umorea zuela ikusteak.

11

EZ NITUEN EGUN ASKO EGIN portura ematen zuen etxetxoan: Paris erori berri, juduen deportazioak hasi ziren eta zurrumurruak zebiltzan milaka atzerritar atxilotzen zituztela belodromo eta estadioetan. Horrek guztiak iheslariak ugaritu zituen, eta nik gero eta lan gehiago nuen Anghiosek nire ardurapean uzten zituen juduekin.

Iheslari gehienak itsasontzi bat hartzeko itxaropenaz iristen ziren Marseillara. Oso arriskutsua zen, ordea, itsasoko bidea, askotan iruzurrez betea, eta ez zegoen lan-klase haietara prestatzen zen itsasontzi askorik; bestalde, hartan saiatzen ziren ontzi urrietako patroi batzuek, lukurreriak jota, gero eta diru gehiago eskatzen zuten bidaia-txartelagatik. Baliabide ekonomiko doiko iheslariek, ordea, xahutua zuten ia diru guztia auskalo nondik irten eta Marseillaraino heltzen. Bada, jende asko zebilen atzera-aurrera, nora jo ez zekiela, poliziaren sarekaden beldur eta erabateko hondamenean. Anghiosen sarean genbiltzanak halako jendeaz arduratzen ginen batez ere, eta Portugaleko bidearen onurez konbentzitzen genituen. Halatan, gero eta iheslari gehiago hasi zen Pirinioetatik Espainiara igarotzen, handik Lisboako portura heltzeko.

Judua bainintzen, hasieran niri eman zidaten nora ezean zebiltzanekin harremanetan jartzeko ardura. Bizitza nahiko klandestinoa neraman: batean, goitizena besterik ezagutzen ez nion dendari baten etxean lo egiten nuen, bestean komentu bateko sotoan gordetzen nuen iheslari talde bat. Laster, ordea, iheslariak Marseillatik Pirinioetaraino eramaten jarri ninduen Anghiosek. Nik ihes egin edo ihes egin nahi zutenei lagundu, berdintsu zen niretzat, ez nuen dilema baten moduan ikusten. Port Vendrellerainoko bidea egiten nuen gehienetan, oinez eta gauez. Nire kargu zeuden bospasei lagunak Languedoc-eko lurretan behera eraman eta Pirinioetako maldetan utzitakoan, hango pasabideak ondo ezagutzen zituen mugalari bat egiten zen taldearen kargu.

Gehienetan, itsas aldean ibiltzen nintzen, Pirinioetako pasabideak eroso samarrak baitziren kostatik hurbil. Port Vendrell inguruak ezagutzen nituen nik ondoen, eta pixkana-pixkana gaua pasatzeko ganbara edo lastategia utziko ziguten edo jaten emango ziguten nekazari fidagarrien saretxoa osatu nuen han-hemen. Aldian behin, ordea, *guardia ibiltariak* deitzen zietenak hurbil zirela usaintzen nuenean, barrurago jotzen nuen. Behin iritsi nintzen ia Toulouse pareraino ere, mugako poliziengandik ihes, baina orduan eta itsasotik urrutiago, Pirinioetako pasabideak askoz ere altuagoak ziren, jendeak ez zuen esperientziarik elurretan, eta zailagoa zen mugalariak topatzea ere.

Jende asko ezagutu nuen joan-etorri haietan, baina istorio gutxi. Askotan, arrisku latzak pasatu genituen elkarrekin. Kontu jakina da ez dagoela larrialdiak konpainian bizitzea bezalakorik elkartasun-lokarriak estutzeko, baina, gezurra badirudi ere, ez genion doi-doia beste hitzik egiten elkarri. Hasieran harritu egiten ninduen horrek, baina berehala ohartu nintzen neuk ere gauza bera egiten nuela, aukeran nahiago izaten bainuen besteen istorioak entzun, neureaz mintzatu baino. Jendeak begi zeharka eta ezker-eskuin begiratzen zuen ezer esan aurretik; gero, ahapeka hitz egiten zuen, baita zelai baten erdian ere eta inor ikusten ez zela hainbat kilometrotako ingurumarian. Gainera, hitz egiten zuten gutxiek ez zuten beren buruaz jarduten: kontatzen zituzten istorioak besterenak ziren beti, oso bakanetan norberarenak. Ematen zuen besteen nekeen kontakizunak nork bereak ahazteko balio zuela. Kontatzen ziren istorio asko zurrumurruak ziren, lekuko jakinik gabeak, baina, beroarena kenduta ere, izugarriak gertatzen ziren izugarrikerien bertsioak, lazgarriak tortura lazgarrienei buruzko pasarteak.

Nekazariek *artasorotarrak* deitzen ziguten, artasoro itzel zabalak izaten baitziren guretzat gordeleku bikainenak. Gauez ibili, eta egunez artasoroetan ezkutatu eta lo egin, hori izaten genuen martxarik ohikoena. Ibilaldi haietako batean, Foix-eraino eraman gintuen ihesak. Mugalariaren zain egon ginen ohikoa baino denbora gehiago. Ez zen agertzen. Halako batean, emakume ihar bizi bat agertu zen oso larri. Iheslari-taldearen kargu egin behar zuen mugalaria *Otso*ren hatzaparretan erori zela. Izua zuen begietan Otso izena aipatu zuenean, goitizen hark izua eragin zien nire kargu zeuden juduei ere. Bidean atzera egin, eta beste modu bat aurkitu behar izan nuen talde hura Espainiara irits zedin.

Hara-hona iheslari eta erresistente bila ibiltzen zen komando nazi ibiltari bateko buruzagi bat zen Otso, eta haren fama laster zabaldu zen Pirinioetako maldetan atxilotuekin baliatzen zituen metodo basatiengatik. Otso goitizena entzute hutsa beti zen zorigaitzen iragarpena, eta gero eta sarriago heltzen zitzaizkidan haren ekintza basati eta krudelkeriei buruzko albisteak. Torturatzaile eskrupulurik gabea omen: atxilotuak zertan zebilen aitortzen bazuen, aitortu zuelako; aitortzen ez bazuen, berriz, aitor zezan. Ez omen zen haren eskutatik pasatutako inor libratzen, iheslari eta erresistente bat baino gehiago hil omen zitzaion esku artean. Hala ere, bere basakeriek ba omen zuten nola halako hierarkia bat: erresistenteekin baino ankerrago portatzen omen zen juduekin, basapiztia baten moduan homosexualekin.

Inork ez zuen ikusi, ez nuen ezagutzen haren berririk eman zezakeen inor, eta nik gehiegikeriatzat jotzen nituen kontuok: naziak oso trebeak ziren horrelako izugarrikerien zurrumurruak zabaltzen jendearen izua eragiteko, eta beldurra hedatzeko taktika bati egozten nion nik mitoaren sorrera. Edonola ere den: asmazio bat izan ala ez, gero eta eragozpen gehiago genituen lagunduko ziguten nekazariak aurkitzen, Otsok izututa baitzeukan jendea.

Otso asmazio bat zelakoan ni, handik hilabete gutxitara haren metodoak larrutik ezagutzeko aukera izan nuen. Judu talde txiki bat neraman *Lister pasabidea* deitzen zioten bidean gora. Aldapa gero eta latzagoa zen, baina lasai gindoazen, guardia ibiltarikoak ez baitziren hain paraje urrutietaraino ausartzen. Ibili-ibilian, laster iritsi ginen mugalariarekin adostutako puntura. Bukatu zen, bada, nire lana. Haraino eraman nuen jendearen agurrak, besarkadak, halakoetan elkarri esaten genizkion kontuak. Mugalariak handik hurbil samar zebilen beste iheslari-talde baten berri eman zidan. Ez zen ohikoa aldi berean bi iheslari-talde elkarrengandik hain hurbil ibiltzea, eta zer gertatzen zen jakitea erabaki nuen. Hasi nintzen, bada, aldapa behera, mugalariak esandako aldera. Bideak erreka bati segitzen zion, aldapa malkartsu batean behera. Arriskutsua eta labaina zegoen xendra, alboko ibaitik sortzen zen hezetasunak bustia. Urak sekulako abiada hartzen zuen harri eta sastraken arteko ubide estuan behera, ez zen uraren leherdura etengabea besterik entzuten. Ordu erdi baten buruan, ordea, mugalariak aipatutako soilgune batera iritsi nintzen, eta sekulako ezustea izan nuen nuen han: ez zegoen ba Müller jauna harri baten gainean eserita! Bere kapelu bera, bere bizkarra okertzeko modua, bere trajea... Hurbildu nintzen, ikusten ari nintzena sinetsi ezinik. Maletatxoa bularraren kontra besarkatuta, arnasestuka zegoen. Sentitu ninduenean, izuz zuri geratu zen, harritik altxatzeko keinua egin zuen. Lasaitzeko esan nion, ez al zen nitaz gogoratzen. Kristal lodiko betaurrekoen atzean, txolarre galdu batena bezalako begirada. *Monsieur... Monsieur...*, atera zitzaion. Barrezka hasi ginen, elkar besarkatu genuen. Iheslari--talde batekin zihoala, baina hauspoak gehiagorako ematen ez, eta atseden hartzera gelditu zela.

Pasatuak ziren hiruzpalau hilabete Anghiosen etxean utzi nuenetik. Ameriketan egiten nuen, bada, unibertsitateren batean irakasle, baina iruzur baten paga-buru izatea egokitu zitzaion, nonbait: txartelak erosi eta ordaindu beharreko guztiak ordaindu eta gero, eskupeko oparoak ere barne, ontzia ez zela ateratzen eta ez zela ateratzen. Batean aitzakia eta bestean maitzakia, ontzia irteteko egunik iristen ez, eta Müller jauna gero eta desesperatuago zegoela, goiz batez non irteten den Anghiosen etxeko terrazara eta handik ikusten duen ontzia desagertu dela!

Hartan geundela, hots batzuk iruditu zitzaizkidan. Handik hurbil zegoen errekaren burrundaragatik, ez zen ondo entzuten, eta adi-adi jarri nintzen. Itxura guztien arabera, taldetxo bat ari zen hurbiltzen, mugako guardia ibiltariak, zalantzarik gabe. Larri, sasi baten atzean ezkutatzeko agindu nion Müller jaunari. Nik aldapan gora zetozenak handik urrutira eraman bezain aise, ihes egiteko, hartzeko bere taldea Espainia aldera joan zen bidetik.

Ez nion protestatzeko aukerarik eman, berriro agindu bainion, oraingoan oso zakar, ezkutatzeko lehenbailehen. Halaxe egin zuen, lasterka txikian, beti ere maletatxoari bularraren kontra estutzen ziola.

Ezkutatu zenean, guardiak zetozen aldera jo eta zalaparta pixka bat atera nuen nire presentziaz jabe zitezen. Elkar ikusi genuenean, ni lasterka hasi nintzen etorritako bidetik, pendiz labainkorrean gora. Guardiak *halte là!* eginez hasi ziren. Batzuetan, bideak lau hankan ibiltzera behartzen ninduen; bestetzuetan, harritik harrira jauzi egitera. Haietako batean, pausoa gaizki eman eta harri bat jo nuen belaunaz. Sekulakoa nuen mina, baina aldapa gora segitu nuen hala ere: ordu arte baino neke handiago batez, ordea. Laster harrapatu ninduten.

Hantxe bertan hasi zitzaizkidan ostikoka:

Orain ikusiko duk zer den ona!, esan zidan guardietako batek frantsesez. Beren artean, ordea, alemanez egiten zuten, eta horrela jakin nuen nire bahitzaileak Otsoren morroiak zirela. Eskumuturrak lotu zizkidaten. Arrastaka eta ostikoka eraman ninduten mendian behera. Basurde bat harrapatu berri duten ehiztari odol-goseak baino euforikoago zeuden.

Mendi-maldan ia zintzilik zegoen herri txiki batera eraman ninduten lehendabizi. Auto beltz bat zegoen herriko plazan. Lan-egunа zen, eguraldi ona egiten zuen. Kanpandorrean, eguerdiko hamabiak. Ez nuen inor ikusi. Autoan sartu ninduten. Ordurako mailatua nuen gorputz osoa, belaunean sentitzen nuen ziztada gero eta zorrotzagoa zen. Herria utzi genuen. Ordubeteren bat, bidean. Nire ezker-eskuin nituen bi morroi kankailuek ez zioten bidaia osoan ni iraintzeari eta ukabilkadak emateari utzi. Txalet baten parean gelditu zen autoa. Jaitsi ninduten. Paraje ezin ederragoa, mahastiak inguru guztian, zerua urdin-urdin: bizitza gozatzeko egun paregabea. Soto ilun batera eraman ninduten, eta hantxe hasi zen hiru bat egun luzatu zen kalbarioa. Hasieran, egiten zizkidaten galdera gehienek Anghios zuten helburu. Ez nuela ezagutzen, ez nekiela ezer. Kolpeak nonahi. Anghios gora eta Anghios behera. Ni, neurean. Esan nuen zerbaitek edo esateko moduak, ez dakit, alemana nintzela salatu zuen arte. Orduan nigan kontzentratu zen morroien interes eta grina gaizto guztia.

Nor nintzen, nongoa, zer egiten nuen Frantzian...

Zertarako gezurretan jardun? Dena esan nien, ezer gordean utzi gabe.

Nor haizen!

Werner Lindemann...

Gezurra!

Kolpeak gero eta zakarragoak ziren, ez baitzuten esaten ari nintzaiena sinesten. Adarra jotzen ari nintzaiela. Larrutik ordainduko nuela Otso agertzen zenean.

Baina Otso agertzen ez.

Nik ez nekien bahitu nindutenetik zenbat ordu pasatu ziren, jotzen zizkidaten gorputz-atalak nireak ziren, bizirik irauten al nuen. Galdetzen zidaten, erantzuten nien. Egia beti. Alferrik, ordea. Uste osoan zeuden estrategia bat segitzen ari nintzela, itzal handiko norbait ezkutatzen ari nintzela neure jokabidearekin.

Bainuontzi baten aurrera eraman ninduten. Urez betea eta zerrikeriaz gainezka zegoen. Belauniko jartzeko agindu zidaten. Morroietako batek zimetatik heldu eta burua sartu zidan uretan. Ez dakit zenbat denbora eduki ninduen hala. Ezin nuen gehiago, birikak lehertzeko zorian nituen, ahoa zabaldu nuen. Brastakoan, ur zikina sartu zitzaidan biriketaraino, brastakoan morroiak burua atera zidan bainuontzitik. Burua lehertu eta birikak ito beharrean, oka egin nuen. Burua sartu zidan berriro bainuontzian, ostera ere ahoa zabaldu beste erremediorik izan ez nuen arte. Hamar bat aldiz egin zidan gauza bera. Zorabiozko lehertu behar betean neukan burua.

Berriro galdetu zidaten nor nintzen, nongoa, zer egiten nuen Frantzian. Ez nintzen esaten nuena koordinatzeko gai. Hitz solteak, datu nahasiak, eta edozer esanda ere, alferrikakoa zela adierazten zidan barne-zimiko urrutiko, oso urrutiko bat.

Werner Lindemann…

Gezurra!

Benetan ari duk, entzun nuen esaten zuela orduantxe sotoan sartu zen larruzko beroki beltz batez jantzitako itzalak. Gero, niri zuzendu zitzaidan itzalaren ahotsa: Lindemann, bi enerekin, ezta? Esan al diek hire deitura bi enerekin dela?

Begirada jaso nuen. Ordurako banekien Otso zela. Eta Otsok Hermannen ahots bera zuela.

12

AUTOA, POTENTZIA HANDIKOA BAITZEN, arin eta nekerik gabe egiten ari zen bidea nik ezagutzen ez nituen paraje ederretan barna. Gidariak, burua bainontzian sartu zidan morroi berak, emeki-emeki gidatzen zuen, eta autoak ere halaxe erantzuten zion, emeki-emeki, inolako arrangurarik gabe aldapetan gora, alaitasun lirain batez aldapa beherakoetan.

Nire bahitzaileek ia hitzik gabe egin zuten bidaiako hainbat ordu, gidaria eta Hermann aurreko eserlekuetan; atzean, bi morroi, ni erdian nindutela. Aldian behin, gidariak iruzkin gordinen bat egiten zuen bidean ikusitako zerbaiti buruz. Irri-karkarak. Isiltasuna berriro.

Morroietako batek zigarro pakete bat erakutsi zien gainerakoei. Lagunek zigarro bana hartu zuten. Sarritan egin zuten gauza bera. Autoa, kez beteta; ni, ordea, eztula ere egiteko beldurrez, halakoa nuen-eta gorputz guztiko ataletako min sorra. Balda-balda eginda, birikak itota neuzkan; giharrik ezkutuenak ere, mankatuta; lo eta lo egin nahi, eta ezin lotarako kemenik bildu. Gogoa, berriz, erabat ilun: ez nintzen ez atzera begiratzeko gai, ezta zetorkidanaz pentsatzeko gauza ere. Bihar, atzo. Ezer esan nahi ez zuten hitzak ziren. Orainak ere ez zuen ezer esan nahi, inondik etorri ez balitz bezalakoa baitzen; eta inora abiatzeko aukerarik gabea. Ni auto beltz batean nengoen eta lau morroiez inguratua, behin eta berriro torturatua izan ondoren.

Horra nire orainaren esanahi guztia.

Sigi-saga askoko errepide basotsu batean gora egin eta gero, muino-gain txiki batera iritsi ginen. Bat-batean, sekulako espazio handi baten atari balitz bezalako itxura hartu zuen bideak: gure aurrez aurre, itsasoa bete-betean eta bare; zeruan, laino bakar bat ere ez. Labar sekulako batek ederragoa bihurtzen zuen parajea. Ikuskizunak ez zizkidan, ordea, ez mina ez samina arintzen.

Bidea oso estua zen, eta kontrabidean zetozen auto urriek, gurea baino apalagoak eta mantsoagoak izaki, bazter-bazterreraino arrimatzen ziren, behin baino gehiagotan labarrean behera erortzeko arrisku benetako batez. Gidariak, handiuste kankailua bera, mugimendu arriskutsuak egiten zituen propio. Berak bakarrik egiten zuen barre kontrabideko autoen estutasunekin. Beste morroiak, aldiz, ohituta egongo ziren gida-kolpe zakar haiekin, ez baitzuten ez barrerik ez protestarik egiten. Gida-kolpe haietako batean ozta-ozta kontrolatu zuen autoa. Orduan ere lagunak ez zitzaizkion asaldatu. Hermannek astiroago ibiltzeko agindu zion, besterik ez:

Ez ahaztu gaur arratsaldean komandantea datorkigula bisitan.

Labarrean behera eror gintezkeela pasatu zitzaidan burutik. Autoa, emeki-emeki, itsasoan hondoratzen. Denok hilda. *Zio* Angeloren begiak jan zituzten arrain berak, Hermannenak jaten. Eta nireak.

Ederra bukaera.

Halako batean, Hermannek, gorputzaren erdia atzerantz jiraturik, lehendabiziko aldiz hitz egin zidan:

Laster izango gaituk gure habian. Gustukoa izatea espero diat.

Irribarre egin zidan, itzalik gabea. Garai zaharretako aurpegi atsegin bera zuen. Nekez irudika zitekeen ezer gaiztorik begitarte haren atzean.

Nik zerbait erantzungo zegoela ematen zuen. Ez nuen ahorik zabaldu.

Hik eta nik hitz egin beharra diagu, erantsi zuen Hermannek halako batean.

Neure burua beharturik, haren begiradari eutsi nion. Ez gorrotoz, ez adeitasunez. Begiradari eutsi, ez nuen besterik egin. Pixkana-pixkana irribarrea itzali zitzaion eta begitartea zakartu. Deseroso zegoen. Jiraturik, aurrera begira jarri zen berriro.

Bahitu nindutenetik, huraxe izan nuen poztxo bakarra.

Izen guztiz arrotzak egiten zitzaizkidan marinel-herri txiki batzuetatik igaro ginen. Etxe txiki zuri-gorriak ageri ziren han--hemenka, muino gero eta leunagoen abaroan babestuta. Halako batean, autoak errepide nagusia utzi eta badia eder baterantz hartu zuen. Laster, *Hendaye* izeneko herri txiki batera iritsi ginen. Txaletez betetako barridetxo batetik hartu zuen autoak. Ezker aldera, pinu ederrak; atseden-leku bikainak. Eskuinean, eguzki betea, itsas gain gardenean distiratsu; eta kaioak, kolore biziko arrantzontzi txiki batzuen inguruan.

Itsasoa bizkarrean utzi eta gero, txalet zuri-berde baten aurrean gelditu zen autoa.

Txaletak ere herriek bezain izen arrotza zuen niretzat. *Gure habia.* Balkoi nagusian, bandera nazi handi bat. Sarrerako eskailera-mailaren goian, ezker-eskuin, guardia pare bat, militar posturan, beren armekin.

Arrastaka atera ninduten autotik. Bi artzain-zakur aleman irten ziren txaleta inguratzen zuen lorategiko ateraino. Hermann ikusi zutenean, jauzi alaiak eginez hurbildu zitzaizkion. Hermannek lepondoa ferekatu zien biei. Otzanak ziruditen. Bultzaka eta armen kulatez saihetsak joz, txaletera ninderamaten. Zakurren paretik pasatzerakoan, batek salto egin zidan gainera, eta, muturretik lerdea zeriola, nire lepora zuzendu zituen ahutzak.

Hermannek deiadar egin zion:

Bâtard, hona!

Txakurrak, esaneko, atzaparrak kendu zituen nire bularretik. Nirekin zer egin behar zuten, galdetu zioten morroiek Hermanni.

Eramazue ziegara!, agindu zuen, niri begiratu ere egin gabe eta zakurrekin jolasean.

Txaletaren atzeko aldera eraman ninduten. Bi neska ikusi nituen handik hurbil, tenis-jantzian. Ez ziguten begiratu ere egin. Ohituta egongo ziren poliziak atxilotuei ematen zieten tratua ikustera. Polizietako batzuen bikotekideak izango zirela pentsatu nuen.

Eskailera txiki batzuk jaitsi, eta soto ilun heze batean giltzapetu ninduten. Gelak leiho txiki bat zuen goiko partean, baina apenas sartzen zen argirik, justu leihoaren aurrean landare-hesi sarri bat baitzegoen argiari pasatzen uzten ez ziona. Begiak ilunpera ohitu ahala, ingurua aztertzen hasi nintzen. Lastari bat zegoen bazter batean. Hantxe etzan nintzen. Bota-hotsak entzuten ziren goiko solairuan, kaioen kurrixkak kanpoan. Laster, erraketen eta teniseko piloten kolpe-hotsak iruditu zitzaizkidan. Neska baten protesta: Falta! Beste neska baten erantzuna: Ba ez, barruan egin din botea! Eztabaida labur baten ondoren, pilota-hotsak berriro. Jokoak aurrera jarraitzen zuen. Bizitzak ere bai. Nik ezin nezakeen heriotza beste deus espero.

Begiak itxi nituen. Ez nuen pentsatu nahi, denbora pasatzen zela sentitu nahi nuen, besterik ez. Egon eta egon, beste lanik hartu gabe. Alferrik. Begiak zabaldu nituen. Hormako karean egindako idazki batzuek erakarri zuten nire arreta. *Vive la Belgique* zioen idazki batek, eta, haren azpian, data bat ageri zen. *Le 21 Juillet*. Euri--tantak bezalako goitik beherako marra txikien errenkak zeuden idazkien ondoan, bosnako multzotan bilduta, egunak kontatzeko. *Monique* eta *Marie* izenak. Baita ulertu ezin ziren idazki txiki batzuk ere. Bi neska-izenen arteko erlazioak harilkatzen eta elkarren arteko istorioak asmatzen entretenitu nuen ez dakit zenbat denbora.

Hartan nengoela, sotoko atea zabaldu zen. Hermann, atzean bi morroi zituela. Begira geratu zitzaidan. Atetik bete-betean sartzen zen argiak ez zidan haren aurpegia ikusten uzten. Ezin jakin zein asmorekin zetorren, baina bi morroien presentziak ez zuen ezer onik iragartzen.

Nire usteek, huts. Jiratu gabe, Hermannek alde egiteko agindua eman zien morroiei:

Zoazte lasai, lagun zaharra diat.

Morroiak ez ziren mugitu. Ez ziren fidatzen.

Ospa nire begien bistatik, nola esan behar zaizue! Dena puntu-puntuan nahi diat Andreas Keun komandantea datorrenerako. Xehetasun guztiekin. Ezer ahaztu gabe.

Morroiak joan ziren. Hermann sotoan atzera eta aurrera hasi zen. Itun bat proposatu zidan. Nik galdetzen nion guztiari erantzungo ziola, baldin nik berak jakin nahi zuenari erantzuten banion:

Ados? Galdetu nahi duana. Dena zekiat hire familiaz, hire Triesteko eta Pariseko ibilerez. Hik bota galdera bat, eta nik pozik erantzungo diat.

Jokoan parte hartu ez hartu egon nintzen. Ez nuen, ordea, ezer jakin nahi familiaz eta lagunez. Ez, behintzat, Hermannen ahotik. Ez nion poz hori erantsiko haren garaipenari. Nire buru gainean zeuden idazki eta marratxoak seinalatu nituen:

Nor zen?

Hasierako ezustearen ondoren, denbora galtzen ari dela uste duen baten gogo faltaz eta kontatzen hasi zitzaidanari garrantzia kenduz hitz egin zidan:

Belgikar bat zuan. Denbora asko egin zian hemen. Bi aleman hil zitian segada batean, baina hor tematu zuan ez zuela aitortuko eta ez zuela aitortuko. Zenbat neke egunero-egunero galdera berak egin eta erantzun berak entzuten! Azkenean, ordea, aitortu zian. Joan zen astean fusilatu zitean. Bosgarrena, hil honetan.

Zigarro pakete bat patrikatik atera eta bat eskaini zidan. Ez nion hartu. Erretzen hasi zen.

Iritsi garenean ez hintzen agian konturatuko, baina lau txalet berdin-berdinak zeudek hemen elkarren ondoan. Parisko bankari aberats batek egin zitian bere lau amoranteentzat. Hona iritsi ginenean, hiru txalet guretzat hartu eta laugarrena utzi genieian. Orain elkarrekin bizi dituk bostak. Ez gaituk hain gupidagabeak. Jendeak kontu asko asmatzen ditik, entzungo hituen niri buruz esaten dituztenak. Hiru txalet hauei buruz ere sekulakoak esaten ditiztek. Tortura izugarriak eragiten ditugula, infernuaren atari direla etxeotako sotoak, eta nik al dakit zer gehiago. Entzun dituk bankariaren amoranteak tenisean? Egunero-egunero aritzen dituk, eta bankariak begiak entretenitzen ditik haiei begira. Oso hunkigarria, ez zaik iruditzen? Gerran gaudek, baina bizitzak aurrera jarraitzen dik. Hik ere bizitzen segi dezakek. Hemendik oso hurbil, Espainiako muga zagok, oso ondo dakik hori, judu mordoari lagundu diok-eta ihes egiten. Oraingoan, ordea, hik izango duk ihes egiteko aukera. Nire hitza duk. Den-dena ahaztuko diat, baita nire adiskidetasuna lohitu huela ere. Baina, lehendabizi, itunaren hire partetxoa bete behar duk.

Zigarrokina jaurti zuen lurrera.

Nor da Anghios? Bai, bazakiat goitizen bat dela, baina esaguk non bizi den, nolakoa den, zer lanbide duen, nolakoa duen sarea. Hori esan, eta libre. Ez nauk hain basapiztia, badiat nire bihozñoa.

Nekatuta nengoen, oso nekatuta, eta Hermannek irri egin nahi zuen nire kontura. Alferrik luzatzen ari ginen zeremonia hura. Itunaren nire partea betetzea erabaki nuen:

Ezagutzen diat Anghios deitzen genion bat, baina ezin diat ezer esan. Ez zekiat haren benetako izenik. Non bizi zen ere nekez esango diat, gaur hemen eta beste batean han ibiltzen duk-eta. Jakitez, ez zakiat ezta frantsesa denik ere. Beraz, horixe duk dakidan guztia. Neuk ere bete diat itunaren nire partea, ez zaik iruditzen?

Nire hitzak irriño ziniko batez entzuten egon ondoren, labana bat atera zuen gerritik zintzilik zeraman larruzko poltsatxo batetik. Ireki zuen labana eta, ohiko legez, xafla baten ahoari hats egin eta galtzetan igurtzi zuen distira ateratzeko; gero beste aldeari hats egin eta galtzetan igurtzi zuen hura ere.

Makurturik, elkarren artean hiruzpalau metroko tartea zuten bi arrasto paralelo marraztu zituen labanaren puntaz ziegako lur hilean. Gero, gerrian gorde zuen labana.

Aspaldian ez nauk buru-talkan ibili. Gogoratzen haiz? Gozoa jarri zuan Zezenko. Ez zian sekula barkatu irabazi izana. Baina lege onean irabazi hion, bai, jauna. Tira, anima hadi.

Bi marren artean sartu zen. Lepoari jira eta jira hasi zen, giharrak arintzeko. Ergelkeria bat iruditzen zitzaidan hura guztia, ez nengoen fartsan parte hartzeko prest.

Anima hadi, gizona!, errepikatu zuen.

Ez nintzen mugitu. Zertarako? Gerritik zintzilik zeraman larruzko zakutora joan zitzaizkidan begiak. Labanak *odola* hitza zeraman xafla batean, *ohorea* bestean. Galduko nuen odola, ez, ordea, ohorea. Egin zezala nahi zuena nirekin, baina ez zen nitaz trufatuko. Nire begiek, ordea, zakutoan iltzatuta jarraitzen zuten. Labanaren kirtena ikusten nuen garbi-garbi. Eta zakutoaren estalkia lotu gabe zeukala.

Begirada erretiratu nuen. Astiro-astiro jaiki nintzen, gogorik ez banu bezala. Hermannek pozezko deiadartxoren bat egin zuen. Bi marren arteko tartean sartu eta eskuak eraman nituen atzera. Gauza bera egin zuen Hermannek. Kopetari kopeta jarri ginen. Izerditan zeukan berea, nik hotz-hotz sentitzen nuen neurea. Hankak elkarrengandik apartatu eta orekari eusteko modua bilatu nuen. Ezin nuen gerriaren tentsioa sentitu, mankatuta neuzkan gorputz-atal guztiak. Eskua luzatu banu ere, ezin labana hartu.

Nahi duanean, esan nion.

Elkarri bultzaka hasi ginen. Gerriko min sekulakoa nuen, ezin nituen oinak lurrean tinkatu. Hermannek gogor bultzatzen zuen. Amorru biziz eutsi nahi nien haren erasoei. Posizioa galduz gero, akabo. Baina nire arreta, labanan; begiak, labanan. Eta labana, gero eta urrutiago: kopetak elkarren kontra bagenituen ere, gerriak gero eta urrutiago geneuzkan, nire hankak amore ematen ari ziren-eta.

Aise irabazi zidan Hermannek. Euforiko zegoen. Uste zuen baino ahulagoa nintzela. Ez zekiela zer ikusi zidan gymnasiumean ibili ginen garaian. Jantzian kolpetxo batzuk eman hautsa kentzeko eta alde egin behar zuela ematen zuen.

Emango didak errebantxa, nik.

Hermannek, zalantza. Galdua zuen interes guztia, garbi zegoen huts egin niola. Goiko solairuan, hotsak eta aginduak. Mugimendu handia. Musika bozgorailuetan, probak egiten. *Sieg Heil!* Komandantea zetorrela aipatu zuen Hermannek ordu batzuk lehenago. Aukera galduko nuen.

Aleman prestu batek ez dik sekula errebantxa ukatzen, nik, ahal nuen destaina handienaz.

Berebiziko gorrotoaz begiratu zidan.

Berriro jarri ginen posizioan. Etxekoekin gogoratu nintzen, Sebastianekin, besokoa kendu zion atso mainguarekin. Lepoa sorbaldetan hondoratu eta ahal nituen indar guztiak bildurik, aurrekoan ez bezalako kemen batez ekin nion saioari. Hermannek, aldiz, ez zuen aurreko erraztasunik topatzen. Nik orduan eta gehiago eutsi haren erasoei, hura amorratuago zegoen. Bafaka hasi zen. Judu batek nola ba ario bati irabazi! Labana, eskura. Beldur nintzen ez nuela lortuko. Esku-kolpe bat, beste ezer ez, eta labanaren jabe. Ezin, ordea. Irabazten hasi zitzaidan berriro, posizioa galtzen ari nintzen, laster irtengo nintzen marratik.

Hantxe bukatuko zen dena.

Brastakoan, burua apartatu nuen. Hermannek oreka galdu zuen eta nire gainera erdi erori zen. Eskua haren gerrira eraman eta labanaren jabe egin nintzen. Sastakada amorratua eman nion urdailean. Burua nire sorbaldan zeukan. Ahoa zabaldu zuen, bafada beroa sentitu nuen lepoan, baina ez zen orro egiteko gauza izan. Nik, beste sastakada bat. Eta beste bat. Ero baten moduan jardun nuen, ez nion erreakzionatzeko aukerarik eman.

Irristatzen hasi zen nire gorputzaren kontra. Nire besoari eutsi zion, baina indarrik gabe. Irristatzen eta irristatzen. Apartatu egin nintzen. Zerraldo erori eta hantxe geratu zen talka-jokoko bi marren artean.

Goiko solairuan gero eta handiagoa zen zalaparta, bozgoragailuak *Nik banuen kamarada bat* kantuari ekin zion. Sotoko atea zabaldu nuen astiro-astiro. Inor ez txaletaren atzeko aldean. Denek txaletaren aurrean behar zuten, etengabeak baitziren aginduak eta deiak. Motor-hotsak entzun ziren eta jendea txaloka hasi zen. Lau txalet berdinetatik bandera nazirik ez zuen bakarrera hurbildu nintzen, landare-hesien kontra, erdi makurtuta. Lau auto beltz ikusi nituen txalet aurrera iristen, muturrean banderatxo naziak zituztela. Laster ohartuko ziren Hermann falta zela.

Lasterka hasi eta hondartza txiki batera heldu nintzen. Txalupa txiki batzuk zeuden egurrezko poste erdi ustel bati lotuta. Bat askatu nuen eta bultza egin nion. Txalupa, emeki-emeki, hondartzatik urrutiratzen hasi zen.

Kontrabidean hartu nuen nik. Ibai aldera. Ozen-ozen heltzen zitzaizkidan gramofonoko hotsak. Ez ziren hamar minutu pasatuko. Tiro-hotsak iritsi zitzaizkidan txalupa askatu nuen ingurutik. Gramofonoa isildu zen. Sirenak, deiadarrak, biraoak, autoen motor-hotsak. Sekulakoa zen zalaparta.

Ibaian sartu eta igerian hasi nintzen. Berde-berde eta sarria ikusten zen ibaiaren beste aldeko artasoroa. Zeru urdinean, laino urratu batzuk, bizi-bizi, ihes betean.

Hiratu(a) → ahuldu / urduritu / haserretu
Kalamatraka → griterío / galimatías / itsulunguru / nahaste-borraste
Zarabanda → zabua / zurrumurrua
Erauntsi → jo / "inquieta" / asko egin / "sonar"
Langartsu → "ocupar" / lainotsu
Zinkurin → kexu
Afera (affair?) → asunto
Zirdinkegi → baba / pegajoso / itsaskor
Zanboro → morea / zauria
Zirto → respuesta burlona
Galbahe → criba / cedazo
Zirtzildu → maltzur bihurtu
Zarbel → erdi mozkor / achispado
Bekozkoa → ceño
Aloz → pliegue / entretela
Parrasta(tsu) → chorro / a voleo / abundante
Hisiatu → tematu
Lazorri → izu / espanto / lazorria sartu: norbait beldurtu
Takarra → áspero / desagradable
Durunditsu → zaratatsu
Ubera → makil / garrote / vara
Karela → borda
Ondoa → ohore
Hamurtu → murtxikatu / mastikar
Itzuri → ihes egin
Azpildura → dobladillo / fingimiento / falsedad
Dontsu → zoriontsu
Oies → bortitz

Amultsu → amable / maitekor / abegikor / cariñoso
Linotipista → linotipista
Aldiri → vecindad / comarca
Ezarian ezarian → poco a poco
Orube → solar / terreno para construcción
Trenpua → aukera / estado de ánimo
Herabetia → lotsatia
Arasa → armairu / apal / quijada
Eguteratsu → solana / este
Lukurreria → usura (racanería)
Ihar → seco / flaco / cobarde
Xendra → bide / senda / sendero
Ahutz → carrillo / fauces / garras
Maingu → herren